과일 프리저브

IT STARTS WITH FRUIT

과일 프리저브

IT
STARTS
WITH
FRUIT

계 절 을 그 대 로 즐 기 는 과 일 활 용 레 시 피

잼	마멀레이드	시럽

조던 샴페인 지음 * 에린 스콧 사진 * 정연주 옮김

미호

DEDICATION

단순한 삶과 고차원적 사고의

아름다움을 가르쳐 주신

나의 두 할아버지에게

이 책을 바친다.

CONTENTS
목차

서문   11

식품 안전   20

도구 목록   23

올바른 냄비를 고르는 법에 대하여   27

잼 병을 소독하는 3가지 방법   29

열탕소독을 하는 법   31

프리저브를 만드는 요령   34

1장
생과일   36

과일 이해하기   38

쇼의 주인공 과일   46

사과   46

살구   46

블랙베리   47

블루베리   47

체리   48

크랜베리   48

엘더베리   49

무화과   49

자몽   50

포도   50

키위   51

금귤   51

레몬   53

라임   53

비파   54

귤   54

오디   54

천도복숭아   55

오렌지   55

복숭아   56

배   57

감   57

자두   58

석류   58

퀸스   58

라즈베리   59

딸기   60

토마토   60

2장
잼   64

잼 워크숍   66

딸기잼   82

살구잼   85

라즈베리 레몬 잼   88

블루베리 민트 잼   90

믹스 베리 잼   92

자두 시나몬 잼   94

복숭아 잼   96

체리 메이플 잼   97

무화과 잼   98

백천도복숭아 하바네로 잼   99

잼 바   100

수제 포켓 타르트   102

땅콩버터와 젤리 머핀   105

3장

마멀레이드 106

마멀레이드 워크숍 109

레몬 생강 마멀레이드 130

베어스 라임 마멀레이드 132

스파이스 오렌지 마멀레이드 136

3가지 과일 마멀레이드 138

빅 서 마멀레이드 140

핑크 자몽 마멀레이드 144

재멀레이드 147

금귤 꿀 마멀레이드 149

오렌지 크랜베리 마멀레이드 152

세빌 오렌지 마멀레이드 154

과일 코블러 156

엄지 쿠키 158

글루텐 프리 엄지 쿠키 159

린저 쿠키 161

4장

음료 164

음료 워크숍 166

콩코드 포도 주스 186

레몬즙 188

엘더베리 주스 189

수박 바질 라임 시럽 190

오렌지 바닐라 시럽 192

복숭아 로즈메리 시럽 193

블랙베리 세이지 시럽 194

딸기 생강 슈럽 195

오렌지 월계수 로즈메리 슈럽 196

퀸스 팔각 슈럽 197

석류 흑후추 슈럽 198

베르가모트 얼그레이 슈럽 200

레몬 비트 생강 슈럽 202

자두 카다멈 슈럽 203

딸기 커피 슈럽 204

금귤 사프란 슈럽 205

음용 식초 206

5장

통과일, 파이 필링, 소스, 그리고 버터 208

과일 프리저브 워크숍 210

체리 주빌리 230

베리 주빌리 231

꿀 살구 절임 232

꿀 귤 절임 234

살구 파이 필링 236

복숭아 파이 필링 237

자두 파이 필링 238

사과 파이 필링 240

크랜베리 소스 241

사과 소스 244

배 생강 소스 245

사과 버터 246

배 버터 247

살구 버터 248

자두 버터 249

파이 251

갈레트 252

6장

부적합 254

퀸스 젤리 256

멤브리요 258

레드 페퍼 잼 260

건식 재배 토마토 잼 262

모로코식 레몬 절임 263

시트러스 솔트 266

인도식 레몬 피클 267

토마토 처트니 269

자두 처트니 270

감귤류 캔디드 필 271

생강 당절임 274

말린 과일 275

스콘 276

감사의 말 279

색인 280

Introduction

사람들은 종종 '보존식품(프리저브, 원래 잼보다 비교적 큰 과일 덩어리로 만드는 보존식품을 뜻하나 여기서는 전반적인 과일 보존식품을 통칭하는 용어로 사용한다—옮긴이) 장인'이라는 말을 사용한다. 하지만 '장인master'은 너무 궁극적인 말이다. 마치 누군가가 결정적인 계기를 통해 무언가를 궁극적으로 터득하기라도 한 것 같다. 하지만 나는? 나는 어쩌다 교사가 된 학생에 가깝다. 나는 내가 가르치는 모든 워크숍과 대답하는 모든 질문에서 무언가를 배운다. 과일과 함께하는 내 작업은 정적인 목적지가 아니라 평생 걸어가게 될 여로다.

이 모든 것은 노르웨이에서 보낸 한 여름날 시작되었다. 나는 당시의 남자친구이자 지금의 남편과 함께 노르웨이의 작은 가족 농장에 머무르고 있었다. 손수 농장을 관리하면서 단순한 생활 방식을 도입하기 위해 노력하는 부부가 운영하는 농가였다. 비전기식 세탁기, 우유를 얻기 위한 젖소, 과일과 채소밭, 북반구 여름의 영원히 이어지는 햇살에 마른 건초. 어느 누구도 어느 것 하나에 전문가인 이는 없고, 우리의 저녁은 주방에서의 실험과 긴 철학적 토론으로 가득 메워졌다. 그런 환경 속에서 처음으로 잼을 만든 것이다.
우리는 그날 일찍부터 자그마한 밭에서 싱싱한 딸기를 수확했다. 이 지역의 공기, 물, 토양까지 모든 자연이 너무나 맑고 깨끗한 탓에 나에게는 여기서 자라는 모든 것이 신성하게 느껴졌다. 우리는 딸기를 주방으로 가져와 동량의 백설탕과 함께 섞었다. 그때까지 나는 백설탕이 음식, 특히 이 순수한 딸기에 집어넣기에는 너무나 끔찍한 양념이라고 생각했다. "설탕을 꼭 그만큼 넣어야 하나요?" 내가 물어보자 대답이 돌아왔다. "네, 그래야 과일을 보존할 수 있어요." 그래서 시키는 대로 설탕을 넣기는 했지만, 마음속에 여기엔 반드시 다른 방법이 있어야 할 것이라는 도전 정신이 탄생했다. 영혼 깊은 곳에 의심의 씨앗이 심어진 날이었다.
이후로 실험과 여행을 계속하다가 이듬해 캘리포니아 중부 해안으로 돌아왔다. 그리고 지역 유기농 농장과 교류하면서 농산물 직거래 시장과 지역사회농업지원Community Supported Agricultre, CSA 배송을 운영하고 꽃을 수확하여 꽃다발을 만들기 시작했다. 우리는 그중에 가장 외진 농지 가장자리에 천막을 치고 살았다. 내 프리저브에 대한 실험이 집착으로 변한 것은 풍년을 만끽할 수 있었던 그해 여름의 일이었다. 나는 자칫하면 버려질 위기에 처한 맛있는 과일과 채소가 이렇게 많다는 사실에 영감을 받으면서 한없이 압도되고 말았다. 대규모로 사업을 하면 자연스럽게 시장이 파하기 전까지 팔리지 않은 농산물, 땅을 다시 경작하기 전까지 수확하지 않은 작물이 남아돌게 된다.

나는 물건을 낭비해서는 안 되며 고장난 것은 수리하고 복구해서 써야 한다는 깊은 신념을 가지고 자랐다. 조부모님은 나에게 역사와 감사하는 마음, 소중한 것을 올바르게 다루어야 한다는 가르침을 주셨다. 인근 지역에서 재배한 유기농 과일과 채소는 내 인생에서 가장 소중한 것이다. 그래서 이를 종자 삼아 해피걸키친Happy Girl Kitchen Co.이 탄생했다. 나는 인근 지역의 사과 식초와 유기농 과일, 채소, 허브 및 유기농 향신료로 지역 프리저브를 만들어야겠다는 영감을 얻었다. 재료는 현지에서, 향신료는 세계에서. 세상을 더 나은 곳으로 만들기 위한 나만의 작은 지역 혁명을 일으킨 것이다.

삶이 굴러가고 둘째 아이가 생기면서 나는 농산물 직판장 일을 그만두고 워크숍을 열어 수업을 하기 시작했다. 사람들은 항상 보존에 관해 수많은 질문을 던졌다. '이건 어때요'와 '이래도 되나요'로 대표되는 두 세상이 존재하는 듯 했다. 나는 이런 질문을 통해 프리저브에 대한 실전 경험과 이해도를 심화시킬 수 있었다. 그리고 처음 딸기잼을 만들면서 '정말 이 설탕을 전부 넣어야만 하나요?'라는 질문을 던졌던 순간으로부터 상당히 발전했다. 그 대답은 '아니오'였다. 그만큼 설탕을 넣어야 할 필요도 없고, 반드시 백설탕을 써야 하는 것도 아니다.

나는 프리저브에 대한 여러분의 궁금증에 답을 주기 위해 이 책을 썼다. 하지만 또 다른 목적이 있는데, 바로 여러분이 음식을 가지고 재미있게 놀도록 만드는 것이다. 스스로 즐기면서 실험을 거듭한다면 인생이 훨씬 재미있어진다! 나는 사람들이 요리를 너무 진지하게 받아들여서 재미를 잃고 만다는 확고한 믿음을 가지고 있다.

주방에서 보내는 시간은 재미있을 수 있고, 재미있어야 한다. 먹는 것은 인류가 공통적으로 접하는 경험이다. 우리는 살아가기 위해 먹어야 한다. 선택적인 활동이 아니다. 그래서 나는 사람들이 이를 유리하게 활용할 수 있도록 격려하고 싶다. 요리를 재미있게 즐기고 긍정적으로 받아들이자. 음식은 친구와 가족, 이웃, 지역사회 전체를 이어주는 훌륭한 도구다.

또한 음식은 한 번도 만난 적 없는 사람과 문화를 이어주는 역할을 하기도 한다. 소통하고 웃고 즐기고 여유를 만끽할 수 있는 이 풍성한 기회를 마음껏 활용하자. 이 책을 쓰는 나의 목표는 여러분이 과일을 가지고 놀 수 있는 능력을 얻는 것이다! 저녁을 차리면서 동시에 잼을 만들거나, 뒷정리를 하는 동안 슈럽shrub을 만드는 실험을 병행할 수 있게 되기를 바란다. 소파에서 아이들에게 책을 읽어주는 동안 오븐에서 과일 버터가 익어가는 향이 집을 가득 채우게 될 것이다. 뒤뜰의 포도 덩굴에 열매가 주렁주렁 익어가면 포도 주스 만들기 파티를 열어보자.

이 책에는 매우 기술적인 내용과 내가 아는 지식을 가득 채워서 여러분이 레시피에서 해방되어 나만의 요리를 만드는 법을 이해할 수 있도록 만들었다. 아는 것이 힘이다. 수년간 수많은 사람들이 뭔가 실수를 해서 안전하지 않은 음식을 만들지도 모른다는 두려움을 안고 내 워크숍을 찾아왔다. 이제 두려움에서 벗어나자.

식품 안전

두려움은 무지에서 출발하므로 식품 안전에 대한 모든 미신을 타파하여 겁내지 말고 행복하게 과일 프리저브 만들기를 즐기도록 하자!

누구나 구전을 통해 사람이 프리저브를 먹고 병에 걸리는 다양한 방식을 들어봤을 것이다. 나는 이 문제를 정면으로 다루면서 두려움 없이 음식을 보존하는 즐거움을 누릴 수 있도록 모든 걱정을 불식시키고자 한다! 레시피를 가지고 실험하고 변경하면서도 프리저브의 안전도를 유지하는 방법을 알아두는 것은 나에게도 매우 중요한 일이다. 내 워크숍에 참여하는 사람들이 가장 궁금해 하는 내용이기도 하다. 나는 이를 야생 버섯 수확에 비교한다. 식용 버섯을 정확하게 구분하는 법을 모른다면 결코 야생에서 채취한 버섯을 요리하는 일이 없을 것이다. 그래서 여기서 우리가 프리저브를 만들기 위해 필요한 모든 지식을 공개한다. 먼저 식품 보존에 관한 역사를 조금 알아 두면 우리가 관심을 두어야 할 부분과 그렇지 않은 부분이 무엇인지 이해하는 데에 도움이 된다.

인류는 역사 전반에 걸쳐서 식량을 보존해 왔다. 전통적인 방법으로 염장과 건조, 발효 등이 있다. 모두 바람이 통하는 곳에서 공기가 순환되어 해로운 박테리아가 보존 과정 중에 자연스럽게 차단되도록 만드는 기술이다. 부패는 육안으로 확인 가능한 곰팡이나 악취로 알아낼 수 있었다. 사실 발효 식품은 지구상에서 가장 안전한 식품에 속하며 발효 과일이나 채소 때문에 병에 걸린 사람이 있다는 기록은 없다. 신선한 과일과 채소보다 더 안전한 음식이다!

1700년대 후반 니콜라스 아페르는 음식을 유리병에 담아서 열을 가하여 보존하는 열탕소독 방식을 개척해 냈다. 1800년대 중반 루이 파스퇴르가 식품 부패의 원인을 밝혀내면서 열탕소독에 관한 과학 지식이 발전하기 시작했다. 이들 초기 실험으로부터 먼 길을 걸어온 우리 세대는 이제 식품 보존에 관한 정확한 과학적 원리를 이해하고 있다.

거의 모든 효모와 곰팡이, 박테리아는 온도에 매우 민감하다. 80°C의 온도에 도달하면 죽는데, 그러려면 그 온도를 5~10분간 유지해야 한다. 물은 100°C에서 끓으므로 열탕소독을 통해서 효모와 곰팡이, 박테리아를 제거할 수 있다. 하지만 포자 형태로 존재하여 115°C의 온도에도 내성이 있는 박테리아가 하나 있다. 보툴리누스균이다. 보툴리누스균은 우리 토양에서 발견할 수 있는데, 포자 형태로 섭취하면 무해하다. 그러나 이 포자가 밀폐된 병 속의 혐기성 환경에 들어가면 보툴리누스 중독증이라는 위험한 질병을 야기시킬 수 있다. 보툴리누스 중독은 식품 보존 및 통조림 제품에 발생하는 주요한 문제이므로 이를 유발할 수 있는 환경을 이해하고 피해야 한다.

보툴리누스 포자는 100°C의 끓는 물에서도 생존할 수 있지만 산성 환경에서는 살아남지 못한다. 병입한 식품 안전에 숨은 과학 포인트는 산도가 보툴리누스 중독균의 성장을 제지할 수 있을 정도로 높은지 확인하는 것이다. 장담하건대 이미 보증된 레시피를 그대로 따르면 질병에 걸릴 위험은 거의 존재하지 않는다고 해도 좋을 정도로 낮다. 물론 잼을 너무 많이 익혀서 갈색이 돌기 시작하는 등 레시피를 따라도 뭔가 실수를 해서 망칠 가능성은 언제나 존재하지만, 그렇다고 해서 먹기에 위험해지지는 않는다. 잠재적으로 보툴리누스 중독증을 일으킬 수 있는 요인은 산도가 적절하지 않은 경우 뿐이다.

산도는 0에서 14까지 존재하는 pH 척도로 측정하며 여기서 0이 가장 산성이고 14가 알칼리성이다. 밀봉된 병에 식품을 안전하게 보관하는 마법의 숫자는 pH 척도 기준으로 4.6 이하다. 물은 pH 척도에서 가운데를 차지한다. 채소는 항상 4.6 이상이므로 채소로 열탕소독 피클을 만들 때는 식초를 추가해서 안전성을 보장해야 한다. 과일은 대부분 산성이고 설탕과 레몬즙도 마찬가지이기 때문에 과일 프리저브를 만들 때는 이미 안전 지대에 있다고 봐도 무방하다. 휴! 얼마나 안심되는지.

열탕소독 식품을 만들 때와 가압 통조림 제품을 만들 때는 산도에서 가장 큰 차이가 드러난다. 열탕소독은 온도가 100℃까지만 올라가므로 산도가 반드시 pH 4.6 이하여야 하고 적절하게 밀봉해야 보툴리누스 중독증을 예방할 수 있다. 그보다 산도가 낮은 식품은 반드시 가압 통조림 방식으로 병입한 다음 115℃의 온도에서 식품의 종류와 병 크기에 따라 40~120분간 가열해야 한다. 하지만 거의 모든 과일 프리저브는 어지간하면 열탕소독만으로 보존해도 안전하다.

산도는 어떻게 확인할 수 있을까? 정말 제대로 나만의 레시피를 만들고 싶다면 pH 측정기나 pH 스트립 용지를 구입할 수 있다. 하지만 크게 걱정하지 않아도 안전하게 다양한 실험을 할 방법이 있다. 기존에 배포된 레시피를 바꾸고 싶다면 스스로 자문해 보자. "산도는 어떻게 바뀌는 거지?" 이에 대한 답을 모른다면 레시피를 변경하기 전에 관련 내용부터 파악해야 한다. 과일 프리저브의 경우 들어가는 소량의 풍미 재료 정도는 식품의 산도에 영향을 주지 않으므로 향신료와 허브 및 기타 풍미 재료는 언제든지 걱정 없이 넣을 수 있다. 기재된 설탕의 종류를 바꿔도 된다. 프리저브에 식초나 증류주를 넣는 것도 좋다. 모두 풍미와 질감, 색상에 영향을 주지만 프리저브의 안전을 손상시키지는 않는다.

이제 아무런 걱정을 할 필요가 없다는 사실을 깨달았을 것이다! 즐겁게 과일 프리저브를 만들어 아무 걱정 없이 친구, 가족과 함께 나누어 보자.

보관 기한

대부분의 프리저브는 만든 후 찬장에서 1년 동안 보관할 수 있다. 기본적으로 1년간은 맛있는 색깔과 질감, 풍미가 유지된다. 1년이 지나고 나면 위에서 언급한 특징이 슬슬 사라지기 시작할 수 있다. "하지만 1년 후에는요? 먹어도 괜찮나요?" 내가 자주 듣는 질문이다. 우리 주의 위생 검사관은 병이 제대로 밀봉되어 있는 한 그 안에 들어 있는 음식은 먹어도 안전하다고 확언했다. 언젠가 노르웨이에서 높은 산에 올랐다가 우연히 버려진 산장을 발견한 적이 있다. 아마 염소치기의 여름 오두막인 듯했는데, 찬장에 30년된 잼 병이 하나 있었다. 클라우드베리 잼이었는데 맛있었다. 사람들에게 할머니가 보존해 둔 음식을 10~20년 뒤에 먹었는데 아무 문제도 없었다는 이야기도 항상 듣는다. 이 책에 실린 레시피의 경우 유통기한은 거의 1년 정도인데, 그 기간 동안 최상의 상태가 유지된다는 뜻이다! 일단 병을 개봉하고 나면 저설탕 프리저브는 고설탕 제품만큼 오랫동안 보관하기 힘들다. 나는 개봉 후 6주일 이내에 전부 사용할 것, 냉장 보관할 것을 권장한다. 그 이후에는 곰팡이가 생기기 쉽다. 그리고 반드시 찾아올 그 질문에 대답하자면 그렇다, 나는 곰팡이를 건져내고 그 아래 잼의 상태가 괜찮아 보이면 그냥 먹는다. 미국 농무부USDA는 곰팡이가 생길 징조가 보이면 전부 버리라고 조언하니 가능하면 그러기 전에 먹어치우는 것이 좋을 것이다.

도구 목록

**갖고 싶은 물건이 아니라 꼭 필요한 물품으로만 구성한
짧고 간결한 도구 목록을 소개한다.**

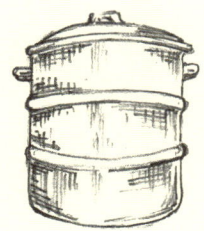

열탕소독용 냄비 병을 끓는 물에 열탕소독할 계획이라면 끓일 냄비가 필요하다. 대부분의 철물점에서 판매하는 열탕소독용 냄비는 검고 작은 반점이 박혀 있으며 안에 작은 철망이 포함되어 있다. 이 철망은 병을 손쉽고 안전하게 끓는 물 냄비에 넣었다 꺼낼 수 있게 해준다. 열탕소독용 냄비는 가격 또한 매우 합리적이다. 그러나 병을 넣고 그 위로 물을 2.5cm 이상 채울 수 있는 크기의 냄비라면 무엇이든 사용할 수 있다. 이때는 냄비 바닥에 철망이나 실리콘 패드, 키친 타월 등을 깔아서 병 바닥이 냄비에 바로 닿지 않도록 해야 한다.

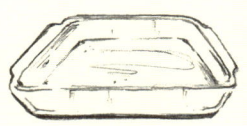

유리 베이킹 그릇 과일 버터를 오븐에서 졸일 때 사용하기 좋은 도구다. 다양한 크기가 있어서 필요에 따라 고를 수 있다. 내가 가장 자주 사용하는 것은 38x25cm 크기에 5cm 깊이인 3.8L들이 그릇이다. 깊이가 최소 5cm 이상 되는 것을 골라야 프리저브를 휘저어가면서 만들 공간이 확보된다.

잼 냄비 우리가 언제든지 과일을 바글바글 끓여서 걸쭉하게 졸이고 싶을 때마다 사용하게 될 냄비다. 어떤 냄비를 고르면 좋을지 걱정해야 할 유일한 순간이다. 프리저브를 만들기에 완벽한 냄비는 어떤 것인가에 대해서는 많은 의견이 존재한다. 글쎄, 내 입장을 밝히자면 특히 처음에는 오래된 거대한 알루미늄 육수 냄비나 전혀 길이 들지 않은 무쇠 냄비가 아닌 이상 집 찬장에 들어 있는 아무 냄비나 사용해도 아마 괜찮을 것이다. 알루미늄과 무쇠는 재료에 특정 반응을 보이는 경향이 있어서 산성 음식을 조리하기에는 우리의 건강과 잼의 색 모두를 고려할 때 좋은 선택이라 할 수 없다. 만약에 프랑스 증조모에게서 물려받은 멋진 구리 냄비가 있다면 더할 나위가 없을 것이다! 구리는 열을 고르게 전도하고, 냄비 가장자리에 파인 홈 모양이 증기가 더 빨리 증발하도록 도와준다. 다만 구리 또한 반응성 금속이라 저설탕 프리저브의 낮은 설탕량이 금속 침출을 충분히 방지할 수 있는가에 대해서는 논란의 여지가 있다는 점을 알아두자. 따라서 마멀레이드를 만들 때는 구리 냄비를 사용해도 좋지만 저설탕 프리저브에는 사용하지 않도록 하자.

나는 질 좋은 스테인리스 스틸 육수 냄비를 추천한다. 아마 이미 가지고 있을 공산이 크다. 만세! 타는 것을 방지하고 열을 고르게 분산시키려면 바닥이 두꺼운 냄비를 사용해야 한다. 냄비에 잼이나 마멀레이드 재료를 전부 넣었을 때 1/3에서 1/2 정도만 차는 용량이 좋다. 냄비의 모양은 높고 가늘어도, 낮고 짤막해도 좋다. 내용물을 너무 가득 채우지 않는 것이 중요하다. 나는 다양한 분량의 잼을 만들기 위해 960ml들이에서 14L들이까지 다양한 크기의 냄비를 가지고 있다. 또한 법랑 주철 냄비로도 프리저브를 만들 수 있다. 법랑 냄비는 보통 바닥이 넓은 편이라 표면적이 넉넉해서 프리저브를 졸이기 용이하다. 열보존성도 뛰어난 편이다. 실제로 프리저브가 완성되었다고 생각하는 순간 바로 냄비를 불에서 내리고 그 즉시 내용물을 병입해야만 할 정도다. 열을 너무 잘 보존해서 잼을 계속 익혀버리기 때문이다!

주방 저울 질 좋은 소형 디지털 저울이 가장 좋다. 정확하게 정리하자면 다양한 프리저브를 만들 때는 모든 과일의 무게를 계량해야 한다. 과일은 잘게 썰거나 손질하는 방법에 따라 모양이 달라지기 때문에 부피로 양을 측정하기 어렵다. 보존하려는 과일은 항상 손질이 모두 끝난 다음 계량해야 하며, 처음 시작할 때부터 눈대중으로 가늠하기보다 실제 무게를 재야 한다. 저울이 없다면 시장이나 가게에서 과일을 살 때라도 무게를 정확하게 달아볼 것을 권장한다. 일단 요령을 터득하고 나면 레시피가 요구하는 정확도에서 조금 벗어나더라도 저울 없이 양을 조절할 수 있다.

기타 도구

밀가루 포대(마대 천) 프리저브를 만들 때는 주스를 거르거나 면포를 이용해서 펙틴 주머니를 만들고 허브를 잼에 넣을 때 풍미만 우러나도록 찻잎 주머니를 사용하는 경우가 많다. 이 모든 경우에 나는 밀가루 포대flour sack를 사용한다. 대부분의 철물점에서 판매하는 물건으로 아주 저렴하다. 일반 면포는 직조가 너무 느슨해서 실용성이 떨어지고 재사용하기가 까다롭다.

밀가루 포대는 고형물과 침전물을 거르기에 완벽한 직조 상태로, 잘만 세척하면 몇 번이고 재사용할 수 있다. 잘라서 작은 크기의 펙틴 주머니와 봉지 등을 만들어도 좋다.

푸드프로세서 주방에서 정말 유용하게 쓰이는 도구다. 스틱 블렌더 대신 사용할 수 있지만 나는 주로 할라페뇨 및 기타 신선한 고추 종류, 생강, 허브 등을 곱게 다지는 용도로 사용한다. 시간이 지나도 최고의 브랜드로 손꼽히는 것은 역시 쿠진아트일 것이다.

깔때기 멋진 스테인리스 스틸 깔때기를 구입하는 것이 좋다. 깔때기는 다양한 크기가 있으므로 주둥이가 너비가 2~2.5cm 크기인 것을 고르도록 하자.

장갑 나는 프리저브를 만들기 시작하면서 튼튼하고 질 좋은 가정용 장갑 1켤레가 반드시 필요하다는 사실을 깨달았다. 열에 강하고 그립감이 좋은 것을 골라야 열탕소독 시에도 뜨거운 병을 쉽게 잡고 이동시킬 수 있다. 또한 장갑을 끼고 있으면 병을 물에서 꺼내자마자 뚜껑을 꽉 조이는 것도 아주 쉽게 할 수 있다. 이때 장갑은 팔팔 끓는 물 속에서 넘어진 병을 꺼내기 위해 손을 푹 담그라고 있는 것이 아니라는 점을 기억하자. 그럴 때는 나무 주걱을 사용해야 한다. 내가 오랫동안 사용해 온 좋아하는 브랜드는 트루블루True Blue다.

스틱 블렌더 시간을 제대로 절약해 주는 조리 도구로 내 필수 도구 목록의 맨 위에 자리한다. 돈을 좀 투자해서 속도 조절이 가능한 고성능 제품을 구입하는 것이 좋다. 과일 버터와 소스를 만들 때도 쓸 수 있고, 생크림을 거품낼 때도 쓴다! 나는 버터를 만들면서 모든 스틱 블렌더의 성능이 비슷하지는 않다는 사실을 깨달았다. 완전히 매끄러운 질감의 버터를 만들려면 정말 강력한 블렌더가 필요하다. 평소에는 그리 까다롭게 구는 편이 아니지만 제대로 부드러운 버터를 만들고 싶다면 좋은 블렌더가 필요하다고 본다. 가지고 있는 스틱 블렌더가 압력을 감당하지 못한다면 대신 푸드프로세서를 사용하자.

잼 병 병조림용으로 만든 병만 사용해야 한다. 병조림 과정에서 발생하는 온도 변화를 견딜 수 있는 내열 유리 제품이어야 하기 때문이다. 세상에는 수많은 잼 병 브랜드가 존재하지만 아직까지 마음에 들지 않는 잼 병을 본 적은

없다! 뭐든 취향의 문제다. 잼 병은 여러 번 재사용할 수 있지만, 매번 미세한 금이 가거나 이가 나간 부분이 없는지 확인해야 한다. 재사용하는 병이 소독하는 과정에 깨진 적이 있다면 미처 발견하지 못한 미세한 금이 있었을 가능성이 있다.

일부 유럽 브랜드의 잼 병은 이중으로 분리된 뚜껑이 아니라 고무 마개를 사용하는 경우도 있다. 병조림을 만들기 전에 준비한 병과 뚜껑 사용 방법을 제대로 확인하는 것이 좋다. 브랜드마다 사용설명서가 따로 있으므로 여기 굳이 기재하지는 않는다.

뚜껑과 고리 대부분의 잼 병 뚜껑은 이중으로 분리되어 있으며 구입한 잼 병 상자에 같이 들어 있다. '이중 뚜껑'이란 고무 마개가 달린 납작한 뚜껑과 이를 잼 병에 고정시키는 역할을 하는 고리를 뜻한다. 납작한 뚜껑은 원래 일회용이다. 여기 달린 고무 마개는 유리병에 고정되어 밀폐된 환경을 만들어내는 역할을 한다. 한 번 사용하고 나면 유리병의 형태에 따라 변형되어 버린다. 뚜껑 재사용에 성공했다는 이야기를 들어본 적이 있겠지만, 병조림 보존을 위해 쏟은 그 모든 노력을 고려하면 굳이 위험을 감수할 만한 가치는 없다고 본다. 한 번 사용한 뚜껑은 따로 보관해서 대량 보관, 발효 음식 등 굳이 밀봉이 필요하지 않은 상황에 쓸 수

있도록 하자. 가게에 가면 뚜껑만 따로 판매한다.

고리는 뚜껑이 제대로 밀봉되도록 병에 고정시키는 역할을 한다. 고리는 긁힌 자국이 생겨도 여러 번 재사용할 수 있다. 다만 고리를 재사용한 잼 병을 선물로 주는 경우에는 조금 보기 흉할 수도 있고, 녹이라도 슬면 선물을 받는 사람이 안에 들어 있는 프리저브의 안전성을 의심하게 만들기도 한다.(물론 고리는 프리저브에는 전혀 닿을 일이 없지만.) 아주 검소한 사람은 고리를 멀쩡한 상태로 유지하기 위해서 잼 병이 완전히 식어서 밀봉되고 나면 고리를 제거하고 잼 병만 따로 보관한다.

기타 크고 납작한 나무 주걱, 그물 국자, 계량컵, 계량 스푼은 모두 유용하게 쓰이는 도구다.

올바른 냄비를 고르는 법

잼이나 마멀레이드를 만들 때 가장 중요한 것은 올바른 냄비를 사용하는 것이다.
맛있는 잼을 만드는 비결은 재료가 신선한 맛을 유지하고 설탕이 캐러멜화되기
전에 조리를 가능한 빨리 끝내는 것이기 때문이다. 태우지 않으려면 바닥이
두꺼운 냄비를 사용하는 것이 중요하고, 모든 재료를 넣었을 때 냄비가 너무 꽉
차지 않아야 한다. 내 경험상 냄비는 1/3에서 절반 정도만 차는 것이 제일 좋다.
여기에는 몇 가지 이유가 있다.

잼은 조리하는 과정에서 팽창하기 때문에 냄비가 너무 가득 차 있으면 불 세기를
낮추지 않는 한 넘쳐 흐를 수 있다. 누구도 이런 사태를 원하지는 않을 것이다.
조리 시간이 늘어나는 것도 가능하면 피해야 한다. 졸이는 과정에서 신선한
색과 풍미를 지키려면 되도록 조리 시간 내내 불 세기를 최대한 높게 유지해야
한다. 냄비가 절반 이상, 가령 2/3 정도가 차 있다면 내용물을 반으로 덜어내서
2번에 나누어 끓이는 것이 제일 좋다. 그러면 큰 냄비에 하나 가득 찬 과조리된
잼 대신, 맛있고 신선한 잼 2냄비를 얻게 된다. 또한 반으로 나눠서 조리하면
한번에 2가지 다른 맛의 잼을 만들 수 있는 기회가 된다.

내용물이 가득 찬 냄비를 바글바글 끓이려면 오랜 시간이 걸린다. 물론 우리는
잼이 끓기 시작할 때를 기준으로 조리 시간을 계산하지만, 잼을 가열하는 전체
시간이 길어지는 것 또한 잼의 풍미를 떨어뜨리는 원인이 된다. 또한 사용하는
열원과 냄비 크기의 비율도 고려해야 한다. 극단적인 예시로는 38L 냄비에
잼을 1/3 정도 채운 다음 가장 작은 화구에 올리는 것을 꼽을 수 있다. 그러면
내용물이 얼마 되지 않는다 하더라도 가열하고 졸이기까지 오랜 시간이 걸린다.

누군가가 나에게 '잼을 졸이는 데에 1시간이 넘게 걸렸어요'라고 말할 때마다
제일 먼저 묻는 것이 바로 '냄비를 얼마나 가득 채웠어요?'다. 이처럼 조리
시간이 늘어지게 만드는 가장 큰 원인이기 때문이다.

잼 병을 소독하는 3가지 방법

프리저브를 안전하게 보관할 수 있도록 소독하는 데에는 3가지 방법이 있다.
모두 장단점이 있으므로 어떤 방법을 선택할 것인지는 순전히 본인의 취향에 따라도
좋다. 간단하게 병과 뚜껑, 병 속 내용물을 소독해서 뚜껑이 밀봉되어 병 내부에 효모나
곰팡이, 박테리아가 생겨나지 않도록 만드는 방법이다.

1
열처리

첫 번째 방법은 열처리를 거치는 것이다. 잼이나 마멀레이드, 과일 버터처럼 뜨겁고 걸쭉한 프리저브를 안전하게 보관하기 좋은 방법이다. 프리저브는 걸쭉할수록 온도가 오래 유지되기 때문에 병에 담아도 아직 뜨거운 상태. 통과일 프리저브나 주스를 보관할 때에는 이 방법을 권장하지 않는다. 열처리는 프리저브를 뜨겁게 가열해서 살균하고, 병과 뚜껑도 뜨겁게 가열해서 살균한다. 전체적으로 뜨겁게 살균하는 것이 전부다. 뜨거운 병에 뜨거운 내용물을 넣고 뜨거운 뚜껑을 덮은 다음 단단하게 돌려서 닫으면 모든 작업이 완료된다. 열탕소독을 하기 위해서 대량의 물을 팔팔 끓일 필요가 없다는 것도 장점이다.

뚜껑을 단단히 돌려서 닫을 때까지 모든 환경을 뜨거운 멸균 상태로 유지해야 하므로 잼 만드는 과정 전체에 스트레스가 부과된다. 무엇 하나라도 88℃ 아래로 떨어지는 순간 더 이상 무균 상태가 아니게 된다. 모든 환경을 뜨겁게 유지하는 것은 어렵기 때문에 이 방법을 따르는 사람들은 뚜껑을 닫은 병을 99℃의 오븐에 넣어서 다시 단단하게 밀봉되고 살균될 때까지 가열하기도 한다.

2
잼 전용 찜기

두 번째 방법은 잼 전용 찜기를 사용하는 것이다. 열처리 기법을 활용할 수 있는 모든 걸쭉한 프리저브에 마찬가지의 이유로 안전하게 적용할 수 있다. 잼 전용 찜기는 철망을 얹은 얕은 트레이와 대형 돔형 뚜껑으로 구성되어 있다. 관련 연구가 거의 없어서 미 농무부와 국립가정식보존센터에서는 권장하지 않는다.

어떤 부분에 논쟁의 여지가 있는 것일까? 나는 식품 보존에 관해서는 모두가 새로운 아이디어를 따르는 것에 매우 조심스럽게 접근하기 때문에 이것이 이로울지 아닐지에 대해서 논의하는 것조차 꺼린다는 사실을 경험으로 익혔다. 이는 해피걸키친다운 방식이 아니다. 우리는 모든 사실을 알려주고 스스로 결정하게 하는 것을 좋아한다.

물은 증기보다 훨씬 더 뛰어난 열 전도체로, 대부분의 레시피는 찜기에서의 조리 시간을 고려해서 따로 기재하지 않는다. 피클과 토마토는 저산성 식품으로 잼 전용 찜기를 사용하지 않는 것이 좋다. 나는 잼과 젤리, 마멀레이드처럼 산도가 높고 농도가 되직하여 열처리 방식을 적용해도 안전한 프리저브에 대해서만 잼 전용 찜기 사용을 권장한다. 이러한 식품은

온도가 너무 높아서 과조리될 위험이나 보툴리누스 중독을 걱정해야 할 필요가 없다. 그저 병을 완벽하게 밀봉하기 위해서 살균 과정을 진행할 뿐이다. 효모와 곰팡이, 박테리아를 퇴치하려면 병의 내용물을 88℃까지 가열해야 한다. 제조사의 안내 책자대로 진행한다면 잼용 찜기에서도 충분히 구현할 수 있는 온도다.

팽창하면서 프리저브가 병 밖으로 새어나올 수 있지만, 동시에 어느 정도 이상은 채워줘야 내용물이 확장 후 수축을 거치면서 제대로 병을 밀봉시킬 수 있다. 이런 과정을 거쳐야 모든 프리저브를 밀봉된 환경에서 신선하게 보관할 수 있는 것이다.

3
열탕소독

세 번째 방법인 열탕소독은 내가 가장 좋아하는 살균법이다. 안정성이 입증되어 있고, 자유도가 높아서 다른 살균법보다 스트레스를 덜 받는다. 열탕소독으로 모든 것을 살균하기 때문에 처음부터 멸균 상태로 조리를 시작할 필요가 없다.(얼마나 안심되는 일인지!) 이 책에 실린 모든 레시피에서는 병을 밀봉하는 방법으로 열탕소독을 사용하고 있다.

열탕소독은 2가지 면에서 매우 효과적이다. 첫 번째는 병은 물론 병 내부의 모든 것을 살균한다는 것이다. 대부분의 효모와 곰팡이, 박테리아는 온도에 매우 민감해서 80℃의 온도에 10분간 노출되면 죽는다. 즉 끓는 물이 모든 것을 최소한 그 온도까지 가열해서 모든 세균을 살균한다. 따라서 처음에 빈 병을 따로 살균해야 할 필요가 없다.(그냥 아주 깨끗하기만 하면 된다.) 열탕소독 중에 모든 것이 살균될 것이다.

두 번째로 열탕소독은 병 속의 내용물을 가열해서 팽창시킨다. 그런 다음 병을 꺼내면 내용물이 식으면서 다시 수축되는데, 이 과정에서 뚜껑이 아래로 당겨지면서 밀봉된다. 이것이 병에 프리저브를 담을 때 헤드스페이스headspace, 즉 상단 빈 공간을 남겨놔야 하는 이유다. 병에 내용물을 너무 많이 채우면

참고

이 책에서는 잼에 관한 보툴리누스 중독에 대해서는 다루고 있지 않는데, 항상 보툴리누스 균이 발생할 수 없을 정도의 산도를 유지하기 때문이다. 이 잼이 누군가를 죽일 수 있다는 걱정은 하지 말자. 일어날 수 있는 최악의 상황은 시간이 지나면서 잼 표면에 곰팡이가 생기는 것 정도다. 설탕이 방부제 역할을 하므로 저설탕 잼에서는 그럴 가능성이 없지 않다. 곰팡이가 핀 잼을 반기는 사람은 아무도 없으니 지침을 주의 깊게 따르도록 하자!

열탕소독을 하는 법

병입 후 열탕소독은 흔히 쓰이는 오래된 병조림 밀봉법이지만 처음 시도할 때는
긴장하는 사람들이 많다. 뚜껑을 꼭 닫은 병을 끓는 물에 집어넣는 것은
이치에 맞지 않는 일처럼 느껴지니 이해는 된다. 하지만 몇 번만 해보면
요령을 터득해서 초조한 기분은 사라질 거라고 장담할 수 있다.
나는 열탕소독을 수천, 수백 번 해봤지만 한 번도 다친 적이 없다.
자랑스러운 스카우트 출신!

레시피에 기재된 분량의 병을 준비한다. 새 병일 경우에는 뚜껑을 열고 전부
깨끗하게 씻는다. 재사용하는 병일 경우에는 가장자리에 머리카락처럼
가느다란 금이 있거나 이가 나간 부분이 있지 않는지 잘 살핀다.

내열용 장갑이나 병 집게, 긴 나무 주걱 등 필요한 도구를 준비한다.
내 잼 병 채우기 작업대는 접시 하나와 깔때기, 계량컵(나는 사용하기
편리하도록 손잡이가 달린 1/2컵(120ml)짜리 계량컵을 준비해서 병에 잼을
담다가 넘치는 일이 없도록 한다)으로 구성되어 있다. 숟가락 하나와 병에서
잼이 넘칠 경우를 대비해서 깨끗한 적신 행주도 하나 준비해야 한다.

조리가 완료되면 별도의 지시가 없는 한 조리한 냄비를 불에서 내리고 내용물을
준비한 도구를 이용하여 조심스럽게 병에 윗부분을 12mm 정도 남기고 채운다.
병에 내용물을 너무 많이 담았을 경우에는 깔때기를 제거하지 않은 채로
숟가락을 이용하여 깔때기 속에서 조금씩 퍼낸다. 그러면 주변을 엉망으로
만들지 않을 수 있다. 병입할 때는 뜨거운 프리저브를 바로 병에 넣거나
생과일을 가득 채운 병에 뜨거운 시럽을 바로 붓는 것을 기본으로 한다. 만일
완성한 프리저브나 시럽이 어떤 이유로든 식었다면 다시 뜨겁게 데운 후에
병입해야 한다.

주변에 잼이 튀었으면 병 가장자리를 조심스럽게 깨끗하게 닦는다. 준비한
프리저브가 젤리처럼 아주 걸쭉한 것이라면 타월에 뜨거운 물을 적시면 닦기
쉽다. 이때 가장자리와 입구 근처에 완벽한 밀봉을 방해해서 효모와 곰팡이,

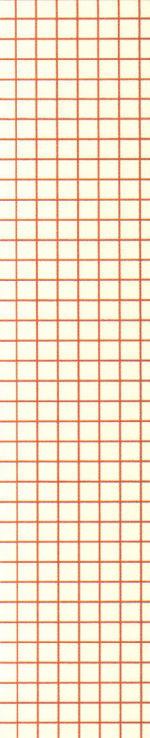

박테리아가 병에 들어가도록 만들 만한 물질이 없는지 꼼꼼하게 확인해야 한다. 고무링과 뚜껑을 얹은 다음 살짝 저항감이 느껴질 때까지만 돌려서 닫는다. 이것을 '손끝이 조일 정도fingertip tight'라고 표현한다. 스스로의 힘을 조절할 자신이 없다면 로데오 황소를 타듯이 한 손만 가지고 가볍게 돌려 닫자! 살균 소독을 하는 동안 팽창된 내부의 공기가 제대로 배출될 수 있도록 하기 위한 과정이다. 실제로 작업 중에 뚜껑에서 거품이 흘러나오는 것을 볼 수도 있다!

잼 병을 조심스럽게 철망에 얹은 다음 끓는 물에 집어넣는다. 이때 끓는 물이 잼 병의 뚜껑 위를 완전히 메울 정도로 깊어야 순환이 잘 되고 온도가 일정하게 유지된다. 병이 완전히 밀봉되기 전까지는 병을 똑바로 세워 두도록 주의해서 작업해야 한다. 병 전체를 담고 넣고 꺼낼 수 있는 전용 철망이 없다면 이 단계에서 균형을 잡기가 조금 어려울 수 있다. 만일 물 속에 넣은 병이 넘어지면 긴 나무 주걱을 이용해서 똑바로 세운다.

물이 원하는 온도에 도달하면 타이머를 맞춘다. 모든 레시피가 100°C를 요구하지는 않는다. 나는 아주 섬세한 프리저브의 경우에는 95°C에서 조금 더 오랫동안 삶을 것을 권장한다.

타이머가 울리면 장갑을 끼고 바로 조심스럽게 병을 꺼낸다. 이때 뚜껑 위에 고인 물을 털어내고 싶은 충동을 자제해야 한다. 완전히 밀봉될 때까지 병을 똑바로 세운 상태를 유지해야 한다. 작업대에 철망을 얹고 병을 하나씩 잡아서 뚜껑을 단단하게 돌려 닫은 후 얹는다. 뚜껑을 단단하게 돌려 닫으면 고무 밴드가 유리에 밀착되면서 완벽하게 밀봉된다. 한 번 이 과정을 생략했다가 병 일부가 제대로 밀봉되지 않아서 후회한 적이 있다.
이제 최고의 순간을 음미할 때다! 뚜껑이 톡 튀어나오면서 밀봉되었다는 소리가 나는데, 우리의 고된 노동에 바치는 축가처럼 들린다! 기쁘게 춤을 추자.

병이 완전히 식고 나면 완전히 밀봉되었는지 하나하나 확인해야 한다. 뚜껑을 주의 깊게 살펴보면 움푹 들어가 있는 것을 확인할 수 있다. 아직 제대로 밀봉되지 않은 병이 있다면(그럴 가능성은 낮지만) 그냥 냉장고에 넣어서 수 주일 안에 먹어 치우면 된다. 밀봉된 것은 서늘한 응달에 두면 가장 오랫동안 보관할 수 있다. 주방 찬장이면 다 좋다!

프리저브를 만드는 요령

잼에는 설탕을 많이 넣어야 할 필요가 없다

시중의 레시피에서는 대부분 설탕을 과일과 동량으로 넣을 것을 요구한다. 대부분의 현대식 레시피에서도 과일과 설탕의 비율을 3:1로 잡는다.

우리는 과일과 설탕을 4:1의 비율로 섞는다.

그러면 과일 맛이 더욱 강렬해지고 건강에는 훨씬 이로운 잼이 된다.

또한 설탕을 극소량 또는 일절 사용하지 않고 과일을 보존하는 법, 대체 당류를 이용하는 방법도 알려줄 것이다. 식단에서 설탕을 배제하려는 사람에게 영감을 줄 수 있는 창의적인 아이디어를 다양하게 준비했다.

잼 등 과일 프리저브를 만들기 위해 힘든 노동을 해야 할 필요는 없다

내가 본 많은 레시피에서는 잼과 과일 프리저브를 만들기 위해 과일을 손질하는 방법을 너무 어렵고 힘들게 소개한다.

과일을 통째로 보존하는 법

과일을 매우 신속하게 보존하는 방법으로 주방에서 자주 애용된다. 예를 들어서 나는 사람들에게 체리를 보존할 때는 씨를 빼지 말라고 가르치는데, 훌륭한 풍미를 제공하고 질감을 유지하는 역할을 하고 먹기 직전에 손쉽게 제거할 수 있기 때문이다.

마멀레이드

우리는 보통 아주 지루한 과정이 되기 쉬운 마멀레이드를 만드는 가장 간단한 방법을 개발했다. 우리의 마멀레이드용 감귤류 손질법을 배운 많은 사람들이 덕분에 계속 반복해서 만들게 된다는 소감을 남기곤 한다.

음료

감이나 금귤처럼 다른 프리저브로 만들기 아주 까다로운 과일을 활용할 수 있는 방법이다. 대량으로 손에 넣게 되기 쉬운 온갖 종류의 과일을 보존하는 아주 빠르고 쉬운 방법이기도 하다. 다시는 과일 껍질을 벗길 필요가 없게 될 것이다!

잼

우리는 잼을 만들 때 굳이 과일의 껍질을 벗기거나 잘게 썰지 않는다.(복숭아는 예외지만, 항상 그런 것도 아니다.) 그냥 간단하게 줄기를 제거하거나 씨만 뺀 과일을 통째로 설탕과 레몬즙에 하룻밤 재워 둘 뿐이다. 그런 다음 나머지 손질 과정을 진행하는 모든 요령을 따로 설명한다. 예를 들어 자두 시나몬 잼(95쪽)은 졸이는 과정에서 거품기로 휘저으면 잔뜩 들어 있는 껍질을 손쉽게 제거할 수 있다. 딸기 등 과일 조각이 너무 큼직하면 재운 다음 간단하게 손으로 으깨면 된다. 우리의 모든 기술은 과일을 쉽고 맛있게 보존할 수 있도록 설계한 것이다! 이 책에는 사람들이 좋아하는 주방의 작은 요령과 팁이 가득 들어 있다.

과일은 절대
모자라는 법이 없다

나는 아주 적은 양의 과일을 가지고도 프리저브를 만들 수 있다는 단순한 가르침을 전파하고 있다. 가족의 규모가 줄어들면서 한 종류의 프리저브를 대량으로 만들기를 부담스러워하는 사람이 늘고 있다. 그래서 나는 이미 주방에서 저녁 식사를 만드는 중에도 쉽게 만들 수 있는 레시피와 아이디어를 제공한다. 잼을 1~2병 정도만 소량으로 만들기에 적절한 방법이다. 심지어 냉장 보관하면 열탕소독 등의 과정도 거치지 않을 수 있다. 또한 과일을 꿀이나 시럽에 보존하는 방법이나 슈럽을 아주 소량만 만드는 방법 등도 알려줄 것이다. 이를 통해 여러분이 과일을 낭비하는 일 없이 창의력을 마음껏 발휘할 수 있기를 바란다!

병조림 만들기는
간단하다

사실 병조림 만들기는 손이 많이 가지 않는 게으른 기술이라는 점을 모르는 사람이 많다. 대부분의 사람들이 이해하지 못하는 병조림의 놀라운 비밀은 만일 열탕소독을 할 계획이라면 잼을 넣기 전에 병과 뚜껑을 따로 삶아야 할 필요가 없다는 것이다. 빈 병과 뚜껑은 그냥 아주 깨끗하기만 하면 되고, 이 단계에서는 육안으로 더러운 곳이 없는지 확인하면 끝이다. 잼 등을 넣은 후에 같이 열탕소독을 거치면서 살균되기 때문에 미리 삶을 필요가 없다. 이 한 과정만 줄여줘도 사람들은 큰 안도감을 얻는다. 생각보다 일이 많은 과정이기 때문이다!

익은
과일이라면
뭐든
보존할 수 있다

나는 과일이 어떤 상태이든 상관없이 어떻게든 보존할 방법을 찾을 수 있다고 확신한다. 예를 들어서 예전에 키우던 오렌지 나무에는 섬유질이 아주 많고 신맛이 강한 열매가 열렸다. 나는 그 오렌지를 포기할 수도 있었지만, 대신 껍질로 가장 맛있는 캔디드 필candied peel을 만들어냈다. 저설탕 잼과 마멀레이드를 만들려면 꽤나 완벽한 상태의 과일이 필요하지만 전성기가 지나간 과일이나 맛도 질감도 대단치 않은 과일로도 만들 수 있는 것이 많다. 나는 사람들이 과일마다 적절한 용도를 찾아서 활용할 수 있도록 격려하는 것을 즐긴다!

조리 시간
및 분량

이 책에 실린 모든 레시피에는 예상 조리 시간을 기재했다. 그러나 조리 시간은 과일 특유의 역동적인 기질 때문에 상당히 극적으로 달라질 수 있다. 과일의 펙틴과 수분, 당 함량에 좌우되기 때문이다. 이런 변수는 매주마다, 매해마다, 심지어 한 과일 상자 내에서도 달라질 수 있다. 내가 이 책에서 기술 이야기를 정말 많이 풀어놓은 것도 그 때문인데, 여러분이 프리저브가 완성된 상태를 구분할 수 있게 하기 위해서다. 이 책에 기재된 레시피의 분량 또한 방금 언급한 과일과 마찬가지의 변수로 인해 단순 추정치에 불과하다고 말할 수 있다. 만일 완성한 프리저브의 분량이 레시피와 크게 차이가 난다면 반만 찬 병은 얼마든지 바로 냉장고에 넣어 바로 먹기 시작하면 된다.

고도에 따른
조정 지침

높은 곳으로 올라갈수록 물은 낮은 온도에서 끓기 때문에 높은 곳에서는 고도에 따라 열탕소독 시간을 조정해야 한다! 이 책에 실린 레시피의 경우 본인이 거주하는 지역이 높다면 해발 305m마다 2분을 더해줘야 한다.

※

FRESH
FRUIT

※

생과일

NO. 1

우리 주방에서는 일 년 내내 매주 인근 지역 농부로부터 신선한 과일을 풍성하게 받아온다.

우리가 손에 넣은 모든 과일을 저장하고 활용하는 법을 알아내는 것은 흥미진진한 도전이다. 월요일이면 인근 농부로부터 걸려온 전화를 받은 주방 매니저가 공포에 질린 표정으로 마지못해 수화기를 건네며, 나로 하여금 이미 작업 스케줄이 가득 찬 일정에 밀어넣어야 할 새로운 과일을 받아들이는 일이 없도록 노력하는 상황이 자주 발생한다. 나에게는 커다란 약점이 있는데, 직원 모두가 이를 파악하고 있다. 나는 농부에게 거절을 하지 못한다. 단순히 아무도 제 시간에 손에 넣지 못했다는 이유로 아름답고 귀한 과일을 버려지게 둘 수는 없다. 수 년에 걸쳐 나는 이 과일을 대체 어떻게 처리해야 할지 감도 잡히지 않는 상황이라 하더라도 덮어놓고 일단 알겠다고 대답함으로써 농부들과 함께하는 공생 관계를 키워 왔다. 가정 내 주방에서도 정원에서 자라는 나무나 덤불의 열매를 따거나 농산물 직판장에 손수 나들이를 다녀오면 이처럼 과일이 풍성한 순간을 경험할 수 있다. 다양한 색상과

맛을 지니고 있는 신선한 과일은 훌륭한 선물이면서 동시에 위협적인 존재가 되기도 한다. 여기서 신선한 과일을 가장 쉽게 구하고 보관하는 법을 소개하게 되어 매우 기쁘다. 각각의 특정한 과일로 무엇을 할 수 있는지를 비롯하여 고유한 특징을 설명하고 신선한 때는 어떻게 활용할 수 있는지 알려주는 가이드를 작성했다. 정말로 과일이 가장 중요하다는 점을 강조하면서 과일을 손질하고 보존하는 모든 방법을 상세하게 소개하는 장이 될 것이다.

가능하면 집에서 최대한 가까운 곳에서 생산한 과일을 고르는 것이 언제나 제일 좋다. 더 신선하고 맛있으며 영양분도 풍부하고 CO_2 배출량이 적고, 항상 그렇지는 않지만 더 경제적인 선택지일 가능성이 높다. 또한 집에서 가까운 생산지를 지원하는 것이 우리 지역사회에도 이로운 일이다. 마지막으로 맛과 가성비를 위해서는 제철의 절정을 맞이한 과일을 고르는 것이 가장 좋다.

✳ 과일 이해하기 ✳

산

산은 과일에서 맛볼 수 있는 요소 중 하나다. 레몬이나 라임의 새콤한 맛 자체다. 산은 과일 프리저브가 균형 잡힌 맛을 갖추게 하는 데에 크게 기여하며, 나는 이를 요리에 소금으로 간을 하는 것에 비교하곤 한다. 산도는 성숙도와 계절, 품종, 재배하는 방식에 따라 크게 달라질 수 있다. 다음 차트는 시각적 가이드이며, 편차가 클 수 있다는 점을 염두에 두고 확인하도록 하자.

pH 차트

2.0~3.0 라임, 레몬, 크랜베리, 석류, 일부 식초

3.0~4.0 사과, 살구, 핵과일, 덤불 베리류, 나무딸기류, 루바브, 포도, 일부 식초, 오렌지, 자몽, 퀸스

4.0~4.6 무화과, 배, 토마토, 일부 포도

4.6 저산성 과일과 고산성 과일을 나누는 기준. pH 차트 내에서 병조림을 해도 안전한 식품을 구분하는 기준선이 된다. 천연 pH가 4.6 이상인 과일과 채소는 열탕소독 병조림 과정을 거쳐서 프리저브를 만들 때 안전성을 담보할 수 있도록 산성 재료를 추가할 것을 권장한다.

4.6~5.0 토마토, 무화과, 감, 동양 배

5.0~6.0 수박

6.0~7.0 칸탈로프 멜론, 대추야자

7.0 물. pH 척도의 중성점이자 산성과 알칼리성의 한중간에 자리한다.

펙틴

펙틴에 대해서는 기록도 많고, 과일 보존에 관해서도 다양한 주장이 엇갈린다. 펙틴은 대부분의 과일에 자연적으로 함유되어 있는 물질이다. 과일이 단단한 세포 구조를 유지할 수 있도록 돕는 역할을 한다. 부드러워지기 시작한 푹 익은 과일보다 탄탄하고 아삭한 덜 익은 과일에 펙틴이 더 많이 들어 있다. 펙틴은 산과 당을 결합시켜서 과일 프리저브가 젤 형태를 갖추도록 한다. 나는 프리저브를 만들 때 시판 펙틴이나 직접 추출한 펙틴보다 과일에 들어 있는 천연 펙틴을 활용하는 것을 선호한다. 가장 큰 이유는 누구나 쉽게 과일 프리저브를 만들 수 있게 하기 위해서다! 과일에 이미 들어 있기 때문에 어디서 구하면 좋을지 몰라 걱정되는 재료 목록을 하나 삭제할 수 있다. 또한 펙틴을 따로 첨가하면 잼이 너무 빨리 젤화되거나 시판 젤리 같은 모양이 되어서 원하지 않는 질감이 될 위험성이 있다. 나는 오직 레몬즙과 설탕만 첨가해서 완벽하게 젤화시키는 식으로 순수하게 과일하고만 함께하는 방식이 좋다. 이쪽이 질감을 훨씬 쉽게 조절할 수 있다.

펙틴은 대부분의 과일에 자연적으로 들어 있으며 그 정도는 제각각이다. 이 차트에서는 과일을 펙틴 함량이 낮은 것, 중간 것, 높은 것으로 나누어 정리했다. 과일에 원래 들어 있는 수분의 양 또한 프리저브가 젤화되는 방식에 영향을 미친다. 그 덕분에 살구와 블루베리 잼은 펙틴 함량이 낮은 과일이지만 원래 수분도 아주 적기 때문에 펙틴을 추가하지 않아도 아주 완벽하게 젤화된다는 사실을 알아낼 수 있었다.

나는 특히 펙틴 함량이 적은 과일의 경우 프리저브를 만들 때 덜 익은 과일을 20%까지 추가할 것을 항상 권장한다. 잼 만드는 사람 입장에서는 이게 이치에 어긋나는 말처럼 들릴 수 있는데, 시장에서는 보통 살짝 물러지고 멍든 과일을 '잼용 베리'라고 판매하고 있기 때문이다. 그리고 흔히들 '어머, 이 과일이 상할 것 같으니까 잼을 만들어야겠어'라고 생각하지 않는가? 만일 설탕을 과일과 같은 비율로 넣어서 잼을 만들려고 한다면 그래도 괜찮다. 하지만 여기서는 설탕량을 줄여서 과일의 향이 두드러지게 하는 저설탕 잼을 만들려고 하고 있으므로 과일을 살 때는 탄탄해서 펙틴이 더 많이 들어 있을 것 같은지 확인해야 한다. 펙틴 함량이 낮은 과일로 잼을 만들 때는 특히 더 그렇다. 펙틴으로 인한 젤화는 pH가 2.8~3.5인 강산성 환경에서 가장 활성화된다. 우리가 과일 프리저브에 레몬즙이나 라임즙을 첨가하는 이유 중 하나다.

펙틴 함량이 높은 과일

새콤하고 단단한 사과
돌능금
크랜베리
포도(서양 콩코드)
레몬

라임
자두(이탈리아 품종 제외)
퀸스

펙틴 함량이 중간 정도인 과일

잘 익은 사과
잘 익은 블랙베리
사워 체리
엘더베리
자몽

포도(캘리포니아 품종)
비파
오렌지
라즈베리

펙틴 함량이 낮은 과일

살구
블루베리
무화과
복숭아
배

자두(이탈리아산)
딸기

*pectin
is
naturally in
all fruit.*

펙틴은 대부분의 과일에 자연적으로 들어 있다. 따로 살 필요가 없다!

*NO NEED
TO BUY!*

신선한 것 + 잘 익은 것
과일 따기의 즐거움을 만끽해 보자!

fresh + ripe
have fun picking fruit!

과일 구하기

물론 모든 규칙에는 예외가 있으므로 엄격한 법칙이라기보다는 강력한 지침 정도로 인식하도록 하자. 내가 강력하게 권장하는 주요 지침 2가지는 다음과 같다.

일반적으로 모든 과일은 가능한 한 집에서 가장 가까운 곳에서 한창 제철을 맞이한 상품을 구하는 것이 제일 좋다.

현지 제철 과일의 풍미와 질감은 지구 반대편에서 그리 빛날 수는 없는 인공적인 환경 속에서 키운 농산물보다 단연 뛰어나다. 본인이 사는 지역에서는 자라지 않는 과일을 재배하는 곳으로 여행을 갔을 때, 그 과일의 '진정한' 형태를 맛본 경험을 떠올릴 수 있는가? 조지아의 복숭아, 미시간의 체리, 하와이의 파인애플, 플로리다의 감귤류를 생각해 보자. 이 정도 품질의 과일로 프리저브를 만든다면 훨씬 절묘한 맛을 구현할 가능성이 높아진다. 물론 나처럼 일 년 내내 인근에서 매우 다양한 종류의 과일을 구할 수 있는 캘리포니아 거주민이라면 이런 규칙을 거의 사치에 가까울 정도로 누리고 있다는 사실을 잘 알고 있다.

오렌지가 아닌 오렌지는 오렌지가 아니다. 어린 시절, 시카고에 있는 우리 할아버지의 교회에서는 모금 행사를 위해 한겨울에 플로리다에서 수확한 신선한 오렌지 상자를 주문해서 팔았다. 수 개월간 이어지는 시카고의 겨울 하늘은 내내 회색이며, 공기는 찌르듯이 매섭다. 이 둥근 주황색 과일은 끝없는 단조로운 세상 속에서 홀로 돋보였다. 진정한 오렌지의 맛이 났다. 1년 365일 식료품점과 과일 접시에서 볼 수 있는 그런 오렌지와는 달랐다. 제철에 정성스럽게 수확해서 농장에서, 다시 교회로 직배송된 오렌지였다. 북쪽으로 여행하기 전까지 3개월간 차가운 냉장 창고에 앉아있던 오렌지가 아니었다. 어디에 살고 있건 요리하고 싶어지는 그런 오렌지였다!

언제가 한창 제철인지는 해마다 조금씩 바뀌지만 일단 제철이 찾아오면 지금이라는 걸 확실히 알 수 있다! 느닷없이 토마토가 쏟아져 나오면서 가격이 1파운드당 6달러에서 2달러로, 9kg짜리 1상자가 고작 1달러로 쭉쭉 떨어진다. 지금이 바로 제철이라는 걸 알게 되는 시점이다!

Best fruit = in season + close to home.

최고의 과일 = 제철 + 인근에서 재배한 것

프리저브용 과일은 완벽하게 익거나 살짝 덜 익은 것이 가장 이상적이다.

설탕을 적게 넣는 잼이나 마멀레이드를 만들 때 특히 그렇다. 칵테일과 슈럽, 음료류는 허용치가 높아서 과하게 익은 과일로도 만들 수 있다. 버터와 소스도 보통 과일을 오랫동안 익혀서 만들기 때문에 여유가 있는 편이라 많이 익은 과일을 써도 무방하다. 그리고 가능하면 과일의 껍질도 탱탱하고 윤기가 흐르는 것을 고르자. 과일은 보기에도 신선하고 맛도 좋아야 한다! 황금률은 최고의 과일이어야 최고의 프리저브를 만들 수 있다는 것이다. 특정 품종보다도 맛이 가장 중요하다. 보존을 위해 대량으로 구입하기 전에 반드시 먼저 맛을 봐야 한다.

주의: 농산물 직판장이나 농장에 가면 '잼용 과일'이라고 파는 상품이 많다. 주로 너무 많이 익었거나 흠집이 많은 과일로 상태가 좋아 보이지는 않지만 가격이 눈에 띄게 낮다. 이런 과일은 펙틴과 풍미가 많이 떨어진 상태이므로 저설탕 잼을 만들기 힘들다. 설탕을 과일과 동량으로 넣어서 만드는 잼을 위한 과일이다. 너무 많이 익은 과일을 헐값에 사고 싶은 충동은 억누르도록 하자. 떨이로 팔아 치워야 할 수준의 맛이 나는 잼을 만들게 될 뿐이니까!

약간 덜 익은 과일 또는 완벽하게 익은 과일		과하게 익거나 멍들거나 흠집이 있거나 맛이 밋밋한 과일	
저설탕 잼	마멀레이드	고설탕 잼	시럽
통과일	건과일	버터	슈럽
파이 필링	주스	소스	

과일 보관하기

과일은 수확 후 최대한 빨리 보존하는 것이 가장 좋다.

한동안 과일을 먹을 수 없는 상황이라면 냉장고에 건식 보관하는 것이 제일 좋다.
사과나 감귤류, 퀸스, 키위, 배, 크랜베리 등 저장성이 좋은 과일은 이런 방식으로 수
주일간 보관할 수 있다. 따라서 가을과 겨울 과일은 보존하기 전까지 저장할 시간이
충분하다. 덤불에서 나는 베리류와 핵과류 등 봄과 여름에 나는 과일은 저장성이
좋지 않다. 한 켜로 평평하게 담아서 냉장고에 건식 보관하는 것이 최선이며,
그나마도 3일(가장 부드러운 과일)에서 10일(그나마 저장성이 높은 과일) 이내에
사용해야 한다. 가을과 겨울 과일은 천천히 여유롭게 움직일 시간적 여유를 주고,
봄과 여름 과일은 바로 작업에 뛰어들기를 요구하는 것을 보면 제철 과일이 우리의
활력도를 그대로 반영하는 것이 얼마나 재미있게 느껴지는지!

이렇게 부드러운 과일을 작업할 시간을 조금 더 벌고 싶다면 바로 절이는 것을
추천한다. 과일에 설탕을 버무려서 냉장고에 넣으면 2~4주일까지 보관할 수 있다.
신선도가 오래 유지되면서 곰팡이가 피는 것을 막아준다.

냉동 과일

기본적으로 프리저브를 만들 때는 신선한 과일을 사용하는 것이 가장 좋다. 즉
특히 현지에서 구한 신선한 과일이라면 냉동 과일로도 훌륭한 잼을 만들 수 있다는
뜻이다. 펙틴 함량이 높고 색이 잘 유지되는 과일은 냉동 과정을 거친 후에도 쉽게
맛있는 프리저브로 만들 수 있다. 과일은 냉동시킬 경우 색이 약간 빠지고 수분을
흡수하며(얼음 결정 발생) 구조가 무너지는 경향이 있다. 그래서 딸기나 백도 등의
과일은 냉동한 후에는 프리저브로 만들기가 쉽지 않다. 나는 이를 방지하기 위해서
냉동 과일을 사용할 때는 항상 고전적인 저설탕 레시피보다 설탕과 레몬즙 양을
늘린다.

✳ 쇼의 주인공 과일 ✳

사과

냉장 보관으로 일 년 내내

사과는 가장 오래된 과일이자 매우 다양한 기후에서 멋지게 잘 자라나며 저장 및 운송이 아주 잘 되어서 제일 흔한 과일로 손꼽힌다. 세상에는 700종이 넘는 사과 품종이 있지만 산업적 규모로 재배되는 품종은 소수에 불과하다. 이 점이 인근의 소규모 농장을 더욱 흥미롭게 만든다. 작은 농장에서는 오랫동안 잊힌 다양한 품종을 재배하고 있을 때가 있는데, 이런 품종을 통해서 여러 가지 맛과 질감을 겸비한 독특한 풍미를 맛볼 수 있다. 톡 쏘는 새콤한 신맛, 단맛, 아삭한 질감이 제대로 균형 잡힌 맛이다.

나는 할머니가 나를 위해 정성스럽게 사과 껍질을 깎아 주던 모습을 좋은 기억으로 간직하고 있다. 아직 키가 한참 작던 시절이라 작은 도마와 과도, 사과 하나를 들고 의자에 앉아 있던 할머니의 무릎에 손을 대고 서 있던 기억이 난다. 잔뜩 신이 난 채로 할머니가 사과 껍질을 길고 둥글고 섬세하게 깎아내는 모습을 경외심을 느끼며 바라보았다. 신선한 과일은 음식의 세상에서 가장 단순한 즐거움을 주는 존재다. 나는 사과 껍질도 즐겨 먹었는데, 한 입 베어 물 때마다 할머니가 사과를 정말 정성스럽게 깎아내던 모습을 떠올리며 나에 대한 사랑을 느낄 수 있었다. 이는 맛있는 간식에 대한 기대를 불러일으키고, 천천히 여유를 가질 수 있는 기회를 선사한다. 잠시 자리에 앉아서 사과 껍질을 정성을 다해 조심스럽게 벗겨낸 다음, 사과 속살을 웨지 모양으로 썰어서 시나몬과 레몬즙을 뿌려 먹어보길 권장한다. 아주 단순하게, 그저 맛있다! 일 년 내내 구할 수 있으니까 아무 때고 사과 프리저브를 만들고 싶은 유혹을 느낄 수 있지만, 단연 최고의 품종과 맛을 얻으려면 수확철인 가을이 제격이다. 탄탄하고 속이 빈 소리가 나거나 그런 느낌이 들지 않는 것을 고르자. 그건 보통 사과가 가장 맛있는 시기가 지났다는 뜻이다. 사과는 음료나 소스, 버터 등의 프리저브로 가장 유명하다. 물론 여기에는 타당한 이유가 있다.

세포 구조 때문에 사과로는 진정한 잼을 만들 수 없어서 소스나 버터를 만드는 것이다. 사과의 놀라운 점은 설탕을 넣지 않아도 충분히 단맛이 나며 젤화될 수 있기 때문에 굳이 설탕을 첨가할 필요가 없다는 것이다. 덜 익은 사과는 펙틴 함량이 높아서 이를 이용해 수제 펙틴을 만들 수도 있다.(실제로 시판 펙틴을 만드는 데에 풋사과를 사용한다.)

사과 활용법
슈럽, 시럽, 주스, 식초, 버터, 소스, 파이 필링, 건과일

살구

늦봄부터 늦여름, 절정은 초여름

흥미롭게도 살구를 직접 다뤄보니 시중에 흘러 다니는 많은 정보와는 그다지 일치하는 부분이 없었다. 많은 책에서 살구는 펙틴 함량이 적으며 완벽하게 익은 것을 사용해야 훌륭한 저설탕 잼을 만들 수 있다고 말한다.

하지만 지금까지 저설탕 살구잼을 만들면서 한 번도 그렇게 느껴본 적이 없었다. 비록 살구는

펙틴이 적기는 하지만 수분이 거의 없고 밀도가 매우 높은 과일이기 때문에 아주 잘 익은 상태에도, 심지어 너무 과하게 푹 익은 상태에도 제대로 걸쭉한 잼이 된다. 살구는 익을수록 향기가 풍성해진다. 얼룩과 '주근깨' 반점은 풍미가 아주 뛰어난 일부 살구의 특징이기도 한데, 이들로 더없이 맛있는 프리저브를 만들 수 있었다. 내가 가장 좋아하는 잼용 품종인 블렌하임 살구도 그런 반점이 가득 박혀 있을 때가 많은데, 그럼에도 단연코 세상에서 제일 놀라운 잼이 된다. 조금 무르거나 멍이 든 과일로도 거의 모든 프리저브를 만들 수 있지만 통째로 보존하는 것은 곤란하다. 참고로 살구의 풍미는 익힐수록 강해진다는 점을 미리 염두에 두도록 하자.

살구는 여름 캠핑철이 찾아오면 제철을 맞이한다. 이 둘 또한 아주 잘 어울린다는 사실도 캠핑에서 깨달았다. 실제로 살구를 마시멜로처럼 통째로 불에 구우면 비슷하게 껍질이 바삭바삭 캐러멜화된다. 간단하게 꼬챙이를 가져다가 통살구 가운데에 딱 씨앗 옆부분을 지나가도록 끼우면 된다. 그런 다음 숯불에서 아주, 아주 천천히 골고루 돌려가면서 10분 정도 굽는다. 그러면 껍질이 바삭바삭하고 따끈하면서 쫀득한 구운 살구가 완성된다. 맛있다!

살구 활용법
잼, 슈럽, 시럽, 주스, 식초, 버터, 소스, 파이 필링, 건과일, 통과일

블랙베리

늦봄에서 여름, 제철은 한여름

블랙베리는 미국 전역에서 자라는 가시덤불나무에 열리는 열매다. 놀랍도록 톡톡 튀는 색깔과 새콤한 맛을 지니고 있으며, 수많은 프리저브에 첨가 재료로 넣기 아주 좋다.

색과 풍미가 강해서 그렇게 맛있기 힘든 잼에도 블랙베리를 넣으면 괜찮아진다. 펙틴 함량도 높아서 저설탕 딸기잼에 넣으면 효과가 좋다!

블랙베리는 질감이 탄탄하고 색이 짙지만 광택이 흐르는 것을 골라야 한다. 야생 덤불에서 수확해다가 잼을 만들 계획이라면 인내심을 가지고 제철을 맞이해 완전히 무르익을 때까지 기다리자. 시간을 투자할 가치가 있는 모험이 될 것이다.

블랙베리 활용법
잼, 슈럽, 시럽, 파이 필링, 건과일, 통과일

블루베리

여름

블루베리는 미국의 토종 베리로 동부 해안 문화에 그 뿌리를 두고 있다. 태평양 북서부와 동부 해안, 미시간에서 재배한다. 1990년 이후 캘리포니아의 센트럴 밸리에서도 자랄 수 있는 품종이 개발되어 블루베리 재배 열풍이 일어나는 현장을 직접 목격하기도 했다. 나는 이러한 새로운 품종과 재배 기술, 그렇게 생산된 과일에 대해 의구심을 품고 있다. 여러 가지 낭만적인 이유로 상업용 재배 베리류는 내 마음 속에서 결코 야생 베리와 비교조차 할 수 없는 위치에 있다. 그러나 공정하게 말하자면 재배되는 많은 블루베리도 아주 맛있고 한 알, 한 알마다 폭발적인 풍미가 난다는 점도 인정하기는 한다.

블루베리는 멍이 들거나 축축하지 않고 통통하며 단단한 것을 고른다. 신선한 블루베리는 실온에서 수 일간, 냉장고에서 최대 10일간 보관할 수 있다.

참고: 블루베리는 껍질이 탄탄해서 재우는 과정을 거쳐도 맛이 스며들게 만들기 힘들다. 2일 이상 재우면 부패할 위험이 있으므로 블루베리를 먼저 가볍게 으깬 다음 설탕을 넣는 것이 좋다.

체리

봄 중반에서 여름까지

나는 체리 철이 다가오면 자제력을
완전히 상실한다. 체리는 한
그루에서 딱 열흘 동안만 수확할
수 있을 정도로 아주 제철이 짧기
때문이다. 만일 시장에서 잘 익은
체리를 발견한다면 빠른 시일
내에 체리 프리저브를 만들기
위한 진지한 계획을 세워야 한다.
다양한 기후에서 다양한 품종이
자라나기 때문에 체리 철 자체는
늦봄에 시작되어서 여름까지
이어진다. 하지만 내가 잼용으로
제일 좋아하는 빙 체리는 순식간에
나타났다가 사라진다! 또한 체리는
딸기나 레몬, 오렌지 등 다른
과일과도 잘 어울려서 함께 잼이나
마멀레이드를 만들기에도 좋다.
체리에는 새콤한 품종과 달콤한
품종이 있으며 서로 다른 특징을
보여준다. 체리는 천천히 시간을
들여서 손으로 골라내는 것이
좋다. 색이 완전히 곱게 물들고
질감이 탄탄하면서 풍미가 강하며
신선한 녹색 줄기가 달린 것을
고르자. 신선한
체리는 덮개를
씌우지 않은
채로 냉장고에

넣는 것이 제일 좋다. 그러면 최대
2주일간 보관할 수 있다.

체리 씨 제거하기: 기계식 체리
씨 제거기를 사려면 거금이
필요하기도 하지만, 체리 씨를
빼는 데에는 그냥 수동식 기구만
있어도 충분하다. 한 번에 체리
3~6개의 씨를 제거할 수 있다는
발명품을 사고 싶어지는 것은
이해하지만 써보니 생각보다
정확도가 높지 않으며, 그렇게
절약된 시간은 실제로 나중에
남은 체리 씨앗을 제거하는 데에
허비되고 말았다.(실제로 단순한
방법이 더욱 효율적이라는 격언에
들어맞는 상황인 셈이다. 우리는
늘 더 뛰어나게 개선된 발명품을
갈망하지만, 결국 처음부터
사용하던 단순한 도구보다 더 나은
것이 없다는 깨달음을 얻게 된다.)
체리 씨는 과도로 체리 옆면에 작은
칼집을 넣은 다음 꺼내는 식으로
뺄 수도 있으며, 아예 반으로
잘라서 손으로 제거할 수도 있다.
생각보다 아름다운 장면이다. 체리
프리저브를 만드는 방법 중 내가
제일 좋아하는 것은 먹기 직전까지
씨를 아예 빼지 않는 것이다. 맛도
좋고 간편하다! 자세한 내용은 체리
주빌리(230쪽)를 참조하자.

참고: 체리는 손도 많이 가고
가격도 비싸다. 그리고 즙이
많고 밀도가 높은 과일이다.
체리만 가지고 저설탕 잼을
만들려고 해보니 시럽에 거대한
체리 덩어리가 둥둥 떠 다니는

형상이 되고 말았다. 농도가 별로
진해지지 않는 것이다. 그러니
딸기나 블루베리, 라즈베리처럼
걸쭉한 질감을 가미할 수 있는
다른 베리류를 섞는 것을 권장한다.
소량의 체리로도 아름다운 맛을 낼
수 있다!

크랜베리

초가을에서 한겨울

농업 과학자가 아직
캘리포니아에서 크랜베리를
재배하는 방법은 발견하지 못했기
때문에, 크랜베리만큼은 나에게
'프리저브에는 현지 과일만
사용한다'는 규칙의 유일한 예외다.
북아메리카가 원산지인 크랜베리는
매사추세츠와
뉴저지, 위스콘신,
워싱턴, 오레곤에서
자란다. 놀랍도록
유통기한이 길어서
최대 4주일까지 냉장고에 보관할
수 있으며, 덕분에 식료품점에서도
쉽게 구할 수 있다. 냉동하기도
쉬우며 냉동고에서는 최대 1년간
보관할 수 있다.

크랜베리는 강렬하고 새콤한 맛과
높은 펙틴 함량 덕분에 모든 종류의
프리저브에 훌륭한 첨가물로

활용할 수 있다. 제대로 젤화되지 않거나 단맛이 너무 강한 오렌지 마멀레이드의 구세주다. 작고 화사한 빨간 구슬 모양이 반투명한 주황색 젤리에 박힌 모습 또한 화려하기 그지없다.

메스꺼움을 유발할 수 있는 독성 화합물이 들어 있기도 한다. 따라서 엘더베리는 안전을 위해 말린 것이라 하더라도 사용하기 전에 항상 익혀야 한다.

크랜베리 활용법

잼, 마멀레이드(부가 재료로), 슈럽, 시럽, 주스, 소스, 건과일

엘더베리 활용법

잼, 슈럽, 시럽, 주스, 건과일

엘더베리
늦여름에서 초가을

미국이 원산지인 엘더베리는 북반구 전역에서 야생으로 자란다. 매우 빠르게 크기 때문에 지역 농장의 울타리나 덤불로 흔히 볼 수 있다. 비타민C와 항산화물질이 아주 많이 들어 있으며, 어릴 적부터 우리 가족의 약재로 흔하게 사용했다. 엘더베리로 만든 시럽은 감기와 독감에 도움이 되고 맛도 좋다.

엘더베리는 기계로 수확할 수 없고 유통기한이 길지 않으므로 보통 직접 야생에서 채집해야 한다. 집으로 가져온 후에는 줄기에서 열매를 깨끗하게 털어낸 다음 요리해야 한다. 수일 내에 사용하지 못할 경우에는 냉동 보관한다.

일부 품종의 경우 생 엘더베리와 잎, 줄기 등 묘목의 다른 부분에

무화과
한여름에서 늦가을

나는 10년간 캘리포니아 오클랜드의 유서 깊은 빅토리아풍 주택에서 잼 워크숍을 진행했다. 이곳의 마당에는 오클랜드에서 가장 오래된 헛간과 그보다 나이가 많아 보이는 무화과 나무가 있었다. 그 무화과 나무는 실로 화두가 많은 존재였다. 온통 울퉁불퉁한 곡선으로 이루어진 독특한 모양의 껍질과 줄기는 상처가 잔뜩 난 것처럼 보이기도 했다. 겨울이면 앙상한 가지가 뻗어 있고 봄과 여름이면 짙은 그늘을 만들어서 언제나 거대해 보이는 나무였다. 뒷마당에 모일 때면 사람들은 종종 '저건 무슨 나무예요?' 하고 물은 다음 대답을 듣고서 '무화과로는 뭘 만들어요?'하고 되묻곤 했다. 그 바로 옆에 선 레몬 나무에 대해 질문하는 사람은 아무도 없었다. 항상 무화과 나무만이 호기심의 대상이었다.

무화과 나무와 열매가 이토록 강한

호기심을 불러일으키는 것도 놀라운 일이 아니다. 무화과는 고대부터 재배되어 왔으며, 중동과 아시아의 매우 덥고 건조한 기후에서 자란다. 이 완벽한 환경 덕분에 모든 종류의 종교 문헌과 고대 지식서에 이름을 올렸으며 이는 인류가 무화과와 그 나무, 잎사귀에 오래 전부터 흥미를 가졌다는 역사적 증거가 되어준다. 인체를 가리는 최초의 덮개로 활용된 무화과 잎은 파리의 루브르 박물관 곳곳에서 찾아볼 수 있다. 거의 무화과에 흥미를 가지라고 우리의 DNA에 각인이 되어 있는 수준이다. 그런데도 이런 오랜 역사의 산물이 아직도 많은 이에게 낯설고 미스터리한 존재라니 이상한 일이다. 현대의 인류는 평범하고 편리한 것을 더 익숙하게 여기는 경향이 있다. 우습게도 우리는 참으로 다양한 음식에 접근할 수 있는 기후이자 시대에 살고 있으면서도 여전히 낯선 음식에 겁을 먹는다.

나는 시카고에서 자랐는데, 그곳에서 맛볼 수 있었던 유일한 무화과는 말린 것이었다. 무화과는 다른 수많은 맛있는 과일과 마찬가지로 배송하기가 쉽지 않으며 수확 후에 오래 보관하기

힘들다. 내가 처음으로 갓 따낸 신선한 무화과를 먹어본 것이 바로 그 오클랜드 뒷마당에 있는 무화과 나무였다. 무화과를 먹기 가장 좋은 시기는 햇볕에 따뜻하게 데워져서 손으로 잡으면 살짝 말랑하게 느껴질 때다. 햇살 아래에서 신선하고 따뜻한 무화과를 한 입 깨물면 마치 르네상스 작품 속에 들어온 듯한 기분이 든다.

무화과 활용법

잼, 슈럽, 시럽, 버터, 통과일,
파이 필링, 건과일

자몽

초겨울에서 초봄

자몽은 스위트 오렌지와 포멜로의 교배종으로 품종에 따라 빨간색, 흰색, 분홍색을 띤다. 포도처럼 나무에 무리지어 열리기 때문에 영어로는 포도 과일Grapefruit이라고 불린다. 추운 겨울이면 거대한 구 모양으로 자란 모양이 장관을 이룬다. 자몽은 신맛과 새콤한 맛, 단맛, 쓴맛이 혼합된 매우 강한 풍미를 지니고 있어 취향이 극단으로 갈린다. 아주 좋아하거나 싫어하거나 둘 중 하나다. 보존용 자몽을 고를 때는 잘라보는 것이 좋다. 과육에 즙이 풍부하고 들어보면

묵직하게 느껴져야 한다. 우리 할아버지는 거의 매일 아침 식사로 자몽 반 개를 드셨다. 일상적인 아침 루틴의 일부였다. 먼저 기온이 32도이든 영하 40도이든 상관하지 않고 일단 밖에 나가서 아침 식사를 하는 식탁 옆 창 밖에 있는 새 모이통에 먹이를 채운다. 그런 다음 집으로 들어와서 자몽을 반으로 자르고 과육만 썰어낸다. 마지막으로 그 위에 설탕을 약간 뿌린다. 그리고 자리에 앉아서 신문을 읽고 창밖의 새들이 아침을 먹는 것을 보면서 자몽을 먹는다. 이런 규칙적인 아침 일과는 지금까지도 나에게 고요한 느낌을 선사한다. 특히 정신없이 바빠서 모든 식구가 도시락을 싸고 일정에 맞추기 위해 제 시간에 집에서 나가려고 분주히 움직이는 아침 시간이면 더더욱 그렇다. 그럴 때면 딸이 문 밖으로 뛰어나가는 와중에 종려당을 뿌린 반쯤 먹은 자몽을 내려다보며 언젠가는 나도 그렇게 규칙적인 아침 루틴을 가질 수 있을 거라는 희망을 그린다. 그리고 그런 순간이 오면 아마 집안이 아이들과 혼돈으로 가득했던 그리운 시절을 떠올리게 될 것이다.
그것이 인생이지!

자몽 활용법

마멀레이드, 슈럽, 시럽, 주스,
건과일

포도

늦봄에서 가을

청포도와 적포도는 식료품점에서 일 년 내내 구할 수 있는 아주 흔한 과일로, 내가 살았던 미국 중서부에서는 레스토랑에서 장식용으로 사용했다. 배송하기도 좋고 저장성도 뛰어난데, 이 2가지 특징은 과일이 제공해야 할 복합적인 풍미를 경험하기 힘들게 만든다. 현지에서 제철에 수확한 포도에서는 완전히 다른 맛이 난다. 수없이 다양한 품종에서 신맛과 단맛, 새콤한 맛이 다채롭게 어우러진 풍미를 느낄 수 있다. 이러한 맛의 특징은 프리저브를 만들면 더욱 강렬하게 두드러진다. 우리는 오크 통에 일주일간 보관한 와인용 포도로 포도 주스를 만들어 보존하기 시작했다. 와이너리에서 술을 마시지 못하는 사람에게 즐겨 대접하는 용도다. 물론 포도 주스는 모든 종류의 포도로 만들 수 있다. 콩코드 포도는 세상에 존재하는 모든 인공 포도맛 음식이 따라하려고 노력하는 맛이 난다. 사탕이나 탄산음료 상표에 '포도'라고 적혀 있다면 그건 콩코드 포도의 맛과 보라색을 흉내 낸 음식이다. 또한 콩코드 포도는 펙틴이 풍부해서 멋지게 젤화가 되기 때문에 사람들이 젤리와 잼으로 즐겨 만드는 포도이기도 하다.

씨 있는 포도 먹는 법: 나는 미시간주 경계선 너머에서 온 콩코드 포도를 먹으면서 컸기 때문에 씨가 있는 포도를 먹는 데에 익숙하다. 하지만 이런 포도를 먹는 것에 익숙하지 않은 사람이 많다는 것을 알고서 씨 있는 신선한 포도를 맛있게 먹는 법을 여러 사람에게 가르쳐왔다. 콩코드 포도의 맛과 색은 대부분 보라색 껍질에 싸인 안쪽의 젤리 같은 씨앗 덩어리에 들어 있다. 혀와 입천장 사이에 포도알을 두고 눌러 으깨면 젤리 같은 포도 덩어리가 톡 튀어나오고, 분리된 껍질은 꼭꼭 씹어 먹는다. 이 시점에서 씨앗은 발라내도 좋고 그냥 삼켜도 무방하다. 아직 내 뱃속에서 포도 덩굴이 자라난 적은 없다!

이동하고 있으며, 인류가 유전공학을 사용하지 않고도 이전에는 결코 자라지 않았던 곳에서 식물을 재배하는 방법을 개발하고 있다는 사실이 더없이 흥미롭게 느껴진다. 현지에서 재배한 다양한 과일과 채소를 먹을 수 있는 사람들이 계속 늘어나기를 바라고 있다. 내가 자랄 때는 키위가 정말 이국적인 과일이었는데, 이후 캘리포니아로 이주했다는 사실을 제외하더라도 지금은 조금 더 흔한 과일이 된 것 같다.

키위로는 비교할 수 없을 정도로 화사한 녹색을 지닌 훌륭한 잼을 만들 수 있다. 또한 슈럽과 시럽으로 만들면 강렬하고 뛰어난 맛이 난다. 재미있는 실험을 시도해보자!

섬세하고 풍미가 깊어서 독특한 프리저브를 완성할 수 있다. 충분히 노력할 만한 가치가 있는 맛이 나지만, 정 씨앗이 걱정되면 굳이 발라내지 않아도 괜찮은 슈럽이나 시럽을 만들 것을 권장한다. 귤 대신 234쪽의 레시피에 따라 절임을 만들 수도 있는데, 이때도 씨앗을 굳이 발라내지 않아도 된다. 금귤은 보존성이 좋아서 상당히 오랫동안 보관할 수 있다. 한입에 쏙 집어 넣을 수 있고 감귤류 오일의 향 덕분에 잠이 확 달아나게 하는 효과가 있어서 장거리 운전이나 자동차 여행을 떠날 때 가져가기 딱 좋은 과일이기도 하다.

포도 활용법
잼, 슈럽, 시럽, 주스, 건과일

키위 활용법
잼, 슈럽, 시럽, 건과일

금귤 활용법
마멀레이드, 슈럽, 시럽, 통과일, 건과일

키위

한가을에서 늦가을

키위는 원산지인 중국에서 뉴질랜드로 건너와 그곳을 키위의 나라로 만들었다. 미국에서 유일하게 키위가 자라는 곳인 캘리포니아에서 처음으로 키위를 재배한 것은 1970년대였다. 나는 과일 등 식물이 여전히 전 세계로

금귤

겨울부터 초봄

금귤은 정말 흥미로운 감귤류다. 작은 포도알 크기의 동그란 오렌지 모양을 띠고 있다. 섬세하고 달콤한 껍질에서는 쓴맛 하나 없는 진한 풍미를 느낄 수 있고, 새콤한 속살에는 씨가 가득하다. 너무 작고 씨가 많아서 마멀레이드를 만들려면 솔직히 손이 아주 많이 가기는 하지만, 껍질이 정말

레몬

일 년 내내. 제철은 늦가을에서 초봄

레몬이 없는 세상을 상상할 수나 있을까? 레몬은 주방에서 가장 열심히 일하는 과일이다! 레몬과 레몬즙은 전 세계에서 요리에 널리 사용하는 필수 양념이자 과일 프리저브의 필수 재료다. 모든 잼에는 풍미와 펙틴을 첨가하고 색을 화사하게 만드는 레몬즙이

필요하다. 레몬은 정말 음식을 톡톡 튀게 만든다! 나는 마멀레이드를 만들 때 거의 항상 레몬을 추가하며, 다른 과일 프리저브에도 레몬을 넣으면 살짝 특별한 맛이 난다. 나는 과일을 논할 때 품종을 크게 구분하지 않으려고 노력하는데, 다른 품종을 가진 사람이 그 때문에 프리저브 만들기를 포기하는 일이 없기를 바라기 때문이다. 하지만 레몬만큼은 품종을 구분해야 할 필요가 있다. 가장 흔한 레몬으로는 3종류를 꼽을 수 있다.

리스본과 유레카 레몬은 둘 다 비슷한 품종으로 아주 탄탄하고 화사한 노란색 껍질에 강한 신맛이 나는 과육을 지니고 있다. 온갖 종류의 과일 프리저브를 만들기 딱 좋은 레몬으로 다양한 레시피에서 강한 산미를 위해 레몬즙을 요구할 때 흔히 지칭하는 품종이다. 품종은 다르지만 서로 대체해서 사용할 수 있으며 슈퍼마켓에 가면 보통 그냥 '레몬'이라고 적혀 있을 정도다.

메이어 레몬은 꽃 향이 감도는 달콤하고 부드러운 풍미를 지니고 있어 빠르게 널리 보편화되며 사랑받고 있다. 레몬과 귤의 교배종이다. 껍질은 거의 오렌지에 가까운 짙은 노란색을 띠는 편이며 상당히 부드럽고 말랑말랑하다. 과육에는 즙이 풍부하고 다른

레몬보다 산미가 낮다. 프리저브 레시피를 읽다 보면 메이어 레몬은 일반 레몬을 대체할 수 없다는 경고를 흔히 접하게 된다. 이는 피클이나 토마토 관련 프리저브처럼 보관상의 안전을 위해 산도를 맞춰야 하는 경우에만 해당되는 내용이다. 가진 레몬이 메이어 레몬밖에 없다면 그냥 사용하고, 산미를 더해야 할 것 같다면 여분의 레몬즙을 추가하면 된다. 지금까지 프리저브를 만들면서 메이어 레몬을 썼다고 문제가 생긴 적은 없다. 프리저브에 사용하는 레몬은 반드시 신선하고 단단한 무왁스 껍질이어야 한다. 레몬이 너무 많으면 즙을 짜서 냉동하거나 주스로 만들어 병입해서 나중에 사용할 수 있다. 껍질로는 감귤류 당절임 껍질이나 시트러스 솔트를 만들기도 한다. 인도식 레몬 피클(267쪽)과 소금에 재우는 모로코식 레몬 절임(263쪽)을 만들 수도 있다. 레몬으로는 할 수 있는 일이 정말 많다. 무한한 가능성을 지니고 있다. 가장 다재다능한 과일이라 해도 무방할 것이다!

레몬 활용법
잼(부가 재료로), 마멀레이드, 슈럽, 시럽, 주스, 통과일, 건과일

라임

늦가을에서 초봄

라임은 주방과 프리저브계에서 레몬과 비슷한 틈새 시장을 파고들어 열심히 일하는 과일이다. 과일 프리저브에 다량의 펙틴을 제공하고 색상을 그대로 유지하는 데에 도움을 준다. 레몬보다 훨씬 새콤하기 때문에 모두의 입맛에 맞지는 않고 취향을 탄다. 나는 라임을 정말 좋아하는 편이고, 과일을 보존할 때 얼마든지 레몬즙 대신 라임즙을 넣어도 된다.

감귤류는 잡종과 교배종이 하도 많아서 이름을 붙이고 식별하기가 어려울 정도로 다양하다는 점에서 정말 흥미로운 과일이다. 심지어 전혀 라임이 아닌데 라임이라고 불리는 과일도 있다! 그중 하나가 내가 매우 좋아하는 랑푸르 라임이다. 랑푸르 라임은 귤과 레몬의 교배종으로 라임처럼 새콤한 맛이 난다. 이국적인 꽃 맛이 느껴지는 자그마한 오렌지 과일로 특이한 마멀레이드를 환상적으로 만들어낼 수 있지만, 나는 랑푸르 라임을 소금에 절여서 모로코식 레몬 절임(263쪽)을 즐겨 만든다.

기타 흔한 라임으로는 페르시안 라임과 키 라임, 마크루트(카피르) 라임 등이 있으며 모두 훌륭한 과일 프리저브를 만들 수 있다.

나는 가까운 농장에서 유일하게 재배하는

라임이 베이스 라임이라 이를 가장 자주 사용한다. 펙틴이 너무 많이 들어 있어서 마멀레이드를 만들 때면 그 어떤 종류보다 빠르게 완성되기 때문에 신중하게 젤 테스트(72쪽 참조)를 진행해야 한다.

내가 본 중 가장 신기한 라임은 핑거 라임이다. 부드럽고 즙이 많은 알갱이는 알알이 완전히 분리되기 때문에 '라임 캐비어'라고 불리기도 한다. 나는 얇게 저민 래디시와 라임 캐비어를 과카몰레 타코에 얹어 먹는 것을 매우 좋아한다!

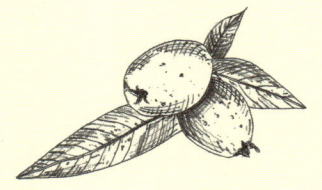

라임 활용법
잼(부가 재료로), 마멀레이드, 슈럽, 시럽, 주스, 통과일, 건과일

비파
초봄부터 초여름

아시아에서 인기가 높은 비파는 중국에서 유래한 또 다른 과일로 지중해 기후에 해당하는 지역으로 전파되었다. 과육이 매우 조밀하고 과즙이 많지 않으며 은은한 풍미가 망고와 자두를 연상시킨다. 씨앗이 커서 손질하기가 쉽지 않다. 비파로 잼이나 마멀레이드를 만들 때는 과즙이 많은 다른 과일을 섞어야 질감이 제대로 살아 있게 만들 수 있다. 딸기와 라즈베리, 오렌지와 잘 어울린다.

비파 활용법
잼, 슈럽, 시럽, 통과일, 건과일

귤
겨울부터 늦봄

귤은 원조 감귤류에 속하는 3가지 품종 중 하나로, 중국이나 인도에서 유래한 것으로 추측된다.

귤은 껍질과 과육 사이 막이 느슨해서 쉽게 분리할 수 있다. 탠저린tangerine과 클레멘타인clementine, 사츠마satsuma는 모두 껍질의 부드러운 정도와 과육의 풍미에 조금씩 차이를 보이는 다양한 귤 품종이다. 과일 프리저브를 만들 때는 모든 귤 품종을 모든 레시피에서 상호 대체하여 사용할 수 있다.

귤을 손질할 때 좋은 점은 껍질이 정말 부드럽고 중과피가 매우 소량이라는 것인데, 덕분에 쓴맛이 거의 없다시피 해서 처음 맛보는 사람들에게 주기 좋은 달콤하고 맛있는 마멀레이드를 만들 수 있다. 귤이 넉넉히 들어가는 빅 서 마멀레이드(141쪽)로는 상도 탔을 정도다!

귤 활용법
잼(부가 재료로), 마멀레이드, 슈럽, 시럽, 주스, 통과일, 건과일

오디
봄에서 한여름

어린 시절 우리 마당에 있던 유일한 과일 나무로 직접 열매를 땄던 것이 오디였기 때문에 내 마음 속에서 아주 특별한 자리를 차지하고 있다. 오디를 따서 먹으면 손과 혀에 잔뜩 얼룩이 남고, 입 안에서 풍미가 터져나온다. 기계로 수확할 수 없고 배송이 쉽지 않은 과일이기 때문에 농산물 시장이나 인근 지역에서 찾아봐야 한다. 뽕나무는 아주 크게 자라기 때문에 차도나 인도 위까지 가지를 뻗어서 열매를 흩뿌려 주변에 골칫거리를 안기는 경우가 많다. 시멘트 위에 커다란 얼룩이 보이면 고개를 들고 오디를 따기 시작하자! 오디는 블랙베리와 아주 비슷하게 생겨서 혼동하는 사람도 많지만 맛은 전혀 다르다. 색깔은 검은색, 빨간색, 흰색이 있으며 흰색 오디가 제일 맛이 부드럽다. 나라면 흰색 오디로 잼을 만들 때는 체리나 블랙베리, 히비스커스처럼 색상을 더해주는 재료를 첨가할 것이다.

까만 오디, 붉은 오디로는 멋진 잼을 만들 수 있지만 솔직히 그 풍미가 제대로 두드러지게 하려면 베리 주빌리(231쪽)나 시럽처럼 생과일을 통째로 보존하는 것이 제일이라고 생각한다.

오디 활용법
잼, 슈럽, 시럽, 주스, 통과일, 건과일

천도복숭아

초여름에서 초가을

신선하고 잘 익은 천도복숭아를 한 입 깨물면 과즙이 팔까지 줄줄 흘러내릴 만큼 놀랍도록 풍성하게 터져나온다. 털이 없는 복숭아와 같으며 껍질이 아주 부드러워서 제거할 필요가 없기 때문에 프리저브로 만들기 아주 좋다. 사실 껍질을 그대로 둔 채로 조리하면 천도복숭아의 과육에서 보기 드문 화려한 장밋빛 색조가 살아난다. 하지만 천도복숭아를 다루는 것은 마냥 쉽지만은 않은데, 단맛이 제일 두드러지고 새콤함 등 균형을 잡아주는 풍미가 거의 없기 때문이다. 하지만 크게 문제가 되지는 않는다. 레몬즙이나

감귤류의 제스트, 향신료, 심지어 하바네로 등 99쪽에 실린 많은 첨가 재료를 넣으면 된다.

천도복숭아 활용법
잼, 슈럽, 시럽, 버터, 통과일, 건과일

오렌지

초겨울에서 초봄

오렌지는 귤과 포멜로의 교배종으로 세상에서 가장 흔한 감귤류다. 전 세계에서 소비되는 모든 오렌지 주스의 양을 생각해 보면 오렌지 나무가 가장 흔한 과실수인 것도 놀랄 일이 아니다. 나에게는 80대에 가까운 친애하는 지인이 있는데, 그는 집에서 자고 가는 모든 손님에게 아침마다 갓 짜낸 오렌지 주스 1잔을 대접하는 전통을 지키고 있다. 빅토리아풍 주택에 방도 많아서 손님으로 붐빌 때도 있다! 하지만 본인이 유사 러다이트Luddite라 수동 감귤류 압착기를 이용해 오렌지를 손으로 하나하나 짜낸다. 커피콩도 비전기식 핸드 그라인더로 갈아내 우리는 사람이다. 아침에 그의 집에서 눈을 뜬 후 시끄러운 전동 그라인더와 착즙기의 소음 없이 신선한 감귤류 주스를 마실 수 있다니 얼마나 융숭한 대접인가. 게다가 오렌지는 직접 인근 시장까지 걸어가 골라온 것이라

나는 이 루틴이 그가 탁월한 건강 상태를 유지하는 데에 도움이 되고 있다고 생각한다.

참으로 고전적인 과일인 오렌지로 마멀레이드며 통과일 절임, 슈럽 등 다양한 프리저브를 만드는 것은 정말 재미있는 작업이다. 오렌지를 익히는 향기에는 겨울의 연말연시 연휴 기간의 기분을 떠올리게 하는 무언가가 있다. 김 속에 서린 오렌지 오일의 향이 아늑한 기분, 집안에 계속 머무르고 싶은 기분을 되새긴다. 프리저브에 사용되는 오렌지에는 3가지 종류가 있으며 저마다 특징과 쓰임새가 매우 다르다.

스위트 오렌지

우리가 흔히 오렌지로 알고 있는 바로 그 과일이다. 달콤하고 중과피가 거의 없는 편이며 달콤하고 부드럽고 맛있어서 널리 팬이 많은 마멀레이드를 만들 수 있다. 234쪽에서 소개하는 것처럼 통째로 꿀 시럽에 보존하기에도 아주 좋다. 스위트 오렌지는 시나몬이나 팔각, 카다멈, 사프란 등 다양한 풍미와 잘 어울린다.

블러드 오렌지

블러드 오렌지는 화려한 짙은 붉은색이 두드러지는 감귤류로 복합적인 베리류의 은은한 향이

느껴진다. 대부분의 붉은색 과일이 그렇듯이 항산화물질이 풍부해서 천연 면역력 강화제로 취급받는다. 스위트 오렌지보다 산도가 높기도 하고 풍미가 더욱 농축되어 있어 훨씬 강렬하고 독특한 맛의 프리저브를 만들 수 있다. 풍미가 강하지만 그래도 로즈메리나 세이지, 펜넬, 카다멈 등 많은 허브 및 향신료와 잘 어울린다.

세빌 오렌지

아주 새콤하고 껍질이 향기로운 비터 오렌지다. 펙틴이 아주 많이 들어 있어서 멋지게 젤화되기 때문에 마멀레이드를 만드는 용도로 널리 인기가 높다. 또한 신맛과 쓴맛이 강해서 훨씬 입맛에 맞는 마멀레이드를 만들 수 있다. 실제로 영국에서는 세빌 오렌지를 전통 마멀레이드의 재료로 규정하고 있다.

베르가모트

신맛이 아주 강하면서 껍질에서 거의 향수처럼 강렬한 향이 나는 것이 특징인 특별한 세빌 오렌지 품종이다. 이 껍질은 얼그레이 홍차에 향신료로 쓰이는 것으로 널리 알려져 있다. 베르가모트는 맛이 정말, 정말 강하기 때문에 프리저브로 만들 때는 주의를 기울여야 한다. 그 풍미는 201쪽의 베르가모트 얼그레이 슈럽에서 완벽한 주인공 역할을 한다.

오렌지 활용법
잼(부가 재료로), 마멀레이드, 슈럽, 시럽, 주스, 통과일, 건과일

복숭아
늦봄에서 초가을

아주 맛있는 복숭아는 실로 놀라운 과일이다! 흰색과 은은한 홍조, 주홍색이 어우러진 아름다운 색조에 새콤달콤하게 어우러진 풍미가 터져 나온다. 훌륭한 복숭아를 발견했다면 다시 찾기 어려울 테니 잔뜩 사서 보존해 두자. 복숭아는 원래 펙틴과 산이 적은 편이므로 프리저브를 만들 때는 레몬즙을 추가해야 효과적으로 젤화를 시킬 수 있다. 지금까지 66쪽에 실린 방법대로 펙틴을 넣지 않고 잼을 만들면서 한 번도 실패한 적이 없다. 나는 원래 복숭아로 잼을 만들 때는 항상 껍질을 벗겨야 한다고 말하곤 했다. 그동안 접했던 모든 레시피에도 그렇게 적혀 있었으며, 비록 해피걸키친의 스타일은 음식을 다룰 때 너무 손이 많이 간다고 느껴지는 부가적인 과정을 제거해서 언제나 가장 간단한 방법을 찾아내는 것이기는 하지만 나 또한 진심으로 그렇게 믿었다. 아직까지도 '내가 유일하게 껍질을 벗기고 사용하는 과일은 복숭아다'라고 말한다. 그런데

최근에 우리 잼 교실의 상급자 수업에서 한 농부를 만났다. 내 모든 수업을 수강하고 열정적인 잼 생산자가 된 사람으로, 언제나 수업 시간에 훌륭한 의문사항과 아이디어를 들려주곤 한다. 그녀가 '어머 세상에, 저는 복숭아 잼을 만들 때 껍질을 벗기지 않는데 그래도 맛있게 잘 돼요'라고 말했을 때는 그야말로 입이 떡 벌어졌다. 나는 내 귀가 어딘가 잘못된 줄 알았다. 그래서 지나가던 걸음을 멈추고 내가 본인이 말하는 걸 제대로 들은 것이 맞는지 다시 알려 달라고 부탁했다. 이 이야기의 교훈은 직접 시도해 보기 전까지는 결코 알 수 없는 것이 있다는 것이다. 그 이후로 복숭아의 껍질을 벗기지 않고 잼을 만들어 본 결과 그녀의 의견에 동의하게 되었고, 지금은 더 이상 복숭아 잼을 만들 때 반드시 복숭아의 껍질을 벗겨야 한다고 말하지 않는다. 껍질이 들어간다고 잼의 색이 어두워지거나 맛이 떨어지지도 않았다. 그저 질감이 약간 달라질 뿐이다. 물론 껍질째 복숭아 잼을 만드는 것은 야만적인 일이라고 주장하는 잼 전문가가 많겠지만 그래도 껍질을 벗기는 과정이 귀찮아서 만드는 것을 망설이게 된다면 과감하게 건너뛰라고 말하고 싶다! 데쳐서

껍질을 벗기고 싶지 않아서 복숭아 잼을 만들지 않기에는 인생이 너무 짧다. 물론 슈럽이나 시럽, 주스를 만든다면 애초에 이런 고민을 해야 할 필요도 없을 것이다!

복숭아 활용법

잼, 슈럽, 시럽, 주스, 버터, 통과일, 건과일

배

`늦가을`

배는 사과, 퀸스와 함께 장미과에 속하는 과일로 셋 중에 가장 다루기 쉽다. 가을의 숨겨진 영웅이라고 할 수 있다. 대체로 맛이 아주 연한 편이지만 익히면 아주 복합적이고 깊은 풍미를 낼 수 있다. 배를 고를 때에는 반드시 어떤 요리를 만들 것인지를 고려해야 한다. 배 잼을 만든다면 진한 풍미를 가미할 수 있도록 단맛보다 배 향이 아주 강한 것을 고르는 것이 좋다. 통째로 시럽에 절일 예정이라면 완벽하게 익어서 탄탄하지만 질감은 부드러운 배를 고른다. 그 외의 프리저브를 만든다면 맛이 가장 중요하므로 질감이 좀 까끌까끌하거나 너무 익거나 멍이 좀 들었다고 해도 상관없다. 모든 배에게는 제 쓸모가 있다는 사실을

알아 두면 좋다! 내가 신선한 배로 즐겨 만드는 간단한 디저트가 있는데, 우선 배를 캐러멜화해야 한다. 먼저 12mm 두께의 웨지 모양으로 썬 다음 메이플 시럽과 코코넛 오일을 팬에 조금씩 두르고 배를 넣어서 소금과 시나몬을 뿌린다. 그리고 나머지 저녁 식사를 요리하는 동안 약한 불에 올려 뭉근하게 익힌다. 배가 부드러워지면 완성된 것이다. 따뜻할 때 바닐라 아이스크림을 곁들이면 수 초 만에 디저트를 차릴 수 있다!

배 활용법

잼, 슈럽, 시럽, 주스, 버터, 소스, 통과일, 건과일

감

`늦가을`

감의 가장 놀라운 점은 모든 화려한 단풍이 땅으로 떨어진 후, 벌거벗은 나무에 매달린 모습이 믿을 수 없을 정도로 아름답다는 것이다. 회색 하늘을 배경으로 빛나는 주황색 열매는 정말 멋진 풍경을 완성한다. 감에는 2가지 종류가 있다. 하나는 부드럽게 익어야 먹을 수 있는 하치야Hachiya 종류다. 그리고 다 익었을 때도 단단해서 사과처럼 먹게 되는 후유Fuyu 종류가 있다. 내가 정말 많이 듣는 질문 중 하나가 '감은

어떻게 먹어야 하나요?'다. 감이 유래한 아시아 지역에서는 약 2~3주가 소요되는 전통 방식에 따라 통째로 말려서 먹는 것이 가장 일반적이다. 두 품종 모두 건조기를 이용해서 성공적으로 말릴 수 있다. 감으로 잼이나 버터, 처트니chutney를 만들었다는 성공 사례는 여기저기서 들어보기는 했지만 그걸 정말 맛있게 먹는 사람은 본 적이 없어서 그냥 감을 어떻게든 요리해 보려는 노력에 불과하지 않나 싶다. 내가 가장 좋아하는 감 활용법은 슈럽 또는 시럽이다. 후유 감이라면 시럽과 설탕에 수일간 절인 다음 가열해서 풍미를 최대한 추출해 내지만 하치야 감은 너무 끈적끈적해지지 않도록 그냥 충분히 절인 다음 체에 걸러낸다. 감 슈럽은 초겨울 나무에 달린 열매처럼 밝게 빛나는 풍미를 자랑한다. 잘 익은 후유 감을 먹는 정말 재미있는 방법으로는 12mm 두께로 저민 다음 레몬즙과 소금, 고추를 뿌리는 것이다! 멕시코에서 망고를 먹는 방식과 비슷하다.

감 활용법

슈럽, 시럽, 건과일

자두
초봄에서 한가을

자두는 말 그대로 전 세계에서 난다. 제각기 다른 특징과 색깔, 맛을 갖춘 수없이 많은 품종이 존재한다. 그 모든 자두에게 1가지 공통점이 있다면 즙이 많고 부드러운 과육을 아주 탱탱한 껍질이 가두고 있다는 것이다. 자두는 흔히 프리저브용으로는 간과되는 편이지만, 사실 펙틴 함량이 높아서 활용도가 매우 좋으며 손질하기도 쉽다. 나는 지금까지 뒤뜰에서 딴 이름 모를 열매에서 특별한 품종에 이르기까지 보존하고 싶지 않은 자두를 만난 적이 없다. 하지만 모든 과일이 그렇듯이 잘 익고 풍미가 짙어야 한다. 작은 자두는 껍질과 씨, 과육의 비율 때문에 손질하기 어려울 수 있으므로 슈럽이나 시럽, 주스를 만드는 데에 어울린다. 자두는 설탕을 얼마 넣지 않고 아주 새콤한 잼이나 버터를 만들 수 있다. 맛은 대부분 껍질 부분에 있으므로 나는 항상 껍질째 넣어서 잼 등을 만들기 시작한 다음 제대로 바글바글 끓으면서 형태가 물크러지고 나면 거품기로 휘휘 젓는다. 그러면 껍질이 거품기에 달라붙어서 손으로 떼어내 간식용으로 따로 보관해 둘 수 있다! 작고 맛있는 과일 가죽fruit leather(갈아낸 과일

과육을 말려서 '쫀득이'처럼 얇고 쫀득쫀득하게 만든 간식 - 옮긴이) 같은 간식을 손에 넣으면서 동시에 잼에도 껍질에 함유된 풍미를 불어넣을 수 있는 방법이다.

자두 활용법
잼, 슈럽, 시럽, 주스, 버터, 통과일, 건과일

석류
늦가을에서 한겨울

티타월을 아래에 깐 그릇을 앞에 두고 식탁에 앉아서 목에 또 다른 티타월을 냅킨처럼 끼운 채로 석류알을 골라 먹었던 기억이 아직도 선명하다. 내가 여기저기 석류즙을 튀겨서 얼룩이 생기는 일이 없도록 하려는 할머니의 조치였다. 석류는 언제나 내가 먹어본 중 가장 재미있는 과일로, 마치 덥고 화창한 날에 과일에서 씨를 골라내는 영장류가 된 것 같은 기분이 들게 한다. 지구상에서 제일 건강한 과일로 손꼽히며 항산화물질이 풍부하다. 그리고 무엇보다 일단 먹으면 맛있다. 석류에는 펙틴이 전혀 들어 있지 않으며 나는 프리저브를 만들 때 시판 펙틴을 첨가하지 않으므로 석류로는 젤리를 만들지 않는다. 석류즙은 수동 또는 기계식 감귤류 착즙기를 이용해서 짜낸다. 석류를 반으로 잘라서 짜내기만 하면 된다.

환상적인 새콤한 맛을 지니고 있어 프리저브로 만들 때 감미료를 많이 넣지 않아도 된다. 나는 누군가를 위해 해줄 수 있는 다정한 일 중 하나로 갓 털어낸 석류씨 1그릇을 건네주는 것을 꼽는다. 오렌지 제스트와 카다멈 가루를 약간 뿌리면 더욱 좋다!

석류 활용법
슈럽, 시럽, 주스, 젤리, 건과일

퀸스
한가을에서 늦가을

퀸스가 1그릇만 있어도 집에 들어갈 때 크게 환영 받는 듯한 화사한 향기가 피어난다. 정말 달콤하고 이국적인 향기가 거의 향수처럼 느껴질 정도라 저절로 생과일을 한 입 베어 물고 싶어지지만 떫은 맛이 너무 강해서 날것으로는 거의 먹을 수 없다. 퀸스에게는 이런 마법 같은 면이 있다. 녹색과 황금빛이 감도는 표면에는 가루기가 느껴지는 잔털이 있고 모양이 독특한 편이다. 과육은 하얗고 탄탄하다. 하지만 그 향기에서 은근히 잠재력이 드러난다. 퀸스를 익히기 시작하는 순간 그 마법이 풀린다. 깊은 장밋빛 색조가 드러나면서 꿀 같은 맛이 발달하는 것이다.

퀸스는 아주 역사 깊은 과일로, 인류가 당과로 만든 첫 과일이기도 하다. 천연 펙틴이 많이 함유되어 있어서 젤리 및 기타 프리저브를 만들기에 아주 좋다. 스토브에 퀸스 한 냄비가 보글보글 끓고 있으면 온갖 프리저브를 만들기 시작할 수 있는데, 모든 퀸스 프리저브는 일단 퀸스를 물에 1시간 이상 끓여서 마법을 끌어내야 하기 때문이다! 퀸스는 잘 알려지지 않은 과일이기 때문에 구하기 매우 힘든 편이다. 내 농부 친구가 들려준 이야기로는, 매주 시장 가판대에 똑같은 퀸스 상자를 진열했다가 다시 트럭에 싣고 돌아가기를 계속 반복했다고 한다. 그러던 어느 날, 우아하게 차려입은 여성분들이 친구의 가판대로 다가와 퀸스를 2자루나 가득 채워 담았다. 그리고 뚜렷한 외국 억양으로 말을 걸어왔다. 러시아 출신이라 오랜만에 시장에서 옛 친구 퀸스를 마주쳐 너무나 기쁘다는 말이었다. 그러니 주변에 혹시 퀸스가 있는지 물어보고 다니고, 발견하면 즉시 사자! 여러분의 농부 친구가 감사할 것이다. 내가 제일 좋아하는 퀸스 활용법은 사과나 배와 함께 섞어서 코블러를 만드는 것이다. 시나몬을 살짝 뿌리고 크랜베리를 약간 섞으면, 이제까지 퀸스를 먹어본 적이 없다니 대체 뭘 하고 살아온 것인지 회한이 들 것이다.

퀸스 활용법
잼, 슈럽, 시럽, 버터, 소스, 통과일, 첼리, 건과일

라즈베리

늦봄에서 초가을

라즈베리 1바구니를 순식간에 먹어 치우는 것은 정말 쉬운 일이다. 잘 익은 라즈베리를 수확했다면 한나절만 지나도 상할 수 있으니 순식간에 먹게 되는 것은 인간이 그 속도에 적응한 것일 수도 있다. 라즈베리는 아주 섬세하고 부드러운 과일이지만 풍미는 참으로 대담하다. 라즈베리에는 노란색과 흰색, 주황색, 검은색, 붉은색 등 다양한 색깔이 있다. 테이베리나 로간베리, 클라우드베리 등 같은 과에 속하는 다른 과일도 많다. 풍미는 모두 다르지만 보존하면 비슷한 방식으로 변화하기 때문에 어느 베리를 사용할 것인지는 만드는 사람의 취향과 거주 지역 등에 달린 문제다. 누군가는 나를 전통주의자라고 부를지도 모르지만 내가 제일 좋아하는 베리는 농장 길가의 울타리에 매달려 완벽하게 익어가는 붉은 라즈베리다. 신선한 라즈베리는 정말 보관하기 어렵기 때문에 이 연약함 때문이라도 반드시 보존해야 한다. 라즈베리로는 온갖 종류의 훌륭한 프리저브를 만들 수 있지만 내가 제일 좋아하는 것은 통째로 묽은 꿀 시럽에 절인 라즈베리다.(215쪽의 사진 참조.) 시럽이 묽어서 실제로 라즈베리의 섬세한 질감을 그대로 유지할 수 있다. 그대로 시간이 멈춘 채 우리가 필요할 때까지 기다려준다. 라즈베리로 잼을 만드는 것 또한 정말 쉽고 간단하다. 손질할 것이 거의 없어서 아주 약간의 노력만 기울이면 환상적이고 화사한 맛이 나는 잼을 만들 수 있다. 라즈베리 잼을 만들 때는 양질의 다크초콜릿을 미리 준비해 두는 것이 좋다. 잼을 맛보는 가장 좋은 방법이 바로 자그마한 컵(나는 에스프레소 컵을 사용한다)에 뜨거운 라즈베리 잼을 조금 붓고 따뜻할 때 다크초콜릿을 찍어서 음미하는 것이기 때문이다. 인생의 단순한 즐거움 중 하나이자 지금까지 투자한 노력에 대한 즉각적인 보상이 아닐 수 없다!

라즈베리 활용법
잼, 슈럽, 시럽, 주스, 통과일, 건과일

딸기

초봄부터 늦가을

우리 카페에서 손님이 토스트와 잼을 주문하면 우리는 어떤 잼을 원하는지 물어본다. 그러면 25가지에 이르는 다양한 잼과 마멀레이드 목록을 차분히 읽은 다음 참으로 인상깊다고 말하면서 나이를 불문하고 대부분 '딸기잼 주시겠어요?'하고 말한다. 딸기는 그냥 세상에서 가장 인기 있는 맛이다. 가끔 딸기 농장 근처를 차로 지나가다 보면 지구라는 한 행성과 한 지역, 한 식물에게만 공급을 요구하기에는 너무 과한 수준의 수요가 아닌가 싶은 생각이 들 때가 있다. 하지만 딸기에는 거부할 수 없는 매력이 있다. 좋은 소식은 딸기가 생산되는 기간은 매우 길기 때문에 그 모든 수요를 따라잡을 시간이 충분하며, 딸기는 북미와 유럽 전역에서 잘 자란다는 것이다. 심지어 도시에서도 잘 큰다! 나는 몬트리올에서 건물 주변으로 딸기가 가득 찬 바구니가 잔뜩 늘어선 광경을 신나게 감상하며 다니곤 했다. 딸기에는 다양한 품종이 있으며 제각기 알맞은 성장 기후와 계절이 따로 있지만,

프리저브를 만들 때 품종보다 중요한 것은 풍미가 아주 뛰어나고 껍질에서 광택이 나며 너무 많이 익지 않은 딸기를 골라야 한다는 것이다. 훌륭한 딸기 프리저브를 만들기 어려운 이유로는 여러 가지가 있다. 딸기는 거의 수분으로 이루어져 있고 펙틴과 산이 거의 없으며 익히면 색이 어두워지는 경향이 있어 프리저브용으로 딸기를 고를 때는 반드시 완벽하게 익은 것을 찾아야 한다.

딸기 활용법

잼, 마멀레이드(부가 재료로), 슈럽, 시럽, 건과일 생과일(기타 과일과 섞어서)

토마토

초여름에서 늦가을

토마토는 요리 세상에 주어진 가장 큰 선물이라 할 수 있다. 종이 1장 차이로 과일이냐 채소냐를 넘나드는 토마토는 짭짤한 식사와 달콤한 디저트 모두에 멋지게 적응한다. 내가 과일 책에 토마토를 포함시킨 것은 토마토 잼이 정말 맛있는 프리저브인 데다가 활용도도 매우 높기 때문이다. 과일 프리저브용으로는 건식 재배한 토마토를 선호하는데, 달콤하고 풍미가 강렬하면서 과육의 밀도가 아주 치밀하기 때문이다. 관개를 차단하고 물을 아주 적게 주면서

재배하기 때문에 뿌리가 지하수에 닿을 만큼 깊게 뻗어 들어간다. 껍질에서는 햇볕을, 과육에서는 토양의 미네랄을 느낄 수 있다!

토마토 활용법

잼, 마멀레이드(부가 재료로), 슈럽, 시럽, 주스, 생과일, 건과일

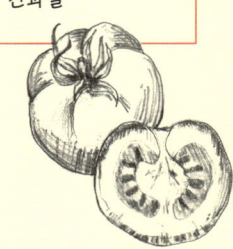

과일과 향신료

추천하고 싶은 풍미 궁합과 조합을 소개한다.

사과
시나몬, 카다멈, 정향, 가람 마살라, 생강, 너트메그

키위
고추, 생강, 라벤더, 레몬그라스

감
시나몬, 카다멈, 정향, 가람 마살라, 생강, 바닐라

살구
카다멈, 모든 고추 종류, 시나몬, 정향, 가람 마살라, 생강

금귤
카다멈, 가람 마살라, 생강, 사프란, 팔각

자두
시나몬, 고추, 생강, 가람 마살라, 세이지, 모든 감귤류 종류

블랙베리
흑후추, 감귤류 제스트, 레몬밤, 생강, 민트, 세이지, 팔각

레몬
베르가모트, 생강, 라벤더, 로즈메리, 타임

석류
흑후추, 올스파이스, 월계수 잎, 모든 감귤류 종류

블루베리
흑후추, 시나몬, 감귤류 제스트, 생강, 민트

라임
칠리 플레이크, 생강, 레몬밤, 민트

비파
카다멈, 시나몬, 가람 마살라, 생강, 바닐라, 모든 감귤류 종류

퀸스
카다멈, 시나몬, 정향, 가람 마살라, 생강, 팔각, 바닐라, 모든 감귤류 종류

체리
모든 종류의 감귤류 제스트

오디
흑후추, 생강, 민트, 모든 감귤류 종류

라즈베리
생강, 세이지, 타임, 모든 감귤류 종류

크랜베리
시나몬, 모든 종류의 감귤류 제스트, 생강

천도복숭아
고추, 시나몬, 카다멈, 생강, 로즈메리, 모든 감귤류 종류

딸기
카다멈, 생강, 라벤더, 민트, 바닐라, 모든 감귤류 종류

엘더베리
생강, 타임, 모든 종류의 감귤류 제스트

오렌지
시나몬, 카다멈, 정향, 가람 마살라, 생강, 너트메그, 로즈메리, 세이지, 팔각, 바닐라

토마토
바질, 후추, 시나몬, 정향, 고추, 코리앤더, 가람 마살라, 생강, 너트메그, 로즈메리, 레몬과 라임 제스트

무화과
카다멈, 펜넬, 생강, 감귤류 제스트(특히 오렌지)

복숭아
고추, 펜넬, 생강, 가람 마살라, 라벤더, 민트, 로즈메리, 바닐라, 모든 감귤류 종류

포도
모든 종류의 감귤류 제스트

배
시나몬, 카다멈, 정향, 가람 마살라, 생강, 바닐라

✳ JAM ✳

잼

NO. 2

아, 긴 겨울을 위해 여름의 태양을 잡아두는, 맛있는 잼.

과일 나무가 꽃을 피우고 열매를 맺던 시절의 기억이 담겨 있는 잼은 사람이 맛볼 수 있는 가장 훌륭한 요리적 즐거움을 만들어낸다! 결과물에서 과일의 맛이 두드러져야 하기 때문에 저설탕 잼으로 만드는 것이 가장 좋다. 잼은 과일에 설탕과 레몬즙을 넣고 익혀서 으깨 만든 프리저브다. 잼 만드는 법에 대해 이야기할 때 내가 언급하는 과일이란 핵과일과 덤불 베리류다. 미국 현지에서 아주 흔하게 자라는 과일들이다. 살구와 체리, 자두, 복숭아, 딸기, 블랙베리, 블루베리, 오디, 라즈베리 등 온갖 종류의 사랑스러운 핵과와 베리 과일을 떠올려보자.

잼은 만드는 법이 아주 간단하기 때문에 과일 프리저브 만들기를 처음 시작해 보기에 좋다. 잼은 숟가락 위에 섬세하게 자리잡으며 토스트에 쉽게 펴 바를 수 있고 머핀에 넣거나 요구르트에 섞을 수 있는 완벽한 젤 상태가 되어야 한다. 그리고 생생한 색상, 신선한 풍미를 유지해야 한다. 잼의 색깔과 질감, 풍미에 영향을 미치는 요소는 여러 가지가 있기 때문에 이 책을 통해 여러분이 원하는 조합으로 나만의 잼을 만들 수 있는 많은 팁과 요령을 전할 수 있게 되어 매우 기쁘다. 해피걸키친에서는 간단하면서도 매번 훌륭한 잼을 완성할 수 있는 잼 만들기 기법을 찾아내고 개발했다. 우리의 기술은 항상 그렇듯이 가능한 한 최고의 과일을 구하는 것부터 시작해서 순서대로 적절한 과정을 거쳐 잼이 되도록 한다. 여타 레시피와 차별화되는 부분을 또 하나 꼽자면, 절대 시판 펙틴을 사용하지 않고 과일이 갖춘 천연 펙틴에만 기댄다는 것이다. 재료 하나를 완전히 생략해서 가게에 구하러 갈 필요가 없어지는 것은 물론 잠재적으로 혼란을 야기할 수 있는 변수를 제거하는 효과가 있다. 우리의 기술만 따른다면 언제나 훌륭한 잼을 만들 수 있다!

WORKSHOP

잼을 만드는 순서
JAM

1.
과일 고르기
신선하고 완벽하게 익은 것
또는 살짝 덜 익은 것을
고른다.

2.
과일 손질하기
깨끗하게 씻고 심과
씨를 제거한다.
송송 썰거나 잘게 다진다.

3.
재우기
과일에 설탕과 레몬즙을 섞어서
12~48시간 동안 재운다.

4.
익히기
알맞은 크기의 냄비를 고른다.
신선한 풍미를 최대한 유지하기
위해서 강한 불에 익혀 조리 시간을
줄인다.

5.
젤 테스트
반드시 완벽한
타이밍에 불에서
내려야 한다.

1. 과일 고르기

최고의 잼을 만들려면 최고의 과일을 마련해야 한다! 어떤 사람들은 과일 중에서도 잼용으로 더 적합한 특정 품종이 있다고들 하지만 나는 품종(접근이 제한적일 수 있는)보다 품질이 더 중요하다고 생각한다. 지금이 가장 뛰어난 상태인 과일이어야 한다! 반드시 갓 수확한 것을 구입하는데, 껍질을 확인하면 신선도가 보인다. 또한 과일의 맛을 보고 복합적인 풍미가 완전히 발달했는지 확인하도록 하자.

과일이 그냥 괜찮은 정도의 맛이라면 잼도 그럭저럭 괜찮은 수준이 될 뿐이다. 어떤 농부들은 시장에서 '잼용 베리'를 아주 저렴한 가격에 판매하기도 한다. 하지만 사실은 '고설탕 잼용 베리'라고 써 놔야 정확할 것이다. 역사적으로 열탕소독 기법이 발달하기 이전 시대의 사람들은 설탕을 잔뜩 넣어서 잼을 만들곤 했다. 설탕은 훌륭한 방부제이며, 맛이 좋지 않은 과일의 풍미를 보충하는 역할을 한다. 시판용 잼에 설탕이 많이 들어가는 이유도 마찬가지다.

나는 저설탕 잼을 만들려면 완벽하게 잘 익은 과일은 80%, 덜 익은 과일은 20%의 비율로 준비할 것을 권장한다. 잘 익은 과일은 과일다운 풍미가 완전히 발달해 있다. 덜 익은 과일을 섞어야 한다고 하면 놀라는 사람이 많지만, 이를 추천하는 데에는 여러 가지 이유가 있다. 모든 과일은 익힐수록 단맛이 강해지는데, 덜 익은 과일은 잼에 산뜻한 신맛을 더하면서 풍미를 더욱 복합적으로 만들어서 훌륭한 깊이와 균형 잡힌 맛을 갖춘 잼이 된다. 더욱 중요한 점은 완벽하게 익은 과일보다 덜 익은 과일에 펙틴이 더 많이 들어 있다는 것이다. 아직 살짝 녹색을 띠는 살구, 흰색이 감도는 딸기를 조금 넣으면 저설탕 잼도 제대로 젤화시킬 수 있다. 애초부터 펙틴 함량이 적은 과일일수록 이 트릭이 더욱 필요하다. 자세한 내용은 1장(39쪽)의 펙틴 차트를 참조하자.

2. 준비 과정

핵과나 베리로 잼을 만들 때는 기본 과정 하나만을 따른다. 특이한 잼을
만들고 싶다면 얼마든지 과일을 원하는 대로 복잡하게 손질해도 상관없지만,
우리는 최대한 과정을 간단하게 유지하고 싶어하는 편이다.
먼저 과일을 깨끗하게 씻은 다음 물기를 제거해서 나중에 익혀야 할 잼에
여분의 수분이 들어가지 않도록 한다. 그런 다음 씨앗과 줄기 등을 제거한다.
해피걸키친에서는 복숭아 하나만 제외하고 모든 과일의 껍질을 전혀 벗기지
않는다.(만세!)

손질한 과일의 무게를 계량한 다음 큰 육수용 냄비나 볼에 담는다.
이어서 레시피에 따라 앞서 계량한 과일의 무게에 비례하는 분량의 설탕을
계량한다.(79쪽의 저설탕 잼의 비율 참조.) 나는 설탕을 과일 위에
고르게 분산되도록 꼼꼼하게 뿌리는 것을 좋아한다. 이때 냄비를
흔들어서 설탕이 아래로 들어가도록 만들고 싶은 충동을 자제해야 한다.
중력에 따라 알아서 내려가게 되는데, 일단 바닥까지 떨어진 설탕은
다시 올라오게 만들 수 없기 때문이다.

no need to peel fruit!

과일 껍질은 벗기지 않아도 된다!

---

3. 재우기

그런 다음 냄비의 뚜껑을 닫고 24℃ 이하에서 12~48시간 동안 그대로 재운다.
이 재우기 과정을 거치는 동안 설탕이 과일에서 즙을 이끌어내 펙틴과 함께
고루 섞이게 된다. 사실 과일을 이대로 냉장고에 넣으면 2주일까지 재울 수
있으며, 그러면 풍미가 훨씬 많이 농축되기도 한다! 그리고 설탕과 펙틴이 화학
반응을 일으키기 시작하므로 조리 시간이 단축된다. 과일에서 얼마나 과즙이
많이 배어 나오는지 직접 눈으로 보면 신기할 따름이다. 앞에서 설탕을 바로
바닥에 차곡차곡 쌓이도록 만들지 않는 것이 바로 이 때문이다. 과일에서 과즙이
빠져나오면 설탕이 그와 함께 화산의 용암처럼 바닥으로 부드럽게 흘러내리게
된다. 유일하게 예외가 있다면 라즈베리와 블루베리를 꼽을 수 있는데,

수분이 그리 많지 않기 때문이다. 이때는 설탕과 함께 골고루 섞어서 완전히 안정화시키는데, 심하면 그런 다음 48시간 동안 그대로 놔두곤 한다.

2 일차

고작 12시간 만에 과일에서 얼마나 과즙이 많이 빠져나오는지 보면 놀라게 될 것이다! 이제 과일을 손질한 그대로 두어도 좋고 으깰 수도 있는데, 이 단계의 과일 상태에 따라 완성된 잼의 질감이 결정된다. 나는 과일 덩어리가 너무 커 보이면 조리하기 전에 손으로 으깬다. 과일의 세포 구조가 분해되기 시작했기 때문에 손으로도 쉽게 으깰 수 있으며, 심적인 힐링에도 도움이 된다. 푸드프로세서나 스틱 블렌더로 과일을 갈아버리고 싶더라도 자제하도록 하자. 그러면 잼에 공기가 들어가서 거품이 많이 생기고 산화되기 쉽기 때문이다. 이 단계를 건너뛰고 바로 조리에 들어간 다음 감자 으깨개나 거품기를 이용해서 과일을 잘게 부술 수도 있다. 라즈베리나 블루베리처럼 작은 과일의 경우에는 절대 으깨지 않는다.

4. 익히기

잼을 만들기 시작하기 전에 나중에 젤 테스트에 사용할 수 있도록 접시 5개를 냉동고에 넣는다. 나는 잼 상태를 제대로 확인할 수 있는 무늬가 없는 흰색 또는 밝은 색 접시를 선호한다. 매끈한 접시여야 한다.

냄비에 재운 과일을 넣고(알맞은 냄비 고르는 법은 27쪽 참조) 최대한 강한 불에서 잼을 졸이기 시작한다. 조리하는 내내 잼을 격렬하게 바글바글 끓여야 한다. 과일마다 함유된 천연 펙틴과 수분량이 다르기 때문에 조리 시간도 그에 맞춰 달라진다. 우리는 저설탕 잼을 만들기 때문에 안정적인 설탕보다 역동적인 과일이 대부분을 차지하고 있어 그 간격이 훨씬 더 벌어진다. 설탕은 언제나 설탕처럼 기능하지만 과일은 그렇지 않기 때문이다. 일부 잼 제조업체가 잼에 설탕을 많이 넣는 것을 선호하는 또 다른 이유이기도 하다. 그렇게 하면 조리 과정이 더 예측 가능해진다. 하지만 우리는 그 대신 조리 과정을 매우 집중해서 관찰하는 쪽을 선택했다. 잼은 항상 익히는 과정 중에 여러 가지 단계를 거치므로 자주 테스트를 하면서 살펴보면 된다.

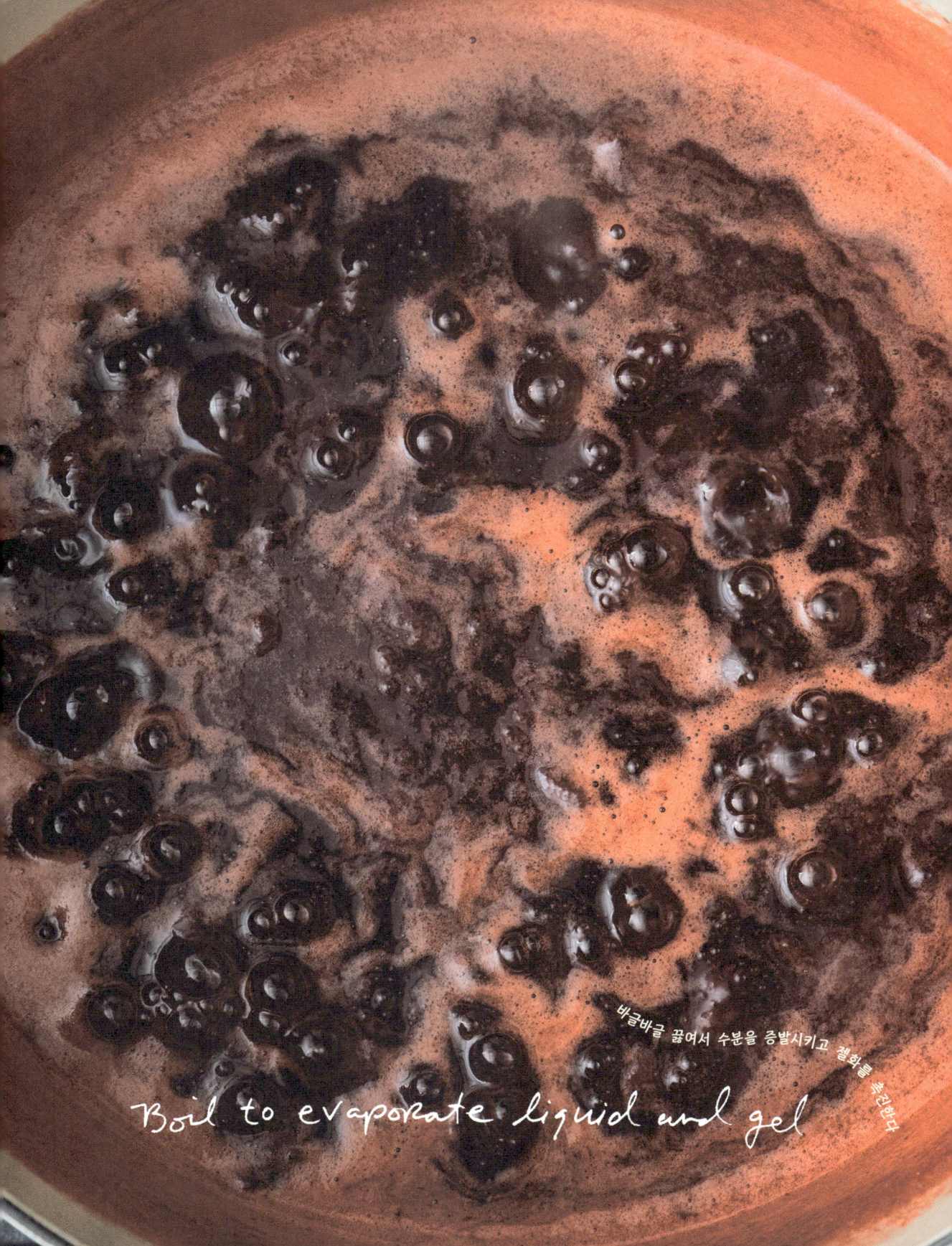

바글바글 끓여서 수분을 증발시키고 젤화를 촉진한다

Boil to evaporate liquid and gel

잼은 조리 단계를 거치면서 뚜렷한 시각적(심지어 청각적) 변화를 보인다. 눈에 띄는 부분은 다음과 같다. 처음에는 과육과 즙이 완전히 분리된다. 액체가 끓어오르면서 잼의 표면에 거품이 생겨난다. 잼이 냄비 속에서 점점 팽창하면서 수면이 위로 올라온다. 이 순간에는 마치 냄비에서 끓어 넘칠 것처럼 보여 스트레스가 될 수 있지만, 바로 이 때문에 우리가 1/3 까지만 채우고 큰 냄비를 사용하는 것이다. 걱정이 된다면 계속 저으면서 표면에 입김을 불어 넣어주자.

계속 끓으면 액체가 증기가 되어서 증발하고 과육과 즙이 농축되기 시작한다. 걸쭉해지면서 잼이 점점 냄비 아래로 가라앉고, 기포의 크기가 점점 커진다. 이때부터 잼이 탁탁 튈 수 있다. 휘젓자! 잼이 걸쭉해지면 그때부터 냄비 바닥에 늘어붙지 않도록 저어줘야 한다. 이 시점부터는 완벽한 순간에 불에서 내릴 수 있도록 집중하면서 자주 젤 테스트(다음 단락 참조)를 해야 한다!

5. 젤 테스트

특히 잼을 처음 만들어보는 초보의 경우에는 조리 과정 전반에 걸쳐서 잼 상태를 자주 테스트해 볼 것을 권장한다. 끓기 시작하자마자 테스트를 하는 것도 나쁘지 않은데, 그러면 프리저브의 변화 단계를 제대로 확인할 수 있기 때문이다. 젤 테스트는 팔팔 끓고 있는 뜨거운 잼을 약간 덜어서 최대한 빠르게 실온으로 식혀 실제로 점도가 어느 정도인지 확인하는 것이다. 실제로 아무리 걸쭉한 상태라 하더라도 뜨거울 때는 항상 액체처럼 보이기 때문이다.(기초적인 화학 지식이다.)

많은 레시피에서는 젤 테스트에서 잼을 식히는 동안 가스불을 끄라고 하지만 실제로는 정말로 완성된 것 같을 때만 끄면 된다. 우리는 잼이 완성되었다고 생각될 때보다 더 자주 테스트를 하기 때문에 정말로 다 되었다고 생각되기 전까지는 불을 끄지 않는다. 우리는 잼이 끓고 약 10분 후부터 테스트를 시작한다. 이는 과일마다 펙틴과 당의 함량이 달라서 조리 시간 또한 달라지기 때문이다. 이 책의 레시피처럼 펙틴을 첨가하지 않고 저설탕 잼을 만들 경우에는 젤화 과정에 있어서 과일 자체에 함유된 펙틴에 크게 의존하게 된다.

온전히 식기 전까지는 접시를 기울이지 않는다

don't tip that plate until completely cooled.

Just getting started

막 익히기 시작한 단계

fruit and juice are still separate

과육과 즙이 아직 분리된 상태

getting close... still too juicy

perfect!

완벽!

거의 완성... 아직 너무 묽다

조리 시간은 15분에서 40분까지 저마다 다양하다. 잼을 40분 이상 익히는 것은 풍미와 색을 손상시켜서 이상적이지 않기 때문에 우리는 최고 속도를 유지한다! 40분 이상 잼을 끓여도 완성되지 않을 경우에는 27쪽의 알맞은 냄비 고르는 법을 참조해서 잼을 제대로 만들고 있는지 확인하도록 하자.

잼은 익어가면서 물 같은 상태에서 메이플 시럽처럼 살짝 시럽 같은 상태, 조금 더 걸쭉한 소스 같은 상태, 그리고 마침내 과육과 즙이 어우러져서 서서히 묽은 잼, 중간 농도의 잼, 되직한 잼에 이르기까지 다양한 조리 단계를 거쳐간다. 여분의 시판 펙틴을 사용하지 않으면 잼을 너무 익히기는 매우 어렵고 덜 익히기는 쉽다.

잼 상태를 테스트하려면 잼을 1작은술 떠서 차가운 접시 하나의 가운데에 놓고 다시 냉동실에 넣는다. 이때 접시가 수평을 유지하게 두어야 한다. 완전히 식을 때까지 4분 정도 그대로 둔다. 타고나길 인내심이 없는 사람이 말하건대, 지금은 인내심을 가지고 식을 때까지 충분히 기다려야 하는 순간이다. 냉동실에서 접시를 꺼낸 다음 바닥을 만져봐서 조금도 따뜻하게 느껴지지 않으면 테스트할 준비가 된 것이다.(내 워크숍의 학생들도 아직 채 식지 않은 따뜻한 잼을 꺼내서 테스트하는 실수를 아주 흔하게 하곤 한다!) 샘플 잼이 실온으로 식으면 접시를 세워서 들고 잼이 흐르는 모습을 살펴본다.

아직 액체인 첫 번째 단계에서는 국물이 접시 아래로 좁고 가느다란 직선을 그리면서 아주 빠르게 흘러내릴 것이다.

잼이 익으면서 걸쭉해지면 이 흐르는 모양이 원추형에 가까워진다. 샘플 잼이 원뿔 모양으로 흐르면 아직 제대로 젤화되지 않은 것이다. 계속 가열하자! 완성에 가까워지면 잼이 접시에서 한 덩어리로 흐른다. 이것을 시팅sheeting이라고 하는데, 묽은 잼 단계에 이르렀다는 첫 징후다.

잼을 더 걸쭉하게 만들고 싶다면 그대로 수 분 더 끓이면 된다. 걸쭉해질수록 접시 테스트를 할 때 흐르는 속도가 느려지고, 아주 걸쭉한 잼은 접시에 딱 붙어서 거의 흐르지 않는다. 나는 이 정도 단계가 되기 전에 잼을 불에서 내리는 쪽을 선호한다.

only turn off heat once you think it's done!

다 된 것 같을 때만 불을 끄면 된다!

Jar it up!

참고: 초보 잼 요리사는 대체로 불을 너무 빨리 꺼서 잼을 시럽으로 만들어버리는
경우가 많다.

젤화는 우리가 기다려오던 마법 같은 순간이다. 우리의 과일이 잼이 되는
바로 그 순간! 여름의 태양이 짜낸, 맛있게 펴 바를 수 있는 과일 프리저브인
잼 말이다. 냠냠! 그렇다면 과일이 언제 잼이 되는지는 어떻게 알 수 있을까?
완벽한 상태를 유지하는 순간은 3분 정도밖에 되지 않는 젤리나 마멀레이드에
비해서 잼은 더 여유로운 편이다. 쉽게 펴 바를 수 있지만 빵에 너무 스며들어서
축축하게 만들 수도 있는 묽은 젤 상태에서, 살짝 과조리한 맛이 나지만
그래도 여전히 풍미가 뛰어난 되직한 잼까지 스펙트럼이 넓다. 나는 어지간하면,
특히 카운티 박람회용 잼을 만들 때는 중간 정도 상태의 잼을 만들기 위해
노력한다. 너무 걸쭉해지고 설탕에서 캐러멜 맛이 나기 시작하면
잼이 과조리된 것이다.

참고: 잼은 병입한 이후에도 24시간 동안 계속해서 굳으므로 지금이 최종 완성형이라고
생각하지 말자. 잼이 완성된 상태를 예측할 수 있는 시각적 정보일 뿐이다.
마멀레이드와 젤리는 즙이 너무 많아서 젤 테스트를 할 때 잼과 매우 다른 양상을 보인다.
정확히 어떤 차이점이 있는지는 각 해당 장을 참조하자.

병입 및 보관

잼 병을 소독하는 3가지 방법(29쪽)의
안내와 절차를 따른다.

＊ 잼 ＊

레몬즙

우리는 모든 잼에 각기 다른 분량의 레몬즙을 첨가한다. 레몬즙은 특히 복숭아나 딸기처럼 색이 탁해지는 경향이 있는 과일의 색을 유지하는 데에 큰 도움을 준다. 또한 레몬즙에는 펙틴이 많이 들어 있어서 펙틴 함량이 낮은 과일도 쉽게 젤화되도록 도와준다. 색상을 유지하거나 펙틴을 추가하고 풍미에 균형을 잡아야 할 필요가 있는 잼에는 레몬즙을 더 많이 넣는 편인데, 그런 프리저브에는 특히 갓 짜낸 신선한 레몬즙을 사용하는 것이 좋다. 뒷마당에 레몬 나무를 키우는 사람이라면 단연 신선한 즙을 선호한다! 갓 짜낸 즙을 구할 수 없다면 시판 병입 제품을 질이 좋은 것으로 구입하자. 하지만 기타 프리저브에서는 그냥 안전상의 문제로 레몬즙을 첨가하기도 하므로(안정적으로 보존할 수 있는 수준으로 산도를 높인다) 그럴 경우에는 pH 척도에 따라 산도가 일정하게 5로 유지되는 시판 병입 레몬즙을 사용하는 것이 낫다.

설탕

잼을 만들 때 적절하게 젤화시키려면 건조한 과립 형태의 가루 설탕을 사용해야 한다. 지금까지 꿀을 넣어도 제대로 된 잼을 만들 수 있다고 주장하는 레시피를 수없이 테스트해 봤지만 항상 묽게 나올 뿐이었다. 액상 당류의 화학적 성질은 잼용 건조 당류와 다르다. 건식 과립 당류에도 여러 가지 종류가 있다. 우리는 언제나 정제 과정을 덜 거친 유기농 농축식 사탕수수 원당을 사용한다. 가공을 거치지 않았는데도 과일과 잘 어우러지는 은은한 풍미를 지니고 있어서 마음에 든다. 그리고 잼의 색상에도 부정적인 영향을 미치지 않는다. 물론 비정제 유기농 원당 대신 백설탕을 사용할 수도 있다.

저설탕 잼의 비율

해피걸키친에서는 모든 핵과와 베리류에 있어서 과일과 설탕의 정해진 기본 비율을 따른다.(우리는 이국적인 과일로는 잼을 만들지 않으며, 마멀레이드를 만드는 감귤류는 여기서 제외된다. 또한 사과와 배, 모과는 다루는 방식이 다르기 때문에 여기서 말하는 비율을 적용하지 않는다.)

여기에는 살구와 자두, 딸기, 복숭아, 라즈베리, 체리, 블랙베리, 블루베리가 포함된다. 이들 과일에는 재래종도 있고 개량한 신품종도 있지만 이 비율은 모든 고유한 품종에 공통적으로 적용한다. 이유는 짐작할 수 있을 것이다. 세계 여러 곳에서는 다양한 형태의 핵과와 베리가 자란다. 더 희귀하고 고급스러운 프리저브를 만들 수 있는 품종도 따로 있지만 그렇다고 해서 주변에 흔히 자라는 품종의 과일로는 프리저브를 만들 수 없다고 생각하게 되는 것은 바람직하지 않다. 최고의 잼은 품종과 상관없이 집에서 가장 가까운 곳에서 자라는 과일로 만든 것이다.

우리는 기본적으로 모든 과일에 대해서 과일 1.8kg당 유기농 원당 455g의 비율을 적용한다. 잼을 만들 때는 우선 씨와 심, 줄기 등을 모두 제거한 다음 과일을 계량해야

한다. 과일 1.8kg의 경우 레몬즙은 1/2~1컵(120~240ml)을 넣는다. 가능하면 항상 신선한 레몬즙을 쓰는 것이 좋으며 품종은 무엇이든 상관없다. 앞서 언급했듯이 펙틴

함량이 낮은 과일이나 신맛을 추가해서 풍미에 균형을 맞춰야 할 필요가 있는 과일에는 레몬즙의 양을 늘린다. 이 비율을 기본으로 삼고, 설탕의 양은 얼마든지 원하는 대로 추가해도 좋다. 예를 들어 자두가 너무 새콤하면 설탕을 추가해야 처트니가 아니라 잼다운 맛이 난다.

이렇게 과일을 재우면 잼을 만드는 데에 이틀이 소요되므로 단순함을 추구하는 해피걸 레시피에는 어울리지 않는 것처럼 보이겠지만, 사실 이건 완벽한 분업 구성이다. 과일을 직접 수확하든 농산물 직판장이나 식료품점에서 사오든, 첫날에 과일을 구한다. 집으로 가져와서 잼용으로 손질한 다음 레몬즙과 설탕을 뿌린다. 그러고 나면 설탕이 과일을 안정화시키는 최대 이틀 동안 휴식을 취할 수 있으니 바쁜 주말에 하기에 완벽한 활동인 셈이다! 여유가 생기면 잼을 만들기 시작하면 된다. 아름답지 않은가!

향신료와 허브, 기타 풍미 재료 추가

여기가 제일 재미있는 부분이다! 이 재료들로는 무한히 자유롭게 실험을 거듭할 수 있다. 풍미를 위해 첨가 재료 정도로 넣으면 프리저브의 식품 안전성에 전혀 영향을 미치지 않는다. 그저

잼의 맛과 색에 어떤 영향을 미칠지에 대해서만 고민하면 된다. 이 재료들로는 무한히 자유롭게 실험을 거듭할 수 있다. 풍미로 실험을 할 때는 추가하는 분량, 사용하는 재료의 형태, 조리 시간 등을 충분히 고려해야 한다. 예를 들어서 생강이나 레몬그라스를 큰 덩어리로 넣을 경우에는 최소 20분간 익혀야 한다. 하지만 로즈 제라늄이나 바질처럼 질감이 섬세한 재료는 조리를 마치기 10분 전에 넣는 것이 좋다. 고려해야 할 또 다른 부분은 추가할 풍미 재료의 형태와 질감이다. 나는 잼에 바질을 사용할 때는 항상 마지막 순간에 넣었다가 빼는데, 남겨두면 잎이 미끈미끈해지고 갈색으로 변하기 때문이다. 그리고 오렌지 로즈메리 마멀레이드에는 로즈메리를 생잎으로 넣는다. 그쪽이 아름다워 보이기 때문이다. 줄기째로 넣었다가 빼서 향만 가미할 수도 있다. 다만 지저분해 보일 수 있으므로 절대 곱게 다져서 넣지는 않는다. 가능성은 정말로 끝이 없다. 세상에 존재하는 수많은 창의적인 아이디어를 한번 쓱 훑어보자. 레몬과 오렌지 또는 라임의 제스트. 로즈마리나

타임, 세이지, 바질, 오레가노 등 허브가 선사하는 환상적이고 놀라운 향기. 로즈 제라늄과 자스민, 장미, 라벤더, 오렌지 꽃 같은 꽃 에센스. 향신료 찬장의 세계는 당신의 것이니 마음껏 탐험해 보자. 다만 향신료는 자칫 향이 너무 강렬해질 수 있으며 색을 심하게 바꿔버릴 수 있다는 점을 기억해야 한다.

나는 잼에 풍미를 더할 때 심하게 조심하는 편인데, 잼의 주인공은 반드시 과일이 되어야 하며 허브나 향신료는 조연에 머물러야 마땅하기 때문이다.

문제 해결

❋ 잼 ❋

잼에 설탕을 더 넣어도 되나요?

물론이다! 이 책에 실린 레시피는 저설탕 잼이라 어떤 사람들에게는 너무 새콤하게 느껴질지도 모른다. 이 책은 물론 다른 곳의 레시피에도 언제든지 설탕을 더 첨가해도 좋다.

설탕을 추가한다면 언제 넣는 것이 좋을까요?

과일이 바글바글 끓기 시작하고 10분 후가 설탕을 넣기에 가장 좋은 순간이다. 과일에서 맛과 즙이 방출되어서 완성된 잼이 어떤 맛이 될지 확인할 수 있기 때문이다. 그렇다고 완성 단계에 너무 근접해서 젤 형성에 혼란을 끼치는 일도 없다! 즉 과일이 끓기 시작하고 10분 뒤에 맛을 봐서 당도를 확인하는 것을 추천한다.

잼에서 설탕의 양을 줄여도 될까요?

그렇기도 하고 아니기도 하다. 잼이 제대로 젤화되어 올바른 질감이 되려면 설탕이 일정량은 들어가야 한다. 적절한 색감을 유지하는 데에도 마찬가지다. 설탕의 양을 줄여도 잼이 빨리 상하지는 않지만 젤화가 부실해서 제대로 된 잼 농도가 되기는 힘들다.

과일 껍질을 벗겨야 하나요?

그렇지 않다! 참으로 안심되는 소식이지 않은가? 본인이 원하지 않는 한 어떤 과일이든 껍질을 굳이 벗길 필요는 없다. 나라면 복숭아와 배는 껍질을 벗길 것이다. 하지만 껍질을 벗기지 않고 만든 정말 맛있는 복숭아 잼을 먹어본 적도 있다.

과일을 씻어야 하나요?

때에 따라 다르다. 씻어야 한다고 생각되는 과일은 잘 씻은 다음 물기를 완전히 제거하고 잼을 만들기 시작해야 분량 외의 수분이 추가되지 않는다. 어차피 과일은 팔팔 끓일 것이기 때문에 세척은 단순히 취향의 문제에 지나지 않는다!

냉동 과일을 사용해도 될까요?

그렇다! 잼 만들기에 있어서 제일 중요한 규칙은 가장 신선한 과일을 사용하는 것이다. 하지만 현실 세계가 항상 그리 녹록하지는 않다. 냉동 과일로도 놀라운 잼을 만들 수 있지만 변색에 주의해야 한다. 쉽게 갈변되는 경향이 있는 과일을 다룰 경우에는 저설탕 잼을 만드는 것을 권장하지 않는다. 대표적으로 딸기와 복숭아를 꼽을 수 있다. 다루기 까다로운 냉동 과일을

사용할 때는 설탕과 레몬즙 양을 늘리도록 하자.

잼이 너무 묽으면 어떡하죠?

여러 가지 방법이 있다. 이 책에 실린 레시피와 기법을 충실하게 따랐다면 이는 잼을 충분히 오래 익히지 않았다는 뜻이다. 그냥 잼 대신 '시럽'이라고 부르면 아무도 눈치채지 못할 것이다. 이미 잼을 병에 담았다면 다시 냄비에 붓고 원하는 젤 상태가 될 때까지 계속 조리해도 되지만 이렇게 총 조리 시간이 길어지면 맛과 풍미에 영향이 갈 수 있다. 아직 냄비에 그대로 있다면 설탕을 추가해서 수분을 줄이거나 크랜베리처럼 펙틴 함량이 아주 높은 과일을 넣어서 젤화를 돕는 것도 좋다.

양을 2배로 늘려서 만들어도 되나요?

물론이다! 만드는 잼의 분량은 냄비의 크기와 불 세기에 따라 얼마든지 조절할 수 있다. 2배로 늘려도 1/3 이상이 차지 않을 정도로 큰 냄비가 있고 버너의 화력이 세다면 어떤 레시피든 양을 늘려서 만들어보자.

딸기잼

딸기잼은 단연코 가장 인기 있는 잼이다. 미각에 수많은 향수를 불러일으킨다. 딸기는 타고나길 펙틴 함량이 낮고 쉽게 색이 어두워지는 편이라 저설탕 잼으로 만들기 매우 어려운 과일 중 하나다. 하지만 걱정하지 말자. 우리가 성공의 길로 안내할테니까! 잼 워크숍(66쪽)의 모든 설명을 그대로 따르면 아름답고 화사한 색의 잼을 만들 수 있다. 라벤더 향을 입히면 조금 더 복합적인 맛이 나는 잼을 만들 수 있다. 저설탕 잼을 만들 때 가장 중요한 부분은 아주 신선하고 완벽하게 익은 혹은 살짝 덜 익은 딸기를 구해서 최대한 빨리 잼 냄비에 넣는 것이다. 어서 시작하자!

딸기 1.8kg
레몬즙 1/2컵(120ml)
유기농 원당 455g
말린 또는 생라벤더
    2큰술(선택)

보관

1년

분량

240ml들이 병 6개

DAY 1 딸기를 깨끗하게 씻은 다음 물기를 완전히 제거해서 분량 외의 수분이 잼에 들어가지 않도록 한다. 손으로 딸기의 꼭지를 제거한다. 꽃받침 부분은 남아 있어도 잼에 녹아들어 가므로 상관없다. 딸기는 크기와 원하는 잼의 질감에 따라 통째로 사용해도 좋고 적당한 크기로 썰어도 좋다. 손질한 딸기를 대형 볼에 넣고 레몬즙을 골고루 뿌린다. 원당을 그 위에 골고루 뿌린 다음 덮개를 씌우고 실온에서 12~48시간 동안 재운다.

DAY 2 나중에 젤 테스트를 하기 위해 접시 5개를 냉동실에 넣어 둔다. 완성된 잼을 담을 수 있도록 240ml들이 병 6개를 준비한다. 이 단계에서 감자 으깨개나 거품기 혹은 맨손으로 딸기를 적당한 크기로 으깬다.(나는 주방에서 맨손을 사용하는 것을 아주 좋아한다. 과일과 제대로 소통하면서 스트레스도 풀리기 때문이다. 명상이나 마찬가지다!) 딸기 혼합물을 1/3 정도 들어가는 크기의 비반응성 대형 냄비에 넣고 강한 불에 올린다. 골고루 저어서 설탕을 완전히 녹인다. 한소끔 끓인 다음 라벤더(사용 시)를 넣는다. 생라벤더를 사용할 경우에는 줄기에서 꽃송이만 훑어내서 넣는다. 그냥 넣어도 좋고 밀가루 포대에 담아서 넣은 다음 조리 후에 건져내도 좋다.

다음 장에 계속

원하는 농도가 될 때까지 바글바글 끓인다. 준비한 분량과 열원, 손질한 과일의 상태에 따라 15~30분 정도가 소요된다. 조리를 시작하고 10분 후부터 젤 테스트를 시작한다.(72쪽 참조.)

잼이 원하는 농도가 되면 불에서 내리고 병에 윗부분을 12mm 정도 남기고 채운다. 입구를 깨끗하게 닦은 다음 뚜껑을 닫고 10분간 열탕소독을 한다.(31쪽 참조.) 병입한 상태로 1년간 보관할 수 있다.

살구잼

나는 일반적으로 특정 품종만 선호하는 편이 아니지만 이 레시피에 숨은 진정한 비밀은 제철에 현지에서 재배한 블렌하임Blenheim 살구를 사용하는 것이라는 점만큼은 인정해야 한다. 작업하기에 정말 환상적인 과일로, 내가 접해본 중 실제로 잼이 되고 싶어하는 유일한 과일이다. 대부분의 과일은 맛있고 벨벳 같은 스프레드로 만들려면 강제로 손질을 거쳐야 한다. 하지만 블렌하임 살구는 말 그대로 냄비에 풍덩 뛰어들어 너무나 쉽게 잼으로 변한다! 또한 실제로 생과일로 먹을 때보다 잼으로 만들었을 때 맛이 더 좋은 드문 과일 중 하나라고 생각한다. 아래 레시피는 매년 우리가 가장 좋아하는 잼으로 손꼽히는 잼으로, 다들 살구가 제철을 맞이하면 충분히 만들어 둘 것을 권장한다. 다른 품종의 살구로도 충분히 만들 수 있다. 잼 만들기에는 과육의 밀도가 높으면서 맛이 맹탕이지 않고 강렬한 새콤달콤함이 느껴지는 살구가 가장 잘 어울린다! 나는 주로 저설탕 잼을 만들 때는 잘 익은 과일을 80%, 덜 익은 과일을 20% 섞을 것을 권장하지만 살구는 펙틴이 많지 않은데도 매번 멋지게 젤화되기 때문에 여기서만큼은 규칙에 예외를 두고 있다. 이 부분에 있어서는 다른 과일보다 훨씬 만만한 편이다. 그래서 잼을 처음 만든다면 살구잼으로 시작해 보는 것도 괜찮다.

살구 1.8kg
레몬즙 1/2컵(120ml)
유기농 원당 455g

보관
1년

분량
240ml들이 병 5개

DAY 1 살구를 깨끗하게 씻어서 물기를 완전히 제거하여 잼에 분량 외의 수분이 들어가지 않도록 한다. 손으로 살구를 뜯어서 씨와 꼭지를 제거한다. 그러면 칼을 쓰는 것보다 훨씬 빠르고 굵직굵직하게 덩어리진 멋진 질감의 잼을 만들 수 있다. 살구를 대형 볼에 넣고 레몬즙을 골고루 뿌린다. 살구 위에 원당을 고루 부은 다음 덮개를 씌워서 실온에 12~48시간 동안 재운다. 더 오래 재우고 싶으면 냉장고에 넣어서 1주일까지 보관할 수 있다.

DAY 2 나중에 젤 테스트를 하기 위해 접시 5개를 냉동실에 넣어 둔다. 완성된 잼을 담을 수 있도록 240ml들이 병 8개를 준비한다. 재운 살구 혼합물을 1/3 정도 들어가는 크기의 비반응성 대형 냄비에 넣고 강한 불에 올린다. 살구에 즙이 얼마나 많이 빠져 나오는지 놀라울 정도다! 강한 불에 올리고 타지 않도록 자주 휘저으면서 원하는 농도가 될 때까지 바글바글 끓여야 한다. 부드러운 질감으로 만들고 싶으면 이때 감자 으깨개를 이용해서 잼을 으깨준다.

다음 장에 계속

살구잼은 적당한 잼 상태가 될 때까지 20~30분 정도가 소요된다.
조리를 시작하고 10분 후부터 젤 테스트를 시작한다.(72쪽 참조.)
잼이 원하는 농도가 되면 불에서 내리고 병에 윗부분을 12mm 정도
남기고 채운다. 입구를 깨끗하게 닦은 다음 뚜껑을 닫고 10분간
열탕소독을 한다.(31쪽 참조.) 병입한 상태로 1년간 보관할 수 있다.

변형: 살구는 자연적으로 향신료 풍미를 내포하고 있다. 나는 이를 염두에 두고
살구잼에 **말린 뉴멕시코 고추 다진 것을 1/4컵(45g)** 섞었고 이 레시피로
상을 탔다. 고추가 매운맛보다 화사한 붉은 색과 은은한 훈연 향을 더한다.
약 10분간 익힌 후에 넣으면 된다. 또 **막 갈아낸 신선한 생강 1/4컵(10g)과
매콤한 레드 페퍼 플레이크 1큰술**을 섞어서 스프레드를 만들면 짭짤한
요리에도 아주 잘 어울린다. 살구는 그야말로 온갖 고추나 향신료와 함께 지내고
싶다고 외치는 과일이나 마찬가지지만, 살구만 넣어서 본연의 매력이 가득한
잼도 일부 만들어 두는 것도 잊지 말자!

라즈베리 레몬 잼

어느 날, 나는 빅 서Big Sur의 우리 집에서 워크숍을 진행하며 라즈베리 잼을 만들고 있었다.

우연히 주방에 들어온 정원사가 잼을 좀 맛볼 수 있겠냐고 물어봤다. 손가락으로 잼을 찍어서 맛본 그는 '이 독특한 허브 향은 뭐예요?'하고 말했다. 알고 보니 정원에서 타임을 수확하다 들어와서

그의 손에 허브 오일이 묻어 있었던 것이다. 그날 우리는 잼 냄비에 타임 줄기를 몇 개 집어넣으면서 창의성과 즉흥성을 마음껏 즐겼다.

라즈베리 1.8kg
레몬즙과 제스트 4개 분량
유기농 원당 2컵(400g)

보관

1년

분량

240ml들이 병 5개

DAY 1 라즈베리는 물을 쉽게 머금기 때문에 꼭 씻어야 하는 상태일 때에만 세척할 것을 권장한다. 어차피 바글바글 끓여서 졸여 잼을 만들 것이니 위생 걱정은 할 필요가 없다. 만일 물에 씻는다면 반드시 깨끗한 티타월에 얹어서 물기를 제거해야 한다. 대형 볼에 라즈베리를 넣고 레몬즙과 제스트를 고르게 뿌린다. 라즈베리 위에 원당을 고르게 뿌린 다음 덮개를 씌우고 실온에 12~48시간 동안 재운다.

DAY 2 나중에 젤 테스트를 하기 위해 접시 5개를 냉동실에 넣어 둔다. 완성된 잼을 담을 수 있도록 240ml들이 병 8개를 준비한다. 재운 과일 혼합물을 1/3 정도 들어가는 크기의 비반응성 대형 냄비에 넣고 강한 불에 올린다. 한소끔 끓인 다음 원하는 젤 상태가 될 때까지 20~30분간 계속 바글바글 끓인다. 조리를 시작하고 10분 후부터 젤 테스트를 시작한다.(72쪽 참조.) 잼이 원하는 농도가 되면 불에서 내리고 병에 윗부분을 12mm 정도 남기고 채운다. 입구를 깨끗하게 닦은 다음 뚜껑을 닫고 10분간 열탕소독을 한다.(31쪽 참조.) 병입한 상태로 1년간 보관할 수 있다.

변형 : 익힐 때 **말린 타임이나 신선한 타임 1큰술**을 넣으면 **라즈베리 타임 잼**이 된다. 냄비에 바로 넣어도 좋고 찻잎 주머니에 담아서 넣어도 상관없다. 우리는 정원에서 신선한 타임을 몇 줄기 따와서 잼에 넣고 5분 더 익힌 다음 줄기를 꺼내 제거한다. 정답은 없으니 원하는 대로 만들어보자!

블루베리 민트 잼

내가 제일 좋아하는 동화책은 엄마와 아이가 잼을 만들기 위해 블루베리를 따러 가는 내용의 『살을 위한 블루베리Blueberries for Sal』다. 같은 밭에서 블루베리를 따는 인간과 곰의 이야기를 서로 엮어가며 풀어내는 매력적인 동화다. 사람들이 직접 야생 베리를 따서 잼을 만들던 시절을 떠올리게 한다. 잠깐! 그건 아직도 전 세계, 특히 북부 지방에서 흔히 일어나는 일이 아닌가? 이는 우리로 하여금 과거와 바로 연결되게 만든 과정이다. 나는 여기에 민트와 흑후추를 더해서 현대식 풍미로 탈바꿈시켰다.

블루베리 1.8kg
레몬즙 1/2컵(120ml)
유기농 원당 455g
갓 갈아낸 흑후추 1작은술
곱게 다진 생민트 1단
　분량(1/2컵 또는 20g)

보관
1년

분량
240ml들이 병 5개

DAY 1 블루베리를 깨끗하게 씻어서 물기를 완전히 제거하여 잼에 분량 외의 수분이 들어가지 않도록 한다. 대형 볼에 블루베리를 넣고 레몬즙을 골고루 뿌린다. 원당을 블루베리 위에 고르게 부은 다음 덮개를 씌우고 실온에서 12~48시간 동안 재운다.

DAY 2 나중에 젤 테스트를 하기 위해 접시 5개를 냉동실에 넣어 둔다. 완성된 잼을 담을 수 있도록 240ml들이 병 8개를 준비한다. 재운 과일 혼합물을 즙과 설탕까지 깨끗하게 훑어서 1/3 정도 들어가는 크기의 비반응성 대형 냄비에 넣고 강한 불에 올린다. 한소끔 끓으면 흑후추를 넣는다. 원하는 젤 상태가 될 때까지 15~25분간 계속 바글바글 끓인다. 조리를 시작하고 10분 후부터 젤 테스트를 시작한다.(72쪽 참조.)

잼이 원하는 농도가 되면 다진 민트를 넣는다.(잎 허브의 향 오일은 휘발성이라 조리 마무리 단계에 넣어야 풍미를 되도록 온전히 유지할 수 있다.) 불에서 내리고 병에 윗부분을 12mm 정도 남기고 채운다. 입구를 깨끗하게 닦은 다음 뚜껑을 닫고 10분간 열탕소독을 한다.(31쪽 참조.) 병입한 상태로 1년간 보관할 수 있다.

믹스 베리 잼

한 무리의 친구들이 '그냥 이 베리들을 다 섞어서 만들어버리면 안 되나?'하고 개발해 낸 재미있는 레시피다.

일단 잼의 원리를 이해하고 레시피를 만드는 법을 깨우치고 나면 누구나 나만의 잼을 만들 수 있다!

우리는 재미삼아 완성한 잼을 '잼보리JamBoree 잼(세계스카우트연맹에서 4년마다 개최하는 세계 각국 합동

야영대회 세계 스카우트 잼버리에서 따온 이름 – 옮긴이)'이라고 부르기로 했다

마음껏 섞어보자!

심을 제거하고 4등분한 딸기
    1.4kg(4바구니)
블랙베리 680g(2바구니)
라즈베리 680g(2바구니)
블루베리 680g(3바구니)
레몬즙 1컵(240ml)
레몬 제스트 2개 분량
유기농 원당 3컵(600g)

보관

1년

분량

240ml들이 병 10개

DAY 1

반드시 갓 수확한, 아주 잘 익었거나 살짝 덜 익은 과일을 준비해야 한다. 탄탄하고 윤기가 흐르는 것을 고르자. 준비한 과일을 잘 씻어서 물기를 완전히 제거한다.(나는 다른 과일에 딸기를 섞을 때는 나중에 으깰 필요가 없도록 4등분한다. 그 외의 과일은 그대로 사용해도 좋다. 조금 덩어리진 잼이 될 뿐이다!) 과일을 대형 볼에 넣고 레몬즙과 제스트를 골고루 뿌린다. 과일 위에 원당을 골고루 부은 다음 실온에 12~48시간 동안 재운다. 친구와 함께 잼을 만들 때는 재우는 단계를 생략해도 좋다. 졸이는 시간을 조금 늘리면 된다!

DAY 2

나중에 젤 테스트를 하기 위해 접시 5개를 냉동실에 넣어 둔다. 완성된 잼을 담을 수 있도록 240ml들이 병 8개를 준비한다. 재운 과일 혼합물을 1/3 정도 들어가는 크기의 비반응성 대형 냄비에 넣고 강한 불에 올린다. 원하는 농도가 될 때까지 타지 않도록 자주 휘저으면서 강한 불에 보글보글 끓여야 한다. 믹스베리 잼은 적당한 잼 상태가 될 때까지 20~30분 정도가 소요된다. 조리를 시작하고 10분 후부터 젤 테스트를 시작한다.(72쪽 참조.)

잼이 원하는 농도가 되면 불에서 내리고 병에 윗부분을 12mm 정도 남기고 채운다. 입구를 깨끗하게 닦은 다음 뚜껑을 닫고 10분간 열탕소독을 한다.(31쪽 참조.) 병입한 상태로 1년간 보관할 수 있다.

변형 : 아빠와 딸이 함께하는 워크숍을 진행했을 때 다들 이 잼을 만드는 것을 특히 좋아했다. 결과물 또한 놀랍기 그지없었다! 그래서 나는 이 잼을 '아빠와 딸 잼'이라고 부른다.

1일차에 레몬즙과 제스트 대신 **블러드 오렌지 5개 분량의 즙과 제스트를** 넣는다. 2일차에 잼을 끓이기 시작할 때 **시나몬 스틱 5개**를 넣는다. 찻잎 주머니에 **팔각 2개와 카다멈 가루 1큰술**을 넣어서 꼭 잡아매 고정시킨다. 잼을 끓일 때 찻잎 주머니를 냄비에 넣어 같이 익힌다. 잼이 완성되면 시나몬 스틱과 찻잎 주머니를 제거한다.

자두 시나몬 잼

자두는 미국 전역에서 싱싱하게 잘 자라는 아주 흔한 과일이다. 다양한 품종이 있으며 모두 맛있는 잼으로 만들 수 있다. 나는 산타 로사Santa Rosa나 엘리펀트 하트Elephant Heart처럼 검붉은 색을 띠는 자두로 만든 잼의 색을 아주 좋아한다. 하지만 맛과 질감이 뛰어난 품종이라면 이름 모를 뒤뜰에서 따온 것이라 하더라도 맛있는 잼이 된다! 다음은 두꺼운 껍질과 과육 덩어리가 들어 있는 매우 시골풍인 자두 잼으로 친구들과 다같이 뒤뜰 나무에서 잔뜩 자두를 따와 함께 만들기 좋다! 시나몬의 단맛과 자두의 신맛이 어우러져 짭짤한 요리와도 흥미롭게 어우러지는 조화로운 풍미를 자아낸다.

자두 1.6kg
레몬즙 1/4컵(60ml)
유기농 원당
　　1과3/4컵(350g)
시나몬 가루 1과1/2작은술

보관

1년

분량

240ml들이 병 5개

DAY 1

가끔은 사람의 손이 가장 훌륭한 도구일 때가 있다. 즙을 받을 수 있도록 아래에 그릇을 하나 받치고 자두의 씨앗을 제거한다. 꼭지도 모두 제거해야 한다. 대형 볼에 자두를 넣고 레몬즙을 골고루 뿌린다. 자두 위에 원당을 골고루 부은 다음 덮개를 씌우고 실온에서 12~24시간 동안 재운다. 더 오래 재우려면 냉장고에 보관한다.

DAY 2

나중에 젤 테스트를 하기 위해 접시 5개를 냉동실에 넣어 둔다. 완성된 잼을 담을 수 있도록 240ml들이 병 8개를 준비한다. 재운 과일 혼합물을 1/3 정도 들어가는 크기의 비반응성 대형 냄비에 넣고 강한 불에 올린다. 내용물이 한소끔 끓으면 시나몬을 넣는다. 타지 않도록 저어가면서 계속 바글바글 끓인다. 나는 자두를 손질할 때 껍질을 벗기지 않는데, 손이 너무 많이 가는 데다 껍질에는 풍미와 펙틴이 모두 잔뜩 함유되어 있기 때문이다. 그냥 나중에 거품기로 자두 잼을 휘저어서 껍질이 달라붙어 올라오도록 한다. 껍질이 너무 많은 것 같으면 이 방식으로 제거하도록 한다. 원하는 젤 상태가 될 때까지 10~25분간 계속 바글바글 끓인다. 조리를 시작하고 10분 후부터 젤 테스트를 시작한다.(72쪽 참조.)

잼이 원하는 농도가 되면 불에서 내리고 병에 윗부분을 12mm 정도 남기고 채운다. 입구를 깨끗하게 닦은 다음 뚜껑을 닫고 10분간 열탕소독을 한다.(31쪽 참조.) 병입한 상태로 1년간 보관할 수 있다.

복숭아 잼

신선한 복숭아만큼 기쁨을 주는 과일도 없다! 정말 맛있는 복숭아를 발견하면 꼭 보존해 두는 것이 좋다. 다음은 저설탕 잼 레시피로, 레몬즙 양을 늘려서 복숭아의 풍미와 색상이 제대로 살아나게 만들었다! 해피걸키친에서는 항상 단순한 레시피와 기술을 사용하지만, 복숭아의 껍질은 제거하는 것을 권장한다. 복숭아 잼은 내가 유일하게 껍질을 벗겨서 만드는 잼이기도 한데, 복숭아 껍질은 매우 질겨지는 경향이 있기 때문이다. 껍질을 벗기면 훨씬 부드러운 잼이 되지만 반드시 벗겨야 하는 것은 아니다. 다만 선택지가 있다는 걸 알면 좋으니까! 나는 여기에 신선한 로즈메리를 섞어서 깊이를 더했다. 가끔은 맛이 너무 심하게… 복숭아다운 것 같아서!

복숭아 1.4kg
레몬즙 1/2컵(120ml)
유기농 원당 1과1/2컵(300g)
줄기를 제거하고 잎만 떼어낸
　생로즈메리 2큰술(선택)

보관
1년

분량
240ml들이 병 5개

DAY 1 과일의 맛이 매우 두드러지는 레시피이므로 반드시 아주 풍미가 뛰어난 복숭아를 골라야 한다! 복숭아를 통째로 끓는 물에 넣어 5분간 데친다. 건져서 얼음물에 담그거나 냉장고에 넣어 만질 수 있을 정도로 식힌다. 과도로 조심스럽게 껍질을 벗긴 다음 씨를 제거하고 과육을 굵게 썬다. 손질한 복숭아를 대형 볼에 넣고 레몬즙을 골고루 뿌린다. 원당을 복숭아 위에 골고루 부은 다음 덮개를 씌우고 실온에서 12~48시간 또는 그보다 오랫동안 두고 싶다면 냉장고에 넣어서 재운다.

DAY 2 나중에 젤 테스트를 하기 위해 접시 5개를 냉동실에 넣어 둔다. 완성된 잼을 담을 수 있도록 240ml들이 병 8개를 준비한다. 재운 과일 혼합물을 1/3 정도 들어가는 크기의 비반응성 대형 냄비에 넣고 강한 불에 올린다. 한소끔 끓인 다음 로즈메리(사용 시)를 넣는다.(나는 여기에 말린 로즈메리를 넣는 실수를 한 적이 있는데, 너무 질겨서 질감이 좋지 않았다. 또한 로즈메리를 곱게 다져서 넣는 실수를 한 적도 있는데, 마치 흙이 섞인 것 같았다.) 원하는 농도가 될 때까지 타지 않도록 휘저으면서 보글보글 끓인다. 복숭아 잼은 적당한 잼 상태가 될 때까지 20~30분 정도가 소요된다. 조리를 시작하고 10분 후부터 젤 테스트를 시작한다.(72쪽 참조.)

잼이 원하는 농도가 되면 불에서 내리고 병에 윗부분을 12mm 정도 남기고 채운다. 입구를 깨끗하게 닦은 다음 뚜껑을 닫고 10분간 열탕소독을 한다.(31쪽 참조.) 병입한 상태로 1년간 보관할 수 있다.

체리 메이플 잼

빙 체리는 내가 세상에서 제일 좋아하는 과일이다. 아주 비싸고 씨를 제거하려면 손이 많이 가는 편이라 딸기를 동량으로 섞어서 잼을 만들었다. 사실 딸기는 잼에 부피를 더하면서 체리의 풍미가 제대로 빛나게 하는 조연의 역할을 한다. 체리만 넣어서 체리 잼을 만든 적이 있는데 과육의 밀도가 높아서 주스에 체리 과육이 떠 있는 듯한 질감이 되었다. 또한 메이플 그래뉴당을 사용해서 둘도 없이 사치스러운 고급 잼을 완성했다.

딸기 910g

빙 체리 910g

레몬즙 1/2컵(120ml)

레몬 제스트 1큰술(15g)

메이플 그래뉴당(순도 높은
　정제당으로 입자가 살짝
　굵다 - 옮긴이) 455g

보관

1년

분량

120ml들이 병 8개

DAY 1

딸기를 깨끗하게 씻은 다음 물기를 완전히 제거해서 분량 외의 수분이 잼에 들어가지 않도록 한다. 손으로 딸기의 꼭지를 제거한다. 꽃받침 부분은 남아 있어도 잼에 녹아 들어가므로 상관없다. 너무 큰 딸기는 4등분한다. 체리는 씨와 줄기를 제거한다.(그동안 많은 종류의 체리 씨앗 제거기를 사용해 본 결과, 어느 것이든 상당히 정확도가 떨어지고 시간이 많이 걸린다. 그래서 나는 체리 씨앗을 제거할 때 과도를 사용하거나 손으로 잡고 쓸 수 있는 작은 제거기를 이용해서 모든 씨앗을 확실히 제거할 수 있도록 한다.) 대형 볼에 딸기와 체리를 넣고 레몬즙과 제스트를 골고루 뿌려 버무린다. 설탕을 골고루 뿌린 다음 덮개를 씌우고 실온에서 12~48시간 동안 재운다.

DAY 2

나중에 젤 테스트를 하기 위해 접시 5개를 냉동실에 넣어 둔다. 완성된 잼을 담을 수 있도록 120ml들이 병 8개를 준비한다. 재운 과일 혼합물을 1/3 정도 들어가는 크기의 비반응성 대형 냄비에 넣고 강한 불에 올린다. 한소끔 끓으면 타지 않도록 저어가면서 원하는 농도가 될 때까지 익힌다. 이 잼은 적당한 잼 상태가 될 때까지 15~25분 정도가 소요된다. 조리를 시작하고 10분 후부터 젤 테스트를 시작한다.(72쪽 참조.)

잼이 원하는 농도가 되면 불에서 내리고 병에 윗부분을 12mm 정도 남기고 채운다. 입구를 깨끗하게 닦은 다음 뚜껑을 닫고 10분간 열탕소독을 한다.(31쪽 참조.) 병입한 상태로 1년간 보관할 수 있다.

무화과 잼

솔직히 오랫동안 무화과 잼 만들기에는 크게 관심이 없었다는 사실부터 인정하겠다. 그동안 내가 먹어본 무화과 잼은 항상 너무 되직하고 들쩍지근했다. 나는 무화과는 최소한으로만 가공하는 것을 선호해서 거의 건조시키는 편이었다. 그러다 마침내 내가 맛있게 먹을 수 있도록 설탕을 적게 넣어서 더 쉽게 펴 바를 수 있는 질감의 무화과 잼을 만들어보기로 결심했다. 무화과는 나무에 열려 있을 때는 물론 식탁 위 그릇에 담겨 있을 때도 아름답기 그지없으며, 잼으로 만드는 모든 과정 중에도 시각적인 즐거움을 선사한다. 지구상에서 가장 섹시한 과일로 손꼽히는 무언가가 있다. 좋은 소식은 무화과는 손질하기 아주 쉽고, 맛있는 저설탕 잼으로 만들 수 있다는 것이다. 손이 별로 가지 않고 섹시하더라. 완벽한 조합이다! 이 레시피에는 무화과라면 어떤 품종을 사용해도 좋지만 맛이 좋은 과일인지 반드시 확인해야 한다. 카다멈과 오렌지 제스트는 중동에서 유래한 무화과 나무의 기원을 반영한 첨가 재료다.

무화과 910g(약 2바구니)
레몬즙 1/4컵(60ml)
유기농 원당 3/4컵(150g)
카다멈 가루 1작은술
날생강 간 것 1작은술
오렌지 제스트 1개 분량

보관
1년

분량
120ml들이 병 4개

DAY 1
무화과를 깨끗하게 씻어서 물기를 제거한다. 줄기를 잘라내고 4등분한다. 대형 볼에 무화과를 넣고 레몬즙을 골고루 뿌린다. 원당을 무화과 위에 골고루 뿌린 다음 덮개를 씌우고 실온에서 12~48시간 동안 재운다.

DAY 2
완성된 잼을 담을 수 있도록 120ml들이 병 4개를 준비한다. 재운 무화과 혼합물을 1/3 정도 들어가는 크기의 비반응성 대형 냄비에 넣고 강한 불에 올린다. 카다멈과 생강, 오렌지 제스트를 넣는다. 처음에는 잼을 강한 불에 올려서 저어가며 한소끔 끓여야 한다. 이 잼은 소량이라서 빠르게 부피가 줄어들 것이다. 고작 10분이면 졸아들기 때문에 나는 이 정도 분량은 주로 저녁 식사를 준비하는 중에 만들곤 한다. 무화과는 과육과 국물이 잘 어우러지기만 하면 멋지게 젤 상태가 된다. 잼처럼 뭉쳐지기만 하면 척 보기만 해도 잘 된 것이 확실하기 때문에 무화과 잼은 젤 테스트도 하지 않을 정도다.

잼이 원하는 농도가 되면 불에서 내리고 병에 윗부분을 12mm 정도 남기고 채운다. 입구를 깨끗하게 닦은 다음 뚜껑을 닫고 8분간 열탕소독을 한다.(31쪽 참조.) 병입한 상태로 1년간 보관할 수 있다.

톡 쏘는 향의 짭짤한 치즈, 수제 빵과 잘 어울린다.

백천도복숭아 하바네로 잼

백천도복숭아는 우리 집에서 제일 인기 좋은 생과일이라 그 완벽한 신선함을 굳이 잼으로 만들기가 꺼려졌다. 단맛은 익히면 강해지기 때문에 신선할 때 너무 달콤한 과일은 잼으로 만들기가 까다롭다. 아래 레시피는 잼에 넣을 생강을 찾으러 냉장고를 열었을 때 하바네로 고추를 발견하고 생각해 낸 것이다. 거의 고추가 날 가져가라고 뛰어든 것이나 마찬가지여서 두 번 생각하기도 전에 곱게 다져 냄비에 집어넣고 말았다. 풍미를 가지고 실험하는 것은 그만큼 간단한 일이다. 나에게는 이 자체로 완벽한 잼이기는 하나 하바네로 대신 원래 내가 넣으려고 했던 생강을 사용해도 좋다.

백천도복숭아 1.2kg
레몬즙 1/2컵(120ml)
유기농 원당 1과1/4컵(250g)
곱게 다진 하바네로
　고추(씨는 취향에 따라
　넣거나 뺀다. 여기서는
　넣었다) 1개 분량

보관
1년

분량
120ml들이 병 7개

DAY 1
천도복숭아는 씨를 제거하고 굵게 썬다. 나는 천도복숭아의 경우 껍질이 아주 부드럽고 잼에 아름다운 붉은빛을 선사해서 제거하지 않고 그대로 두는 편이다. 대형 볼에 천도복숭아를 넣고 레몬즙을 골고루 뿌린다. 원당을 복숭아 위에 골고루 뿌린 다음에 덮개를 씌우고 실온에 12~48시간 동안 재운다. 더 오래 재우고 싶다면 볼을 냉장고에 넣는다.

DAY 2
나중에 젤 테스트를 하기 위해 접시 5개를 냉동실에 넣어 둔다. 완성된 잼을 담을 수 있도록 120ml들이 병 7개를 준비한다. 재운 과일 혼합물을 1/3 정도 들어가는 크기의 비반응성 대형 냄비에 넣고 강한 불에 올린다. 한소끔 끓인 다음 타지 않도록 휘저어가면서 원하는 젤 상태가 될 때까지 익힌다. 하바네로 고추를 곱게 깍둑 썬 다음 냄비에 넣는다. 그런 다음 고추 즙이 여기저기 퍼지지 않도록 고추가 닿은 모든 부분과 손을 따뜻한 비눗물에 즉시 깨끗하게 씻는다. 일반적인 잼 농도가 되기까지는 20~30분 정도가 소요된다. 조리를 시작하고 10분 후부터 젤 테스트를 시작한다.(72쪽 참조.)

잼이 원하는 농도가 되면 불에서 내리고 병에 윗부분을 12mm 정도 남기고 채운다. 입구를 깨끗하게 닦은 다음 뚜껑을 닫고 10분간 열탕소독을 한다.(31쪽 참조.) 병입한 상태로 1년간 보관할 수 있다.

잼 바

설탕을 적게 넣어서 아침 식사로도 먹기 좋고 식으면 가지고 다니기도 편해 우리 카페에서 크게 인기를 끈
간식이다. 귀리를 듬뿍 넣어서 앞뒤로 바삭바삭하게 구운 크러스트 안에 진득한 잼을 가득 채웠다. 가운데에 넣는
필링은 원하는 잼이나 마멀레이드를 다양하게 사용할 수 있지만 고전적인 인기 메뉴는 역시 무화과 잼(98쪽)이다!

크러스트

압착 귀리 4컵(400g)

중력분(귀리 가루나 퀴노아 가루,
　　쌀가루를 사용하면 글루텐 프리
　　메뉴가 된다) 2컵(280g)

유기농 원당 1컵(200g)

시나몬 가루 1작은술

천일염 1/2작은술

베이킹 파우더 1/2작은술

베이킹 소다 1/2작은술

식용유(코코넛 오일 또는
　　유채씨 오일 대체 가능)
　　1과1/2컵(360ml)

아몬드 밀크(또는 오트 밀크)
　　1/2컵(120ml)

필링

잼 또는 마멀레이드
　　240~360ml(원하는 농도와
　　재고량에 따라 조절 가능)

보관

4일

분량

20x25cm 크기 1개 분량(12등분)

오븐을 180℃로 예열한다.

먼저 크러스트를 만든다. 대형 볼에 압착 귀리와 밀가루, 원당, 시나몬,
소금, 베이킹 파우더, 베이킹 소다를 넣어서 섞는다. 오일을 넣어서
전체적으로 고르게 잘 섞는다. 아몬드 밀크를 넣어서 마저 섞는다.

반으로 나눠서 하나만 꺼내 20x25cm 크기의 베이킹 팬에 넣고
단단하게 눌러서 평평하게 편다. 그 위에 잼을 고르게 펴 바른 다음
나머지 반죽을 잼 위에 얹어서 가볍게 눌러 고르게 편다.

팬을 오븐에 넣고 노릇노릇해질 때까지 45분간 굽는다. 차가워지면
크러스트가 너무 딱딱하므로 꺼내서 실온으로 식힌 다음 바로
12등분한다.

가지고 다니기 편한 비상용 간식으로, 밀폐용기에 담아 냉장고에서
4일간 보관할 수 있다.

수제 포켓 타르트

내가 아이들과 함께 즐겨 만드는 간식이다. 잼을 만들거나 고르고 반죽을 밀어서 독특한 모양으로 잘라내고
다양한 종류의 아이싱을 만들어보는 등 조리 과정 내에서 창의력을 마음껏 발휘할 수 있다. 아이들에게 아주
맛있는 크러스트 만드는 법을 알려줄 수 있는 것은 덤이다. 원하는 잼이라면 무엇이든 사용해도 무방하고, 여러
잼을 섞어서 독특한 풍미를 만들어도 재미있다.

크러스트

중력분 1과1/2컵(210g)

통밀가루 1/2컵(70g)

소금 1작은술

유기농 원당 1작은술

차가운 무염 유기농 버터
　　1컵(220g)

얼음물 1/3~2/3컵(80~160ml)

필링

잼 2컵(480ml)

아이싱

유기농 슈거파우더 1컵(120g)

물이나 우유 또는 주스
　　1작은술~1큰술

보관

2일

분량

13x8cm 크기의 타르트 8개

먼저 크러스트를 만든다. 대형 볼에 중력분과 통밀가루, 소금, 원당을
섞는다. 버터를 치즈 강판의 가장 굵은 면으로 갈아서 볼에 넣는다.
손가락으로 재빠르게 버터와 가루 재료를 골고루 문질러 섞는다. 이때
신속하게 움직이고 모든 재료를 너무 많이 치대지 않도록 해야 가볍고
바삭바삭한 크러스트가 된다. 이제 얼음물을 조금씩 넣으면서 반죽이
한 덩어리가 될 때까지 가볍게 섞는다(물 온도가 낮을수록 바삭바삭한
크러스트가 된다.) 반죽을 냉장고에 10~20분 정도 넣어서 차갑게
식힌다.

오븐을 190℃로 예열한다. 이제 가장 재미있는 과정을 진행할 차례다!
작업대 또는 도마에 덧가루를 가볍게 뿌리고 반죽을 얹어서 약 4mm
두께로 민다.

이제 쿠키 커터나 칼을 이용해서 원하는 모양으로 잘라내면
되는데, 위아래로 같은 크기의 반죽이 한 쌍이 되어야 한다는 점만
기억하자.(우리는 잼 병 뚜껑을 이용해서 동그랗게 잘라낸다.)
재미있게 모양을 잡되 반죽을 자주 움직여서 손이 너무 많이 닿아
따뜻해지지 않도록 주의해야 한다.

아래쪽 반죽의 가운데 부분에 가장자리에 빈 공간이 남도록 잼을
넉넉히 한 덩어리 얹고 위쪽 반죽을 얹는다. 잼을 너무 많이 넣으면
가장자리로 줄줄 흘러내리기 때문에 만드는 포켓 타르트의 크기에
따라 양을 조절해야 한다. 포크로 반죽 가장자리 부분을 빙 두르면서
꾹꾹 눌러 단단히 붙인다. 유산지를 깐 베이킹 시트에 타르트를 얹고
냉장고에 넣어서 10분간 휴지한다.

타르트를 오븐에 넣고 노릇노릇해질 때까지 10~15분간 굽는다. 그동안 아이싱을 만든다.

슈거파우더에 액상 재료를 넣어서 곱게 개어 매끄러운 페이스트를 만든다. 농도가 순식간에 묽어질 수 있으니 액상 재료는 천천히 넣기 시작해야 한다! (기본적으로 아이싱은 포켓 타르트에 장식을 입히는 용도로 쓰는 액상 설탕이다. 두르지 않아도 타르트 자체가 이미 충분히 맛있지만 장식하는 과정도 베이킹의 즐거운 부분 중 하나다. 아이싱에도 여러 가지 종류가 있다. 녹색 아이싱을 만들고 싶다면 녹색 주스를 넣으면 된다. 자홍색 아이싱도 쉽게 만들 수 있다. 말린 히비스커스 꽃으로 히비스커스 차를 진하게 우린 다음 몇 방울 섞으면 된다. 슈거파우더에 터메릭 가루를 살짝 섞고 액상 재료로 우유를 사용하면 노란 아이싱이 된다. 같은 방식으로 초콜릿, 시나몬, 카다멈 아이싱도 만들 수 있다. 무슨 뜻인지 이해가 될 것이다. 아이싱에 한계란 없다! 조금씩 다양하게 만들어서 실험하는 재미가 쏠쏠하다.)

포켓 타르트가 실온으로 식으면 숟가락으로 아이싱을 둘러 장식한다. 남은 포켓 타르트는 밀폐용기에 담아 2일간 보관할 수 있다.

땅콩버터와 젤리 머핀

아주 재미있는 간식이자 수제 잼을 잔뜩 채우기 딱 좋은 머핀이다. 나는 여기에 주로 자두 시나몬 잼(95쪽)을 섞어서 흥미로운 맛을 내곤 한다. 물론 아래 레시피처럼 딸기잼(83쪽)을 채운 머핀도 우리 카페에서 가장 인기 있는 클래식 메뉴다!

중력분 3/4컵(105g)

통밀가루 3/4컵(105g)

아마씨 가루 1/4컵(25g)

황설탕 1/2컵(100g)

호두(조각) 1/2컵(60g)

베이킹 파우더 1작은술

베이킹 소다 1작은술

소금 1/2작은술

아몬드 밀크 또는 오트 밀크
   1컵(240ml)

크리미 땅콩버터(또는 아몬드
   버터나 해바라기씨 버터)
   1/2컵(130g)

해바라기씨 오일 1/4컵(60ml)

아마씨 달걀 1개 분량(아마씨
   가루 1큰술에 아몬드 밀크
   1/4컵(60ml)을 섞은 것)

바닐라 엑스트랙트 1작은술

잼 1/2컵(120ml)

보관

3일

분량

머핀 12개

오븐을 180℃로 예열한다. 대형 볼에 밀가루와 통밀가루, 아마씨 가루, 황설탕, 호두, 베이킹 파우더, 베이킹 소다, 소금을 넣어 잘 섞는다. 스탠드 믹서에 패들 도구를 장착하고 아몬드 밀크, 땅콩버터, 해바라기씨 오일, 아마씨 달걀, 바닐라를 넣어 잘 섞는다. 믹서를 가장 느린 속도로 돌리면서 가루 재료를 천천히 부어서 적당히 섞일 만큼 돌린다.

준비한 머핀 틀에 반죽을 1/3씩 채우고 기름을 바른 숟가락으로 반죽 가운데 부분을 살짝 우묵하게 판다. 가운데에 잼을 1~2작은술 정도 채우고 남은 반죽을 부어서 2/3 정도까지 채운다. 오븐에 넣고 노릇노릇해질 때까지 18~20분간 굽는다. 남은 머핀은 밀폐용기에 담아서 3일간 보관할 수 있다.

MARMALADE

마멀레이드

NO. 3

마멀레이드는 감귤류의 껍질을 넣어서 만드는 프리저브다.

쓴맛과 단맛, 신맛, 새콤한 맛이 전부 어우러져 조화롭고 균형 잡힌 훌륭한 맛을 선사한다. 감귤류의 껍질과 즙을 모두 사용하므로 만드는 방식이 아주 독특하고 정밀하다. 찾아보면 특정 질감을 구현하고 쓴맛을 제거하거나 기타 특이한 맛이나 효과를 주기 위해서 한없이 복잡하게 만든 마멀레이드 레시피가 아주 많다. 준비하는 데에만 수 시간이 걸리고 수 일에 걸쳐서 완성해야 하는 편이라 시도할 마음을 먹기도 힘들게 만든다. 그래서 나는 누구나 쉽게 따라할 수 있으면서 동시에 수상 경력까지 갖춘 초간단 마멀레이드 만드는 법을 개발해 냈다. 마멀레이드를 만드는 데에는 항상 시간이 많이 걸리지만 꼭 복잡하고 지루해야만 하는 것은 아니다. 신선한 감귤류 1그릇과 함께 식탁에 앉아 주방에서 시간을 보내는 것은 겨울날을 즐기는 멋진 방법이며, 내가 개발한 레시피는 모든 종류의 감귤류에 적용할

수 있을 정도로 단순하다! 마멀레이드는 햇살처럼 금빛으로 빛나는 감귤류 열매로 나뭇가지가 묵직하게 늘어지는 겨울철에 만드는 프리저브다. 비타민 C가 풍부한데다 행복에 가득 찬 화사한 맛을 선사하며 생동감 넘치는 과일의 향기가 퍼져나온다. 우리에게 가장 필요한 순간에 다가오는 선물이다. 감귤류 열매를 매력적인 마멀레이드로 변신시키는 데에는 시간이 많이 걸리지만, 인생을 살면서 속도를 조금 늦추는 연습을 하는 습관을 갖추는 것도 멋진 일이라고 생각한다! 실제로 '저설탕' 마멀레이드는 만들기 어렵고 그래서는 진정한 마멀레이드가 될 수 없지만, 그 외의 저설탕 감귤류 레시피를 원한다면 이 책 전반적으로 설탕을 적게 혹은 전혀 넣지 않고 감귤류 프리저브를 만드는 법을 여럿 실었으니 참고하도록 하자.

해피걸키친에서는 재미있고 간단하면서 아주 맛있는 마멀레이드를 만드는 기술을 발견해서 개발해 냈다. 핵심은 껍질은 부드럽게, 질감은 원하는 대로 나오도록 만드는 것으로, 풍미가 뛰어난 신선한 과일을 고르고 완벽하게 젤화될 때까지 충분히 가열해야 한다. 이런 과정은 매우 번거로울 수 있으며 말처럼 쉽지 않다!

마멀레이드는 특히 잼과 비교하면 만들기 꽤나 지루한 음식이다. 감귤류 1알을 통째로 맛있는 스프레드로 만드는 데에는 다양한 기술이 필요하다. 마멀레이드는 긴장을 풀고 인내심을 가지고서 단순히 목적지가 아니라 여정 자체를 즐기는 법을 가르쳐준다. 해피걸키친에서는 과정을 최대한 간단하게 만든다.

이 장에는 그동안 마멀레이드 만드는 법을 가르치면서 얻어낸 지식으로 구성한 내용을

실었다. 나는 세상에 존재하는 여러 훌륭한 레시피에도 뛰어난 마멀레이드를 만드는 데에 반드시 필요한 지식이 빠져 있다는 사실을 알게 되었다. 내 워크숍을 찾아온 사람들은 마멀레이드를 만들어봤지만 너무 묽거나 과조리되고 풍미를 잃어버렸거나 껍질만 너무 많은 것처럼 느껴졌다고 토로했다. 익숙한 이야기이지 않은가? 그래서 나는 최고의 마멀레이드를 만드는 법에 대해서 처음부터 끝까지 상세한 완전판 설명서를 작성하기로 했다.

직접 만들어본 마멀레이드 레시피에 문제가 있었다면 편안하게 다음 기초 지식을 참고해 보자.

마멀레이드를 만드는 법

MARMALADE

1.

과일 고르기

최고의 과일을
골라야 한다!

2.

과일 손질하기

씻어서 씨와 중과피,
껍질 일부를 제거한다.
송송 썬다.

3.

펙틴 준비

젤화시키기에 충분한 분량을
확보해야 한다.

4.

가열하기

적절한 순간에 적절한 단계로
넘어가면서 편안하게 사랑의
마음으로 지켜본다.

5.

젤 테스트

언제 완성될까?
완벽한 순간이 올 때까지
가열한다. 주의를 기울이자!
순식간에 완성되어버리니까.

WORKSHOP

1. 과일 고르기

항상 신선하고 맛이 좋은 감귤류를 골라야 아주 맛있는 마멀레이드를 만들
수 있다. 맛이 밋밋하고 맹탕인 과일을 고르면 완성품에도 그 맛이 반영되기
마련이다. 감귤류가 자생하는 지역에 살고 있지 않더라도 최대한 신선한
과일을 찾아보자. 신선한 과일의 껍질에는 자연스러운 광택이 흐른다. 준비한
과일은 마멀레이드용으로 손질을 끝낸 다음 계량해야 하므로 만약을 대비해서
여유롭게 준비하는 것이 좋다.

유기농을 살 것인가, 비유기농을 살 것인가? 이 문제에 대해서는 모두 저마다의
의견과 기준을 가지고 있다. 감귤류의 경우에는 살충제 및 왁스와 과육 사이에
장벽 역할을 하는 거친 껍질이 확실하게 존재하기 때문에 기준을 더 느슨하게
잡는 사람도 있다. 하지만 마멀레이드를 만들 때는 껍질도 같이 사용하기 때문에
이들 물질에 쉽게 노출된다는 점을 고려해야 한다. 유기농 감귤류의 껍질은 일반
감귤류 껍질보다 더 순수할 수 밖에 없다. 일반 감귤류에는 살충제와 색상을
밝게 만드는 염료, 석유 기반 성분으로 제조한 왁스 등이 다량 함유되어 있을
수 있다. 유기농 감귤류에도 왁스가 들어 있을 수 있지만, 밀랍과 식물성 오일로
만든 천연 제품일 가능성이 높다. 왁스를 제거해야 한다면 감귤류에 끓는 물을
부은 다음 연마용 스펀지로 꼼꼼하게 문질러 닦아낸다.

과일 구입하기 전, 혹은 마멀레이드를 만들기로 결정하기 전에 반드시 맛을 봐야
한다. 풍미가 강렬하고 즙이 풍부한 것을 고르자. 마멀레이드를 만드는 데에는
품이 많이 들어가기 때문에 항상 제일 맛있는 과일로 만들기 시작해야 한다.
감귤류에는 중과피pith(주황빛 등을 띠는 제일 바깥쪽 껍질과 과육 사이에 있는
흰색 부분 - 옮긴이)가 약간 있는 쪽이 바람직하다. 내 마멀레이드 레시피에는
중과피를 전부 넣기 때문에 대체로 중과피가 6mm 두께 정도 되는 감귤류를
사용하는 것이 가장 이상적이다. 준비한 감귤류의 껍질이 그보다 두껍다면
중과피를 일부 제거해야 한다.

이웃사촌님, 안녕하세요!
레몬을 좀 얻을 수 있을까요?

hey neighbor!
can I have
some lemons?

참고: 감귤류가 자생하는 지역에 사는 중이라면 언제나 최대한 가까이에서 자란 과일을 구해볼 것을 추천한다. 감귤류를 직접 따러 나서거나 감귤류 나무를 기르는 이웃에게 혹시 나무에 달린 과일을 후에 완성될 마멀레이드 몇 병과 교환할 생각이 있는지 물어보는 것도 좋다. 음식은 공동체를 형성하는 훌륭한 도구이고, 현대에 이르러 더더욱 그 중요성이 커지고 있다. 집 근처에서 자란 과일의 개성과 풍미가 더욱 뛰어난 것은 덤이다!

감귤류 과일은 일년 내내 구할 수 있지만 가장 다양한 품종을 풍성하게 구할 수 있는 계절은 겨울, 즉 12월에서 3월까지다. 레몬과 라임, 오렌지, 자몽, 귤에는 각각 수없이 많은 품종이 있다. 맛과 질감에 따라 어떤 종류로 마멀레이드를 만들 것인가는 전적으로 본인의 선택에 달린 문제다. 우리가 만드는 마멀레이드 중 내가 가장 좋아하는 제품은 캘리포니아 빅 서 지역의 목장에서 재배한 이름 모를 감귤류로 만든 것이다. 작은 오렌지와 귤, 레몬의 교합종이라고 한다. 우리는 이 풍미가 탁월한 마멀레이드를 단순하게 '빅 서 마멀레이드(141쪽)'라고 부르는데, 정확한 품종을 모르는 상태인데도 상을 받았을 정도다.

마멀레이드는 다양한 감귤류로 만들 수 있지만 껍질이 두껍고 씨앗이 많아서 유난히 작업하기 까다로운 감귤류도 있다. 마멀레이드용 과일을 고를 때는 맛과 껍질의 두께, 씨앗이 들어 있는 밀도 등을 반드시 확인해야 한다. 맛이 밋밋하거나 껍질이 시들해 보이면 마멀레이드도 똑같은 맛이 된다. 과육보다 껍질이 많을 경우에는 손이 너무 많이 가기 때문에 마멀레이드보다는 캔디드 필과 주스를 만드는 것을 추천한다. 마지막으로 씨앗이 전체적으로 촘촘하게 들어 있어서 전부 제거하기에는 너무 일이 많을 것 같다면 그 또한 주스와 캔디드 필을 만드는 것이 낫다.

2. 과일 손질법

감귤류를 손질하는 법에 있어서는 온갖 복잡한 기술이 존재한다. 전통 방식은
과육을 조각별로 웨지 모양으로 잘라낸 다음 껍질을 각각 제거하는 것이다. 나는
마멀레이드를 이런 식으로 만드는 법만 배운 탓에 손이 너무 많이 가서
두 번 다시 엄두도 내지 못하게 된 사람을 정말 많이 만나봤다. 시간이 매우 많이
걸리고 지루한 방법이기 때문이다. 특정 기법 때문에 마멀레이드를 만들고 싶지
않게 된다면 굳이 이를 고집할 필요가 없다는 깨달음을 얻었다! 해피걸키친은
거의 모든 감귤류에 적용할 수 있는 더 간단한 방법을 찾아냈다.

마멀레이드를 만드는 2가지 방법

1
모든 껍질과 과육 넣기

1번 기법은 감귤류의 껍질과 과육을 모두 사용하는
방법이다. 기술 하나와 냄비 하나만 이용하기 때문
에 명상 효과가 있을 정도로 아주 간단하다. 마멀레
이드 만들기를 처음 시작하기에 좋은 방법이며, 메
이어 레몬과 귤, 클레멘타인 및 기타 껍질이 부드럽
고 중과피 두께가 6mm 이하인 오렌지 등에 활용한
다. 이렇게 만든 마멀레이드에 껍질이 너무 많은 것
같다면 절반 정도만 2번 기법에 따라 손질해도 좋
다. 이 기법으로 만든 마멀레이드로 후보에도 올랐
고 상도 받았으니 간단하다고 해서 무시하지 말자!

2
잼 전용 찜기

2번 기법은 마멀레이드에 들어가는 껍질의 비율
을 줄이고 싶을 때 준비한 과일 일부에 적용하는 방
법이다. 가끔은 준비한 모든 과일에서 껍질을 조금
씩 제거하는 식으로 대체하기도 한다. 다양한 품종
을 섞어서 만들 때는 주로 레몬이나 라임처럼 펙틴
이 많이 함유된 종류의 껍질은 그대로 두고 나머지
과일의 껍질을 제거한다. 일반 오렌지나 블러드 오
렌지, 라임, 자몽 등의 감귤류는 껍질이 매우 조밀한
편이라서 전부 다 넣으면 뭐랄까... 껍질이 너무 많은
마멀레이드가 된다.

this is for your pectin bag

quartered and ready to slice any way you like.

펙틴 주머니에 넣을 부분이다

4등분해서 원하는 모양으로 송송 썰면 끝

나는 삼각형을 선호한다

I like the triangle shapes

감귤류 손질법 1

모든 껍질과 과육을 전부 마멀레이드에 넣는 방법이다.

1 감귤류의 앞뒤 꼭지를 제거한다.

2 감귤류를 길게 반으로 자른다.

3 다시 각각 4등분한다.

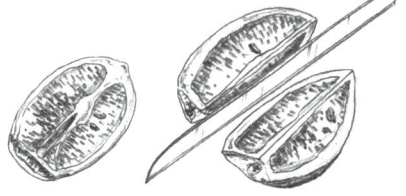

4 감귤류의 가운데 부분에 칼집을 넣어서 가운데 피막을 제거해(반드시 위아래로 전부 잘라내야 한다) 씨를 쉽게 빼낼 수 있도록 한다.

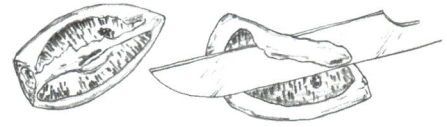

5 제거한 피막은 펙틴 주머니 용도로 따로 모은다. 제거한 씨앗도 피막과 함께 모은다.

6 이 시점에서 감귤류는 총 8등분된 크기로 가운데 피막과 씨앗을 제거한 상태다. 이제 더 작은 크기로 썬다.

참고

해피걸키친에서는 언제나 웨지 모양으로 8등분한 조각을 다시 삼각형 모양이 되도록 송송 썬다.(앞 장의 사진 참조.) 그러면 굵직한 덩어리가 들어 있지만 부드럽게 펴 바를 수 있는 질감의 마멀레이드가 된다.
원한다면 과일을 길게 저며도 상관없지만, 내가 볼 때는 조각이 너무 길쭉하면 잼 병에서 꺼내기가 어렵다.

감귤류 손질법 2

껍질을 일부 제거한다.

1 감귤류의 껍질을 모두 잘라내서 따로 모은다. 두껍게 썰어도 좋고 얇게 저며도 좋다. 두껍게 썰려면 그냥 칼을 이용해서 감귤류의 과육에 닿아 있는 중과피 부분까지 둥글게 잘라낸다. 감귤류 캔디드 필(271쪽)을 만들 때 사용하는 방법이다. 얇게 저미고 싶다면 껍질을 채소 필러로 벗겨낸다. 그러면 요리를 장식하는 가니시 같은 모양이 된다.

2 과육에 붙어 있는 남은 중과피를 벗겨내서 제거한다.

3 과육을 반으로 자른 다음 다시 각각 4등분한다.

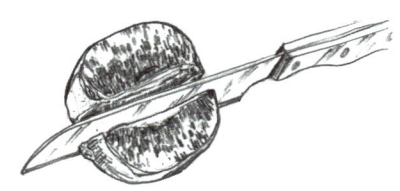

4 가운데 피막과 씨앗을 제거해서 펙틴 주머니 용도로 따로 모은다.

5 과육은 6mm 두께로 송송 썰어서 손질법1에 따라 손질한 과일과 함께 냄비에 넣는다.

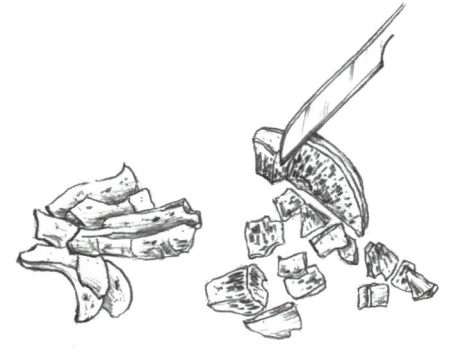

I use this technique for part of the fruit.

마멀레이드에 들어가는 감귤류 중 일부 분량에만 적용하는 손질법이다.

3. 펙틴 주머니 준비하기

이제 과일 손질이 모두 끝나고 펙틴 주머니에 넣을 씨앗과 피막을 따로
분리해 둔 상태일 것이다. 모든 과일에는 정도는 모두 다르지만 천연 펙틴이
일부 함유되어 있다.(1장 39쪽의 펙틴 차트 참조.) 감귤류의 펙틴은 씨앗과
피막 주변에 있으므로(실제로 펙틴의 질감을 느낄 수도 있다. 감귤류 씨앗을
미끈거리게 만드는 바로 그 성분이다!) 적절한 질감의 마멀레이드를 만들려면
씨앗과 피막을 따로 모아서 넣어주는 것이 중요하다. 레몬과 라임에는 오렌지와
귤, 자몽보다 펙틴이 더 많이 들어 있다. 나는 확실하게 제대로 젤 상태가
된 마멀레이드를 만들기 위해서 항상 레몬이나 라임을 섞어 넣는다. 이들은
또한 마멀레이드에서 강력한 향미 부스터 역할을 하고, 단순한 풍미 프로필에
복합적인 산미와 새콤한 맛을 더한다.

펙틴 주머니는 반드시
아주 *단단하게 여며야 한다!*

*Be sure to
tie pectin
bag VERY
tight!*

대부분의 요리책에서는 면포로 만든 펙틴 주머니를 사용할 것을 권장하지만
나는 항상 밀가루 포대를 사용한다.(24쪽 참조.) 이제 따로 모아둔 씨앗과
피막을 펙틴 주머니에 넣는다. 씨앗이 많지 않더라도 걱정하지 말자. 이미 따로
손질한 껍질 부분에도 펙틴이 들어 있으니까! 매듭을 2번 지어서 아주 단단하게
여민다. 마멀레이드를 만들다가 펙틴 주머니가 풀리면 상상 이상으로 난장판이
된다!

**1
일차**

펙틴 넣기

이제 다음 단계를 진행할 차례다. 모든 손질한 과일을 냄비에 넣는다. 이때
반드시 만들려는 프리저브의 분량에 알맞은 크기의 냄비를 사용해야 한다.(27쪽
참조.) 이어서 펙틴 주머니를 넣고 물을 내용물이 잠기도록 붓는다. 펙틴
주머니는 조리하는 내내 수면 아래 잠겨 있어야 하는데 감귤류는 항상 둥둥
떠오르기 때문에 손으로 내용물을 꾹 누른 상태로 물을 잠기도록 부어야 한다.

냄비 뚜껑을 닫고 한소끔 바글바글 끓인 다음 껍질이 부드러워질 때까지
45분에서 1시간 정도 뭉근하게 익힌다. 이때 수분이 모두 증발되어버리지
않도록 냄비의 뚜껑을 닫아 두는 것이 좋다. 이 단계가 마무리될 즈음이면 액상
부분이 흐리거나 미끈거려서 거의 점성이 느껴지는 정도여야 한다. 불에서
내리고 뚜껑을 닫은 채로 조리대 위나 스토브의 차가운 부분에 12~24시간 동안

preparing the pectin bag

맥틴 주머니 만드는 법!

재운다. 하룻밤이 지나는 동안 껍질이 점점 더 부드러워지고 펙틴이 계속해서 방출된다. 마멀레이드의 맛 또한 감귤류를 재우면서 자연스럽게 식히는 동안 더욱 깊어진다. 이 마멀레이드를 재우는 단계는 생략해도 무방하지만, 최상의 결과물을 얻고 싶다면 그대로 두자.

펙틴 짜내기

12~24시간 후에는 냄비의 내용물이 실온으로 식어서 국물이 미끈미끈하고 물보다 조금 걸쭉한 느낌이 되어야 한다. 껍질은 부드러워야 한다.

이제 부엌에서 벌어지는 일 중 가장 지저분한 작업을 할 차례다. 펙틴 주머니에서 펙틴을 짜낸다. 펙틴 주머니는 따뜻할수록 펙틴을 가능한 한 많이 짜낼 수 있다. 펙틴 주머니를 쥐어짜고 꼬집어 펙틴을 짜내는 과정은 젖소에서 우유를 짜내는 것과 비슷하다. 아주 걸쭉하고 허연 국물이 나올 때까지 펙틴을 짜내야 한다. 아주 미끈미끈하고 점성이 강한 국물이다. 정해진 시간이나 양은 없으며, 짜낼 만큼 짜냈으면 된다!

2 일차

---

4. 조리하기

설탕이 녹고 나면 나중에 젤 테스트를 하기 위해 접시 5개를 냉동실에 넣어 둔다. 나는 마멀레이드의 상태를 제대로 확인할 수 있는 무늬가 없는 흰색이나 밝은 색 접시를 선호한다. 표면은 매끈한 것이어야 한다. 냄비에 감귤류 과육과 설탕을 넣는다.(올바른 크기의 냄비 고르는 법은 27쪽 참조.) 최대한 강한 불에 올려서 마멀레이드를 가열하기 시작한다. 이 조리 초반에는 과일 덩어리와 국물이 완전히 분리되어 있고 국물이 아주 묽은 상태다. 계속 바글바글 끓이면 수면에 거품이 생기면서 마멀레이드가 팽창하기 시작한다. 이 거품은 조리 마무리 단계가 될 때까지 걷어낼 필요가 없으므로 그대로 내버려 둔다. 이렇게 팽창하기 때문에 처음부터 내용물이 1/3 정도만 차는 커다란 냄비를 사용해야 하는 것이다. 그래야 공간이 충분해서 마멀레이드가 끓어 넘치지 않는다. 점점 팽창하면서 수분이 증발하여 걸쭉해지기 시작할 것이다. 충분히 걸쭉해지면 다시 부피가 줄어든다. 계속 조리하면 수면에 올라오는 거품이 더 커지고 소리가

Patience! This can take up to 45 min.

인내심을 가지자! 완성까지 45분 이상이 걸릴 수도 있다

나기 시작한다. 마멀레이드가 거의 완성될 즈음에는 거품이 보글보글 터지는
소리를 귀로 들을 수 있을 정도다. 마멀레이드가 눈에 띄게 걸쭉해졌을 것이다.
이제 젤 테스트(다음 항목 참조)를 해서 지금이 마멀레이드를 불에서 내릴 황금
타이밍인지 확인할 차례다!

---

5. 젤 테스트

지금까지 신중하게 과일을 골라서 손질하는 모든 과정을 거쳐왔다. 이제 긴
여정의 마지막 단계로, 집중해야 할 순간이다. 마멀레이드와 잼은 젤 테스트를
하는 방법이 다르다. 마멀레이드의 조리 시간은 변수가 많아서 그때그때 차이가
많이 난다. 펙틴과 과즙의 양이 매번 만들 때마다 완전히 다르기 때문이다.
대부분의 마멀레이드는 완벽한 젤 상태가 되기까지 15~45분이 걸리는데 이
간극이 매우 크기 때문에 적당한 상태가 되는 순간 테스트할 준비를 하고 있어야
한다! 나는 마멀레이드가 완성되었는지 확인할 때는 간단하고 신뢰도가 높아서
선호하는 접시 테스트를 고수한다. 접시 테스트를 할 때는 마멀레이드를 아주
조금 덜어서 실온으로 식혀 상태를 눈으로 확인한다. 뜨겁게 바글바글 끓을 때는
실제보다 액상으로 보이기 때문에 식혀야 정확하다.

지금은 조리를 시작하기 전에 이미 냉동실에 접시 5개가 쌓여 있는 상태다.
마멀레이드 상태를 확인할 때는 가능한 한 빨리 실온으로 식혀야 하기
때문에 냉동실에 넣어두는 것이다. 보통 레시피에서는 잼이나 마멀레이드
등이 완성되었을 때 테스트를 하기를 권장한다. 그러나 나는 조리하는 동안
변화하는 과정을 구분할 수 있도록 그보다 빨리 테스트를 시작하기를 추천한다.
마멀레이드를 한 번 만들 때 최소한 3번, 초보자라면 그보다 더 많이 테스트를
해보도록 하자.

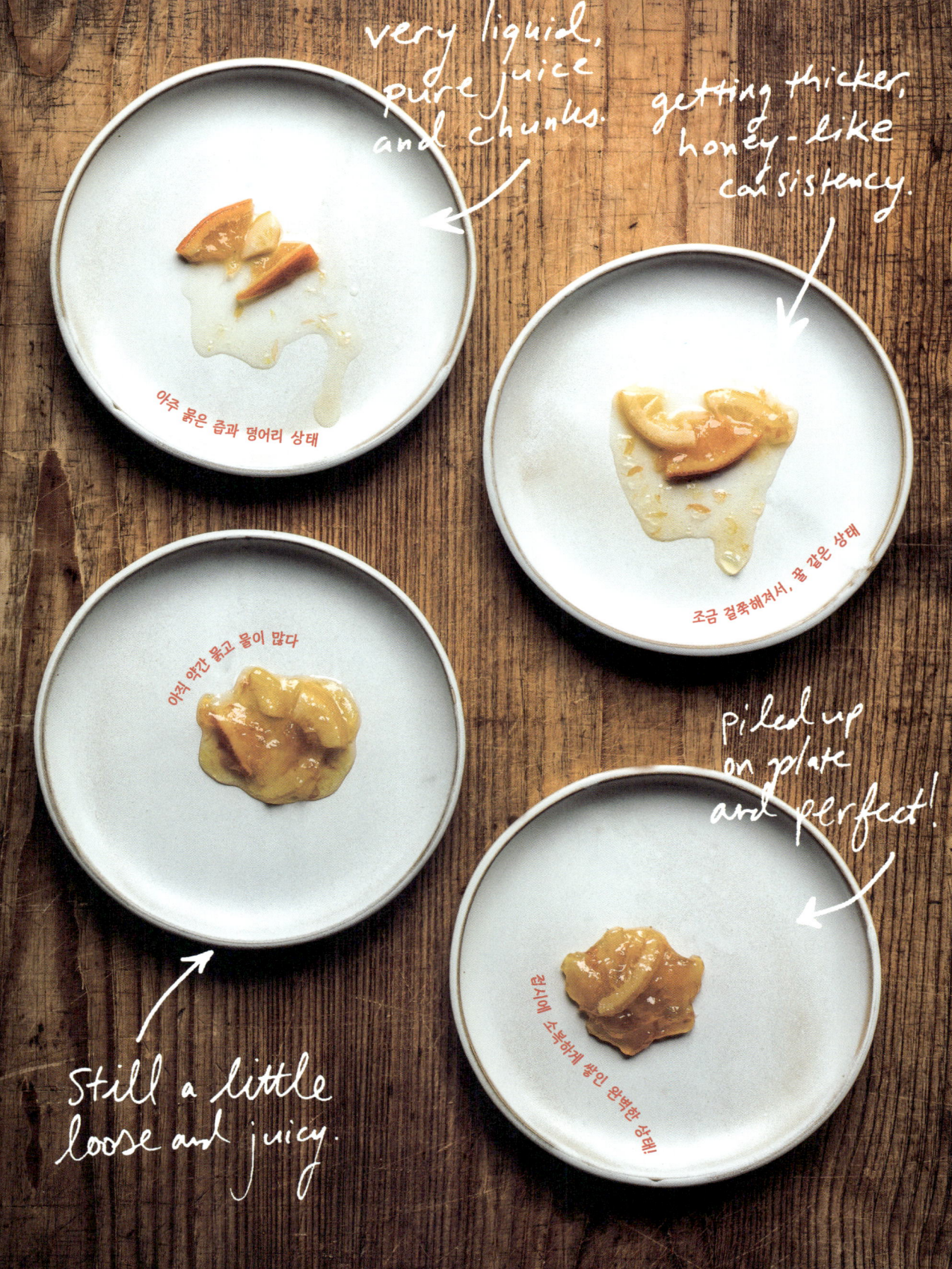

very liquid, pure juice and chunks.

아주 묽은 즙과 덩어리 상태

getting thicker, honey-like consistency.

조금 걸쭉해져서, 꿀 같은 상태

아직 약간 묽고 물이 많다

piled up on plate and perfect!

접시에 소복하게 쌓인 완벽한 상태!

still a little loose and juicy.

나는 주로 마멀레이드가 끓기 시작하고 10분쯤 지났을 때 첫 번째 테스트를 진행한다. 마멀레이드가 10분 만에 완성되는 것은 매우 이례적인 일이지만 그런 일이 생긴 적이 있었다. 일찍부터 테스트를 진행한 덕분에 완벽한 타이밍을 놓치지 않게 되면 정말 뿌듯한 기분이 들 것이다. 마멀레이드를 처음 만들 때는 5~10분마다 테스트를 해서 완벽하게 젤화된 순간을 놓치지 않도록 해야 한다. 첫 번째 테스트를 했을 때는 액체와 고체가 명확하게 구분되는 아주 시럽 같은 질감이어야 한다.

차가운 접시에 마멀레이드 약 1작은술을 얹는다. 접시를 다시 냉동실에 넣어서 샘플 마멀레이드를 실온까지 식힌다. 이때 최대한 수평을 유지하도록 이동해야 한다. 그래야 기울이는 동작으로 마멀레이드의 질감을 제대로 확인할 수 있기 때문이다.

샘플 마멀레이드가 식으면 냉동실에서 꺼낸다. 이때 반드시 접시 바닥을 만져봐서 실온으로 식었는지 확인해야 한다. 접시 바닥을 건드렸을 때 열감이 느껴지면 다시 냉동실에 넣어야 한다. 나 또한 참을성이 있는 사람이 아니지만, 지금은 가지고 있는 모든 인내심을 모아서 정확한 테스트를 할 수 있도록 샘플이 정말 실온으로 식을 때까지 기다려야 하는 시점이다.

첫 번째 테스트 접시를 기울이면 액체가 고체에서 바로 뚝뚝 떨어져 나와야 한다. 젤화가 약간 진행되어서 메이플 시럽과 비슷한 농도여야 한다. 지금이 바로 마멀레이드의 맛을 보고 당도가 적당한지, 다른 향신료를 추가하면 좋을지 확인하기 좋은 시점이다.

시간이 지나면 액체와 고체가 하나로 결합되기 시작한다. 테스트를 하면 접시를 기울일 때 액체만 줄줄 흐르지 않고 마멀레이드가 전체적으로 미끄러지고, 덩어리에서 물방울이 뚝뚝 떨어지지 않아야 한다.

일단 마멀레이드가 이 단계에 도달하면 정말로 집중해야 한다! 지금은 장거리 전화를 받거나 빨랫감을 세탁기에서 건조기로 옮길 때가 아니다. 멀티태스킹은 잊어버리자! 마멀레이드는 완벽한 기간이 아주 짧다. 너무 묽어 보이다가도 수 분만에 시멘트처럼 걸쭉해진다! 잼에 비해서 졸이는 과정 중에 방심하면 안되는 편이다. 대부분의 사람들이 어려워하는 부분이니 주의하자! 가능하면 높은 온도를 최대한 유지하면서 마멀레이드를 계속 바글바글 끓도록 만들어야 한다.

마멀레이드가 완성되면 액체와 고체가 완전히 하나가 되어서 온전한 하나의 덩어리가 된다. 접시를 기울이면 마멀레이드가 접시에 완전히 달라붙어서 전혀 움직이지 않는다. 놀라지 말자! 절대 마멀레이드가 너무 많이 익어버렸다는 뜻이 아니다. 잼이 이렇게 되었다면 과조리된 것이지만 마멀레이드와 젤리는 이 상태가 완성된 모습이다. 나는 마멀레이드를 토스트에 얹으면 살짝 느슨한 모양을 멋지게 유지하면서도 껍질은 아주 부드러운 상태이기를 바란다.

마멀레이드를 손가락으로 누르면 벨벳처럼 부드러우면서 살짝 주름이 지는 모양이 보여야 한다. 손가락에 의해서 전체적인 질감에 작은 물결이 생겨나는 것이다. 접시에 얹은 마멀레이드 바다를 손가락으로 쓸어보면 가장자리 부분이 형태를 그대로 유지해야 한다. 그러면 완성이다!

마멀레이드를 테스트하는 동안 불을 꺼야 하는지 물어보는 사람이 많다. 오직 마멀레이드가 완성되었을 가능성이 있다고 생각되는 경우에만 불을 꺼야 한다. 아직 더 익혀야 한다고 판단되면 언제든지 바로 불에 올리면 된다!

마멀레이드가 손가락에 달라붙어서 엿가락처럼 끈적하게 붙어 있다면 너무 오래 조리한 것이다. 이럴 경우에는 문제 해결 부분(126쪽)을 참조하자.

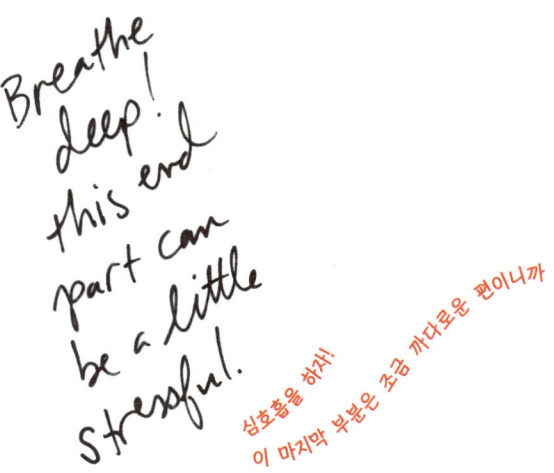

Breathe deep! this end part can be a little stressful.

심호흡을 하자! 이 마지막 부분은 조금 까다로운 편이니까

기초 지식
* 마멀레이드 *

마법의 비율:
레시피로부터 해방되자!

우리는 모든 마멀레이드에 서로 비슷하게 보이는 부피 비율이 존재한다는 사실을 발견했다. 물에 익힌 감귤류의 부피가 항상 사용하는 설탕의 양과 비슷해지는 것이다. 나는 언제나 설탕을 적게 사용하기 때문에 일단 보통 익힌 감귤류와 설탕을 2.5:2의 비율로 잡고 시작한다. 모든 감귤류는 상태가 다르기 때문에 필요하다면 설탕을 추가해서 맛의 균형을 잡아도 좋다. 즉 손질한 과일의 무게를 일일이 재고 계산하지 않더라도 간단하게 2일차에 펙틴 주머니를 꼭꼭 짜낸 직후 부피가 어느 정도 되는지 확인하기만 하면 된다는 뜻이다. 설탕을 넣기 전에 익힌 감귤류의 부피를 측정한 다음 그에 따라 필요한 양만큼 설탕을 추가한다. 마법의 비율에 익숙해지면 얼마든지 나만의 레시피를 만들어낼 수 있다.

당류

마멀레이드를 만들 때는 건조한 그래뉴당을 사용해야 제대로 젤화시킬 수 있다. 설탕을 넣는다는 전제 하에 꿀 같은 액상 당류를 추가할 수는 있지만(149쪽의 금귤

마멀레이드 참조) 꿀만 사용할 수는 없다. 액상 당류의 화학 작용은 건조한 감미료 종류와 다르다. 건조 당류는 수분을 제거해서 완벽한 젤 상태를 만들어낸다. 마멀레이드에는 잼보다 더 많은 양의 설탕이 들어가기 때문에 유기농 원당만 사용할 것을 권장한다. 일반 백설탕보다 정제 과정을 적게 거친 설탕으로, 마멀레이드의 색을 변하게 만들지도 않는다.

향신료와 허브,
기타 풍미 재료 추가

나만의 레시피를 만드는 데에 직접 적용할 수 있는 좋은 질문이다. 마멀레이드의 경우 나는 언제나 맛있는 감귤류의 맛을 압도하기보다는 강조해 주는 향신료 등 풍미 재료를 사용할 것을 권장한다. 준비한 향신료와 풍미 재료를 추가하기 전에 반드시 얼마나 넣을 것인지 따져봐야 한다. 차라리 너무 적게 넣어서 실패하는 쪽이 현명하다는 것을 기억하자. 부족하면 얼마든지 더 넣으면 된다.

어떤 형태의 향신료를 넣을 것인지도 고려해야 한다. 예를 들어서 나라면 만약에 마멀레이드에 시나몬을 넣고 싶다면 조리 과정 중에 시나몬 스틱을 추가할 것이다. 가루 제품을 넣으면 완성된 마멀레이드에 먼지가 낀 것처럼 지저분해 보일 수 있기 때문이다. 나는 마멀레이드의 화려한 반투명한 빛깔을 망치지 않고 풍미만 추출해 낼 수 있도록 찻잎 주머니나 펙틴 주머니에 허브나 향신료를 듬뿍 담아서 냄비에 넣을 것을 권장한다. 물론 여기에도 예외가 있다. 예를 들어서 나는 로즈메리를 넣을 때는 다져서 주머니에 담기보다 이파리를 통째로 넣어 반투명한 마멀레이드에 군데군데 화사하게 박혀 있도록 만드는 쪽을 선호한다. 이어서 고려해야 할 것은 넣는 시점이다. 예를 들어서 선택한 향신료가 오랫동안 익힐 수록 좋은 종류라면 초반에 넣어도 된다. 하지만 향신료와 허브에는 가열하면 쓴맛이 나거나 사라져버리는

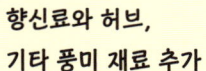

휘발성 오일이 함유되어 있는
경우가 많다.

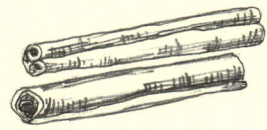

초반에 넣는 것

조리 과정 초반에 넣어도 되는
재료는 다음과 같다. 껍질을 벗기고
갈거나 저민 날생강, 통 시나몬
스틱, 통 카다멈 깍지나 팔각, 찻잎
주머니나 펙틴 주머니에 담아
색과 새콤한 맛을 더하는 용도로
사용하는 말린 히비스커스.
상상력을 발휘해 보자!

후반에 넣는 것

반드시 조리를 마무리하기
10분 전 즈음에 넣어야
하는 향신료 등 풍미
재료는 다음과 같다.
라벤더, 타임, 로즈메리,
세이버리, 바질, 세이지.
무엇보다 중요한 것은 즐겁게
창의적인 시간을 마음껏 즐기는
것이다!

문제 해결

* 마멀레이드 *

물을 따로 넣어야 하나요?

손질한 감귤류가 잠길 정도로 물을 붓는 데에는 2가지 중요한 이유가 있다. 내가 본 마멀레이드 레시피에서는 무조건 감귤류를 손질하고 나면 물을 부었다. 내 생각에는 그러면 감귤류의 풍미가 옅어질 것 같아서 여러 가지 재료로 실험을 해봤다. 그리고 반드시 물을 넣어야 한다는 사실을 깨달았다. 물 대신 착즙한 주스를 넣었더니 풍미는 너무 강렬하고, 마치 마멀레이드 농축액을 먹는 듯한 맛이 났다. 또한 설탕을 붓기 전에 껍질을 먼저 물에 익혀야 제대로 부드러워진다는 사실도 깨달을 수 있었다. 껍질이 물에 충분히 익어서 부드러워지기 전에 설탕을 넣어버리면 단단한 질감이 그대로 남아 있게 된다! 완성한 마멀레이드는 충분히 강한 풍미가 나게 될 테니 혹시라도 맛이 흐려질까봐 걱정하지는 말자.

펙틴 주머니는 생략해도 되나요? 씨앗이 많지 않으면 어떻게 해야 할까요?

펙틴 재료를 따로 모으는 과정은 건너뛰고 싶은 유혹이 강하게 느껴질 수 있다. 나는 씨앗이 충분히 많이 나오면 항상 작은 펙틴 주머니를 만들어서 감귤류와 함께 익힌다. 이는 조리 시간을 줄여서 훨씬 신선한 맛이 나는 마멀레이드를 만드는 데에 도움이 된다. 하지만 씨앗이 많이 나오지 않더라도 걱정하지 말자. 충분히 익히기만 하면 펙틴 주머니가 없어도 마멀레이드를 아름답게 젤화시킬 수 있다.

레시피를 변형해도 안전할까요?

마멀레이드는 만들고 병입해서 보관하기에 매우 안전한 프리저브다. 식품 안전(20쪽)에서 언급한 것처럼 병입한 프리저브의 안전성은 음식 내부의 산도에 달려 있다. 감귤류 과일은 매우 산성이며 당류(다양한 형태 모두)도 산성이다. 따라서 당류를 다른 제품으로 대체하거나 설탕을 조금 줄인 마멀레이드를 만들고 싶다면, 이미 마멀레이드 자체가 매우 산성 음식이므로 크게 걱정할 필요가 없다. 즉 레시피를 변형하고 싶다면 안전도를 보장하는 산도만 바뀌지 않았는지 체크하면 된다. 이 개념을 아직 정확하게 이해하지 못했다면 보관상의 안전을 위해서 레시피를 변형하지 않을 것을 권장한다. 하지만 다른 향신료나 당류를 넣는 정도는 언제든지 아주 안전하게 변형할 수 있다!

마멀레이드를 만들었는데 색이 어두우면 어떻게 하죠?

색이 어두워졌다면 대체로 너무 오랫동안 익혔기 때문이다. 온도가 너무 낮아서 마멀레이드를 수 시간 동안 천천히 뭉근하게 익히는 경우 등이다. 보통 색이 짙어졌다 하더라도 맛은 크게 변하지 않는다. 교훈을 하나 얻었다고 생각하고, 다음에 만들 때는 1시간 이상 익히지 않도록 노력하자.

마멀레이드를 덜 익히면 어떻게 되나요?

마멀레이드를 덜 익히면 질감이 아주 묽어진다. 문제는 완전히 식어서 질감이 완성된 다음날이 되어서야 덜 익혔다는 사실을 알게 된다는 것이다. 이럴 경우에는 몇 가지 선택지가 있다. 그냥 묽은 채로 팬케이크에 두르거나 스무디, 아이스크림, 플레인 요구르트 등에 넣어서 맛있게 먹어도 된다. 하지만 마멀레이드의 경우에는 병을 죄다 열어서 다시 냄비에 넣고 원하는 질감이 될 때까지 졸여도 아무 문제가 없다. 보통은 이럴 경우 산화가 문제될 수 있는데, 마멀레이드는 그 점에 있어서는 매우 관대하다. 심지어 마멀레이드를 만들고 수 주일 후에 다시 졸이기 시작해도 전혀 상관없다. 원하는 질감이 될 때까지 익힌 후에 병입하면 된다. 다만 병입할 때 새 뚜껑을 사용해야 한다는 점만 기억하자!

마멀레이드를 너무 오래 익히면 어떻게 되나요?

접시 테스트를 했을 때 마멀레이드가 접시 옆면에 끈적하게 달라붙고, 손가락으로 마멀레이드를 건드렸을 때 달라붙었다가 떨어져 나간다면 너무 오랫동안 익힌 것이다. 이럴 경우에는 마멀레이드를 병입하지 않을 것을 권장한다. 어쨌든 먹으면 된다고 생각할 수 있지만, 너무 되직해서 병에 넣으면 꺼내기도 쉽지 않을 것이다. 과일 주스를 조금 넣어서 희석해 볼 수도 있지만 이미 망쳤다고 볼 수 있다! 하지만 마멀레이드를 다른 용도로 활용하기 좋은 농도로 만들고 싶다면 시도해 볼 가치는 있을 것이다.

레시피 분량을 늘리거나 줄여서 만들어도 되나요?

완전 가능하다. 사실 마멀레이드의 분량은 사용하는 냄비의 크기와 열원의 종류에 따라 조절해야 한다. 내용물이 냄비에 1/3에서 반 정도 채워질 정도가 되어야 한다. 1/3보다 적을 경우에는 타버리기 쉽다. 반 이상일 경우에는 졸이기까지 시간이 너무 오래 걸린다. 레시피의 분량을 조절할

경우에는 사용하는 냄비의 크기도 바꿔야 한다. 또한 소량만 만들 경우에는 불꽃이 냄비 옆면을 타고 올라오지 않을 정도로 불 세기를 조절해야 한다. 불꽃도 냄비에 맞춰 조절하는 것이다. 마지막으로 사용하는 냄비에 비해서 만드는 마멀레이드의 분량이 너무 많을 경우에는 어떻게 해야 할까? 그냥 반으로 나눠서 조리하면 된다! 걱정하지 말자. 훨씬 완성도 높은 결과물이 나오는 것은 물론 대량의 마멀레이드 한 냄비를 졸이는 것과 작은 마멀레이드 두 냄비를 졸이는 것은 소요되는 시간도 비슷비슷하다.

펙틴 주머니가 없으면 어떻게 하죠?

펙틴 주머니가 없으면 집에 있는 적당한 재질과 두께의 천을 활용하면 된다. 가벼운 주방용 행주나 냅킨을 써도 좋다. 이 천을 이용해서 걸쭉한 액체를 짜내야 한다는 점만 염두에 두자. 완벽한 대체재로 밀가루 포대가 있다!

펙틴 주머니가 조리 중에 열리면 어떻게 되나요?

정말 일어나지 않기를 바라야 하는 사태다! 아주 단단하고 미끄러지지 않는 끈을 이용해서 매우 단단하게 이중 매듭을 지어 주머니를 봉해야 하는 이유다. 만일 주머니가 조리 중에 열리면 수 없이 많은 씨앗을 하나하나 마멀레이드에서 골라내야

한다... 수면 위에 떠오르는 성질이 있으니 노력하면 제거할 수 있을 것이다! 화이팅!

레몬 생강 마멀레이드

우리 가게에서 매우 인기 있는 마멀레이드로 간단하게 만들 수 있다. 매력적인 레몬의 깔끔한 맛이 상당한 양의 생강과 완벽하게 어우러진다. 드레싱에 사용하기에도 아주 좋으며 짙은 녹색 잎채소 종류와 잘 어울린다. 구할 수 있는 레몬이라면 어떤 품종을 사용해도 좋다. 나는 메이어 레몬이나 리스본 레몬을 주로 사용하는데, 우리 지역에서 주로 재배하는 품종이면서 풍미가 아주 화사하고 강하기 때문이다.

레몬 1.4kg

유기농 원당
　3과1/2컵(700g)

껍질을 제거하고 갈아낸 생강
　1/3컵(15g)

보관

1년

분량

240ml들이 병 7개

DAY 1

레몬을 마멀레이드용으로 손질할 때는 먼저 절반 분량에서 껍질을 벗겨내(116쪽 참조) 나중에 감귤류 캔디드 필(271쪽)을 만들 수 있도록 따로 보관한다. 취향에 따라 선택할 일이지만 개인적으로 마멀레이드에 모든 껍질을 전부 넣으면 질감이 너무 질겨지는 경향이 있다고 본다. 먼저 준비한 레몬은 절반 분량만 깨끗하게 씻어서 앞뒤 꼭지를 제거한다. 레몬을 길게 반으로 자른 다음 다시 4등분한다. 레몬의 가운데 부분에 칼집을 넣어서 피막과 씨를 제거해 따로 모은다. 이어서 레몬 조각을 가로로 송송 썰어 작은 삼각형 모양이 되도록 한다. 손질한 레몬을 내용물이 1/3 정도 들어가는 크기의 비반응성 대형 냄비에 넣는다.

나머지 레몬은 껍질을 모조리 제거하고 오로지 과육만 사용한다. 먼저 깨끗하게 씻은 다음 껍질과 중과피를 전부 제거한다. 여기서 나온 껍질은 다른 요리에 사용한다. 과육을 길게 반으로 자른 다음 4등분한다. 가운데 부분에 길게 칼집을 넣어서 막과 씨앗을 제거해 따로 모은다. 이어서 레몬 조각을 가로로 송송 썰어 작은 삼각형 모양이 되도록 한다. 손질한 레몬을 냄비에 넣는다.

손질하면서 모은 씨앗과 막을 면포 주머니에 담는다. 끈으로 주머니 입구를 묶은 다음 단단하게 봉한다. 절대 조리하는 중에 주머니가 열려서는 안 된다! 완성한 펙틴 주머니를 레몬 냄비에 넣고 물을 내용물이 간신히 잠길 정도로 붓는다.(약 7컵 또는 1.7L.) 뚜껑을 닫고 중강 불에 올린다. 내용물을 한소끔 끓인 다음 껍질이 완전히 부드러워지고 국물이 미끈미끈해질 때까지 1시간 정도 뭉근하게 익힌다. 불에서 내리고 뚜껑을 닫은 채로 27°C가 넘지 않는 곳에서 하룻밤 또는 24시간 정도 재운다. 대체로 주방 작업대에 놔두면 된다!

DAY 2 나중에 젤 테스트를 하기 위해 접시 5개를 냉동실에 넣어 둔다. 완성된 마멀레이드를 담을 수 있도록 240ml들이 병 7개를 준비한다. 냄비를 중간 불에 올려서 가열한 다음 만져서 따뜻하게 느껴지면 펙틴 주머니를 꺼내서 조심스럽게 꼭 짜내 국물만 다시 냄비에 넣는다. 강한 불로 높이고 냄비 내용물을 한소끔 끓인다. 원당을 넣고 약 5분간 잘 휘저어서 골고루 녹인다. 준비한 생강을 넣고 원하는 농도가 될 때까지 계속 끓인다.

약 25~40분 정도가 소요된다. 조리를 시작하고 10분 후부터 젤 테스트를 시작한다.(120쪽 참조.)

마멀레이드가 원하는 농도가 되면 불에서 내리고 병에 윗부분을 12mm 정도 남기고 채운다. 입구를 깨끗하게 닦은 다음 뚜껑을 닫고 10분간 열탕소독을 한다.(31쪽 참조.) 병입한 상태로 1년간 보관할 수 있다.

베어스 라임 마멀레이드

어느 날, 나는 한 농부로부터 라임 363kg을 살 의향이 있는지 묻는 전화를 받았다. 우리 직원들이 나를 바꿔주기 싫어하는 종류의 전화다. 이들은 나에게 내가 응하지 않으면 사라지게 될 놀라운 현지 유기농 농산물과 그 농부를 절대 거절하지 못하는 심각한 약점이 있다는 사실을 잘 알고 있다. 애초에 이 모든 프리저브 세상에 빠지게 된 것도 그 약점 때문이다!

20년 전, 마르살리시 형제는 코랄리토스에 35에이커의 토지를 구입해 수백 그루의 감귤류 나무를 심었다. 그들의 은퇴 계획이었다. 과수원을 운영하는 것이 얼마나 힘든 일인지 깨닫고 나서야 스스로의 계획을 돌아보며 헛웃음을 터트렸다고 한다. 그 해에는 이른 서리가 내려서 추위에 모든 라임이 노랗게 변해 버렸고, 노란 라임을 팔거나 사용할 용의가 있는 고객은 아무도 없었다. 그래서 새로운 잠재적인 고객을 찾기 위해 노력을 기울였고 나에게 전화를 건 것이다. 그들은 그러길 정말 잘했다며 기뻐했다.

나는 마르살리시 형제의 라임(과 기타 많은 농산물)으로 수상 경력에 빛나는 마멀레이드를 만들어냈다. 아래의 마멀레이드는 다양한 라임을 활용해서 만들 수 있다. 내가 베어스 라임을 사용하는 것은 마르살리시 형제가 기르는 품종이기 때문이다.

베어스 라임 1.4 kg
유기농 원당 6컵(1.2kg)
레드 페퍼 플레이크
    1과1/2큰술(선택)

보관
1년

분량
240ml들이 병 7개

DAY 1

베어스 라임에는 충분히 젤 상태가 될 수 있을 정도로 펙틴이 풍부하기 때문에 굳이 다른 과일을 추가하지 않아도 좋다. 껍질이 아주 부드럽고 과육에 즙이 많기 때문에 여기서는 모든 껍질을 전부 마멀레이드에 사용한다. 라임을 깨끗하게 씻어서 앞뒤 꼭지를 제거한다. 길게 반으로 자른 다음 다시 4등분한다. 라임의 가운데 부분에 칼집을 넣어서 피막과 씨를 제거해 따로 모은다. 이어서 라임 조각을 가로로 송송 썰어 작은 삼각형 모양이 되도록 한다. 손질한 라임을 대형 냄비에 넣는다.

모든 씨앗과 막을 면포 주머니에 담는다. 끈으로 주머니 입구를 묶은 다음 단단하게 봉한다. 절대 조리하는 중에 주머니가 열려서는 안 된다! 씨앗이 별로 없더라도 베어스 라임에는 젤 상태가 될 수 있을 정도로 펙틴이 많으니 걱정하지 말자. 완성한 펙틴 주머니를 냄비에 넣고 물을 내용물이 간신히 잠길 정도로 붓는다.(약 6컵 또는 1.4L.) 뚜껑을 닫고 중강 불에 올린다.

내용물을 한소끔 끓인 다음 껍질이 완전히 부드러워지고 국물이 미끈미끈해질 때까지 1시간 정도 뭉근하게 익힌다. 불에서 내리고 뚜껑을 닫은 채로 27℃가 넘지 않는 곳에서 하룻밤 또는 24시간 정도 재운다. 대체로 주방 작업대에 놔두면 된다!

DAY 2 나중에 젤 테스트를 하기 위해 접시 5개를 냉동실에 넣어 둔다. 완성된 마멀레이드를 담을 수 있도록 240ml들이 병 7개를 준비한다. 냄비를 중간 불에 올려서 가열한 다음 만져서 따뜻하게 느껴지면 펙틴 주머니를 꺼내서 조심스럽게 꼭 짜내 국물만 다시 냄비에 넣는다. 강한 불로 높이고 냄비 내용물을 한소끔 끓인다. 원당을 넣고 약 5분간 잘 휘저어서 골고루 녹인다. 끓고 나서 5분 후에 레드 페퍼 플레이크(사용 시)를 넣는다. 원하는 농도가 될 때까지 계속 끓인다. 약 10~30분 정도가 소요된다. 조리를 시작하고 10분 후부터 젤 테스트를 시작한다.(120쪽 참조.)

마멀레이드가 원하는 농도가 되면 불에서 내리고 병에 윗부분을 12mm 정도 남기고 채운다. 입구를 깨끗하게 닦은 다음 뚜껑을 닫고 10분간 열탕소독을 한다.(31쪽 참조.) 병입한 상태로 1년간 보관할 수 있다.

변형: 랑푸르 라임 칠리 마멀레이드를 만들어보자. 감귤류는 정말 흥미로운 종류의 과일이다. 오렌지처럼 달콤한 레몬도 있고, 레몬처럼 새콤한 오렌지도 있고, 작은 오렌지처럼 생겼지만 라임 맛이 나는 라임도 있다. 랑푸르Rangpur 라임도 그런 과일 중 하나다. 우리는 시각적 정보에 약해서 과일이 오렌지처럼 보이면 오렌지 맛이 날 것이라고 예상하고, 사실은 라임이라는 것을 알기 전까지는 새콤해서 맛있다고 생각한다. 감각을 속이는 것은 좋은 연습이 될 수 있다. 우리의 두뇌에 새로운 길을 내는 것처럼 느껴진다.

랑푸르 라임은 내가 지구상에서 제일 좋아하는 맛으로 손꼽힌다. 다른 라임에서는 볼 수 없는 독특한 꽃 향기가 가미된 완벽한 새콤한 라임 맛을 느낄 수 있다. 그 섬세한 껍질로 마멀레이드를 만들면 벨벳 같은 질감이 되는 데다 놀랍도록 화려한 오렌지 색조를 선사한다. 나는 여기에 **레드 페퍼 플레이크**를 가미해서 가벼운 매콤한 맛과 더불어 자그마한 붉은 조각이 곳곳에서 아름답게 빛나는 마멀레이드 젤리를 완성했다. 매콤한 맛 덕분에 단맛과 신맛, 향신료 풍미가 필요한 다양한 요리에 활용하기에도 좋다. 글레이즈와 드레싱, 재운 케일 샐러드 등에 사용해보자. 맛있는 시간이 되시길!

스파이스 오렌지 마멀레이드

내가 매우 좋아하는 마멀레이드 레시피 중 하나로, 연말 명절 시즌의 기분을 불러일으키는 향이 난다! 조리하는 내내, 그리고 병을 여는 순간 행복한 추억을 떠올리게 하는 그립고 강렬한 향이 퍼진다. 나는 카라카라 오렌지를 좋아하지만, 오렌지라면 어떤 종류를 사용해도 상관없다. 다만 그저 맛있고 즙이 풍부한 오렌지면 된다. 귤로 만들 수도 있다. 나는 리스본이나 메이어 레몬을 선호하지만 기타 다양한 레몬도 자유롭게 사용해도 좋다. 품종보다도 얼마나 맛있고 신선한 유기농 과일을 사용하는지가 중요하다. 누구나 사랑에 빠지게 될 마멀레이드다!

오렌지 910g
레몬 455g
유기농 원당 7컵(1.4kg)
시나몬 스틱 2개
팔각(통) 3개
월계수 잎(생 또는 말린 것)
　　1장

보관

1년

분량

240ml들이 병 9개

DAY 1 오렌지를 마멀레이드용으로 손질할 때는 먼저 절반 분량에서 껍질을 벗겨내 나중에 감귤류 캔디드 필(271쪽)을 만들 수 있도록 따로 보관한다. 취향에 따라 선택할 일이지만 개인적으로 마멀레이드에 모든 껍질을 전부 넣으면 질감이 너무 질겨지는 경향이 있다고 본다. 먼저 오렌지는 절반 분량만 깨끗하게 씻어서 앞뒤 꼭지를 제거한다. 길게 반으로 자른 다음 다시 4등분한다. 오렌지의 가운데 부분에 칼집을 넣어서 피막과 씨를 제거해 따로 모은다. 이어서 오렌지 조각을 가로로 송송 썰어 작은 삼각형 모양이 되도록 한다. 손질한 오렌지를 대형 냄비에 넣는다.

나머지 오렌지는 껍질을 모조리 제거하고 오로지 과육만 사용한다. 먼저 깨끗하게 씻은 다음 껍질과 중과피를 전부 제거한다. 여기서 나온 껍질은 다른 요리에 사용한다. 과육을 길게 반으로 자른 다음 4등분한다. 가운데 부분에 길게 칼집을 넣어서 막과 씨앗을 제거해 따로 모은다. 이어서 오렌지 조각을 가로로 송송 썰어 작은 삼각형 모양이 되도록 한다. 손질한 오렌지를 냄비에 넣는다.

레몬은 깨끗하게 씻어서 앞뒤 꼭지를 제거한다. 레몬을 길게 반으로 자른 다음 다시 4등분한다. 레몬의 가운데 부분에 칼집을 넣어서 피막과 씨를 제거해 따로 모은다. 이어서 레몬 조각을 가로로 송송 썰어 작은 삼각형 모양이 되도록 한다. 손질한 레몬을 냄비에 넣는다.

손질하면서 모은 씨앗과 막을 면포 주머니에 담는다. 끈으로 주머니 입구를 묶은 다음 단단하게 봉한다. 절대 조리하는 중에 주머니가 열려서는 안 된다! 완성한 펙틴 주머니를 냄비에 넣고 물을 내용물이 간신히 잠길 정도로 붓는다.(약 7컵 또는 1.7L.) 뚜껑을 닫고 중강 불에 올린다. 내용물을 한소끔 끓인 다음 껍질이 완전히 부드러워지고 국물이 미끈미끈해질 때까지 1시간 정도 뭉근하게 익힌다. 불에서 내리고 뚜껑을 닫은 채로 27℃가 넘지 않는 곳에서 하룻밤 또는 24시간 정도 재운다. 대체로 주방 작업대에 놔두면 된다!

DAY 2 나중에 젤 테스트를 하기 위해 접시 5개를 냉동실에 넣어 둔다. 완성된 마멀레이드를 담을 수 있도록 240ml들이 병 9개를 준비한다. 냄비를 중간 불에 올려서 가열한 다음 만져서 따뜻하게 느껴지면 펙틴 주머니를 꺼내서 조심스럽게 꼭 짜내 국물만 다시 냄비에 넣는다. 강한 불로 높이고 냄비 내용물을 한소끔 끓인다. 원당을 넣고 약 5분간 잘 휘저어서 골고루 녹인다. 시나몬 스틱과 팔각, 월계수 잎을 넣고 원하는 농도가 될 때까지 계속 끓인다. 약 10~30분 정도가 소요된다. 조리를 시작하고 10분 후부터 젤 테스트를 시작한다.(120쪽 참조.)

마멀레이드가 원하는 농도가 되면 불에서 내리고 병에 윗부분을 12mm 정도 남기고 채운다. 입구를 깨끗하게 닦은 다음 뚜껑을 닫고 10분간 열탕소독을 한다.(31쪽 참조.) 병입한 상태로 1년간 보관할 수 있다.

변형: **블러드 오렌지**로 만들어도 아주 맛있다. 아주 새콤하면서 짙고 강렬한 색상을 더해주기 때문이다. 나는 블러드 오렌지를 사용할 때는 다른 향신료 대신 **카다멈 깍지 4개**를 주로 넣는다.

3가지 과일 마멀레이드

3가지 종류의 감귤류 과일을 이용해서 복합적인 풍미를 결합시킨 마멀레이드다. 오렌지의 단맛과 레몬의 신맛이 자몽의 쓴맛을 다독여서 완벽한 삼총사를 이룬다! 내가 이 마멀레이드를 좋아하는 것은 완전히 반투명해지는 자몽 껍질과 더불어 모든 감귤류를 한 냄비에 넣어서 익히는데도 불구하고 각자의 풍미가 뚜렷하게 유지되기 때문이다. 행복한 결혼 생활이 그러하듯 각 개인의 특징은 독특하게 유지되면서도 함께 결합되어 새로운 무언가를 창출해 낸다. 구할 수 있는 한 가장 신선한 감귤류를 사용하고, 요리하기 전에 과육이 촉촉하고 향기로운지 반드시 잘라서 확인해 볼 것을 권장한다.

오렌지 455g
자몽 455g
레몬 455g
유기농 원당 7컵(1.4kg)

보관

1년

분량

240ml들이 병 8개

DAY 1 오렌지와 자몽을 마멀레이드용으로 손질할 때는 먼저 절반 분량에서 껍질을 벗겨내(116쪽 참조) 나중에 감귤류 캔디드 필(271쪽)을 만들 수 있도록 따로 보관한다. 취향에 따라 선택할 일이지만 개인적으로 마멀레이드에 모든 껍질을 전부 넣으면 질감이 너무 질겨지는 경향이 있다고 본다. 레몬은 모든 껍질을 전부 넣는다.

먼저 준비한 오렌지와 자몽은 절반 분량만 깨끗하게 씻어서 앞뒤 꼭지를 제거한다. 길게 반으로 자른 다음 다시 4등분한다. 자몽을 4등분해도 아직 너무 크면 송송 썰기 전에 총 8등분하는 것이 좋다. 가운데 부분에 칼집을 넣어서 피막과 씨를 제거해 따로 모은다. 이어서 오렌지와 자몽 조각을 가로로 송송 썰어 작은 삼각형 모양이 되도록 한다. 손질한 오렌지와 자몽을 대형 냄비에 넣는다.

나머지 오렌지와 자몽은 껍질을 모조리 제거하고 오로지 과육만 사용한다. 먼저 깨끗하게 씻은 다음 껍질과 중과피를 전부 제거한다. 여기서 나온 껍질은 다른 요리에 사용한다. 과육을 길게 반으로 자른 다음 4등분한다. 자몽을 4등분해도 아직 너무 크면 송송 썰기 전에 총 8등분하는 것이 좋다. 가운데 부분에 길게 칼집을 넣어서 막과 씨앗을 제거해 따로 모은다. 이어서 오렌지와 자몽 조각을 가로로 송송 썰어 작은 삼각형 모양이 되도록 한다. 손질한 오렌지와 자몽을 냄비에 넣는다.

레몬은 깨끗하게 씻어서 앞뒤 꼭지를 제거한다. 레몬을 길게 반으로

자른 다음 다시 4등분한다. 레몬의 가운데 부분에 칼집을 넣어서
피막과 씨를 제거해 따로 모은다. 이어서 레몬 조각을 가로로 송송 썰어
작은 삼각형 모양이 되도록 한다. 손질한 레몬을 냄비에 넣는다.

손질하면서 모은 씨앗과 막을 면포 주머니에 담는다. 끈으로 주머니
입구를 묶은 다음 단단하게 봉한다. 절대 조리하는 중에 주머니가
열려서는 안 된다! 완성한 펙틴 주머니를 냄비에 넣고 물을 내용물이
간신히 잠길 정도로 붓는다.(약 2L.) 뚜껑을 닫고 중강 불에 올린다.
내용물을 한소끔 끓인 다음 껍질이 완전히 부드러워지고 국물이
미끈미끈해질 때까지 1시간 정도 뭉근하게 익힌다. 불에서 내리고
뚜껑을 닫은 채로 27℃가 넘지 않는 곳에서 하룻밤 또는 24시간 정도
재운다. 대체로 주방 작업대에 놔두면 된다!

DAY 2 나중에 젤 테스트를 하기 위해 접시 5개를 냉동실에 넣어
둔다. 완성된 마멀레이드를 담을 수 있도록 240ml들이 병
8개를 준비한다. 냄비를 중간 불에 올려서 가열한 다음
만져서 따뜻하게 느껴지면 펙틴 주머니를 꺼내서 조심스럽게 꼭 짜내
국물만 다시 냄비에 넣는다. 강한 불로 높이고 냄비 내용물을 한소끔
끓인다. 원당을 넣고 약 5분간 잘 휘저어서 골고루 녹인다. 원하는
농도가 될 때까지 계속 끓인다. 약 25~40분 정도가 소요된다. 조리를
시작하고 10분 후부터 젤 테스트를 시작한다.(120쪽 참조.)
마멀레이드가 원하는 농도가 되면 불에서 내리고 병에 윗부분을 12mm
정도 남기고 채운다. 입구를 깨끗하게 닦은 다음 뚜껑을 닫고 10분간
열탕소독을 한다.(31쪽 참조.) 병입한 상태로 1년간 보관할 수 있다.

빅 서 마멀레이드

나는 프리저브 만들기에 빠져 있던 10년간 빅 서에 살았기 때문에 풍성한 과일과 채소를 쉽게 구할 수 있었다. 가능하면 내 주방의 48km 이내에서 생산한 농산물을 사용하는 것을 선호한다. 내 인생에서 1가지 부족한 것이 있다면 인근에서 재배한 감귤류였다.

그러다 빅 서에 있는 한 목장에 40년 전에 심은 다양한 감귤 나무가 있다는 소문을 들었다. 어느 날, 빅 서 베이커리에 배달을 나갔다가 한 친구가 픽업 트럭 뒤에 온갖 감귤류 상자를 싣고 있는 것을 발견했다. 귤과 클레멘타인, 작은 오렌지를 발견한 나는 너무나 신이 났다. 대화를 나누자 그녀는 이 농장에서 이보다 다양한 감귤류를 구할 수 있을 거라고 확신에 차서 말했다. 일주일 후, 나는 아이들을 학교에서 데리고 나와 차에 태우고 감귤류를 수확하러 농장으로 향했다. 방금 금맥을 발견한 광부가 된 듯한 기분이었다! 집에서 불과 몇 마일 떨어진 곳에서 이렇게 다양한 감귤류를 수확할 수 있다니, 꿈이 이루어지고 깊은 열망을 채우는 순간이었다. 첫 수확날에 심지어 수십 년간 아무도 거들떠보지 않은 것 같은 희귀한 베르가모트 나무까지 발견할 수 있었다. 우리는 감귤류를 차에 실을 수 있는 한도까지 잔뜩 수확해 순수한 기쁨에 가득 차서 돌아왔다.

이후로 매년 겨울이면 다시 감귤류 친구들을 방문해 내 인생에서 잃어버렸던 것들을 수확하는 날을 고대한다. 여러분의 찬장에 들어 있는 지역 농산물 중에도 비어 있는 부분이 있는가? 그것을 찾기 위해 모험을 떠나보자. 아프다고 전화하고 학교 수업을 빼먹어 보자. 그럴 만한 가치가 있을 수 있다.

아래 레시피의 과일 조합은 실로 놀랍다! 껍질이 신선하고 씨앗이 많지 않아서 손질하기도 아주 간편하다. 이 3가지 과일 마멀레이드가 보여주는 다양한 맛과 풍미의 조합은 그야말로 환상적이다. 레몬의 새콤한 맛과 오렌지의 은은한 단맛이 맛깔스러운 귤의 섬세하고 아름다운 풍미(껍질은 너무 부드러워서 하나를 통째로 먹을 수 있을 정도다)와 멋지게 어우러진다. 어지간하면 이 감귤류의 조합을 제대로 즐길 수 있도록 다른 재료는 첨가하지 않지만, 원한다면 로즈 제라늄이나 팔각을 넣어서 풍미를 한 켜 더할 수도 있다.

메이어 레몬 680g
오렌지(품종 무관) 680g
만다린 680g
유기농 원당 8컵(1.6kg)

보관

1년

분량

240ml들이 병 8개

DAY 1 준비한 감귤류를 깨끗하게 씻어서 물기를 제거한다. 레몬부터 앞뒤 꼭지를 제거하고 길게 반으로 자른 다음 다시 4등분한다. 가운데 부분에 칼집을 넣어서 피막과 씨를 제거해 따로 모은다.

다음 장에 계속

마멀레이드에 들어가는 껍질 양을 줄이고 싶다면 레몬 껍질을 절반
분량만 나중에 감귤류 캔디드 필(271쪽) 등을 만들 수 있도록 따로
보관한다.

오렌지를 레몬과 같은 방식으로 손질한다.

이어서 만다린을 원하는 방식대로 손질한다! 자유롭기 그지없다. 씨가
가끔 들어 있을 수도 있지만 껍질은 아주 부드럽고 달콤해서 마음대로
활용해도 상관없다. 쓴맛이 거의 나지 않고 아주 부드러운 껍질에
씨가 거의 없는 것을 고르도록 한다. 모든 손질한 과일을 대형 냄비에
넣는다.
손질하면서 모은 씨앗과 막을 면포 주머니에 담는다. 끈으로 주머니
입구를 묶은 다음 단단하게 봉한다. 절대 조리하는 중에 주머니가
열려서는 안 된다! 씨나 중과피 양이 적더라도 걱정하지 말자. 조리
시간이 조금 길어질 수는 있지만 언젠가는 젤화되기 때문이다. 완성한
펙틴 주머니를 냄비에 넣고 물을 내용물이 간신히 잠길 정도로
붓는다.(10컵 또는 2.4L.) 뚜껑을 닫고 중강 불에 올린다. 내용물을
한소끔 끓인 다음 껍질이 완전히 부드러워지고 국물이 미끈미끈해질
때까지 1시간 정도 뭉근하게 익힌다. 불에서 내리고 뚜껑을 닫은 채로
27℃가 넘지 않는 곳에서 하룻밤 또는 24시간 정도 재운다. 대체로
주방 작업대에 놔두면 된다!

DAY 2 나중에 젤 테스트를 하기 위해 접시 5개를 냉동실에 넣어
둔다. 완성된 마멀레이드를 담을 수 있도록 240ml들이 병
8개를 준비한다. 냄비를 중간 불에 올려서 가열한 다음
만져서 따뜻하게 느껴지면 펙틴 주머니를 꺼내서 조심스럽게 꼭 짜내
국물만 다시 냄비에 넣는다. 강한 불로 높이고 냄비 내용물을 한소끔
끓인다. 원당을 넣고 약 5분간 잘 휘저어서 골고루 녹인다. 원하는
농도가 될 때까지 계속 끓인다. 약 25~40분 정도가 소요된다. 조리를
시작하고 10분 후부터 젤 테스트를 시작한다.(120쪽 참조.)

마멀레이드가 원하는 농도가 되면 불에서 내리고 병에 윗부분을 12mm
정도 남기고 채운다. 입구를 깨끗하게 닦은 다음 뚜껑을 닫고 10분간
열탕소독을 한다(31쪽 참조.) 병입한 상태로 1년간 보관할 수 있다.

핑크 자몽 마멀레이드

핑크 자몽 마멀레이드는 진정한 마멀레이드 애호가를 위한 음식이다. 쓴맛과 신맛이 강렬해서 모두의 입맛에 잘 맞지는 않는다. 하지만 빵을 두껍게 썰어서 구워 자몽 마멀레이드를 듬뿍 바른 다음 정말 좋은 홍차 한 잔을 곁들여 마시면 그만한 간식이 없다. 완전히 투명해진 자몽 껍질에는 살짝 상기된 듯이 따뜻한 홍조가 감돈다. 향기가 좋고 즙이 많은 자몽이라면 어떤 품종이라도 잘 어울리며, 중과피가 너무 두꺼우면 졸이기 전에 제거하면 된다. 너무 씁쓸해지니까!

자몽 910g
레몬 455g
유기농 원당 6컵(1.2kg)
생세이지 잎 8장

보관

1년

분량

240ml들이 병 8개

DAY 1 이 마멀레이드에는 자몽 껍질을 모두 사용한다. 익으면서 반투명해지기도 하고, 자몽 마멀레이드에는 강렬한 쓴맛이 느껴져야 하기 때문에 굳이 줄이지 않는다. 레몬의 껍질도 모두 사용한다.

자몽과 레몬은 깨끗하게 씻어서 앞뒤 꼭지를 제거한다. 길게 반으로 자른 다음 다시 4등분한다. 자몽을 4등분해도 아직 너무 크면 송송 썰기 전에 총 8등분하는 것이 좋다. 가운데 부분에 칼집을 넣어서 피막과 씨를 제거해 따로 모은다. 이어서 자몽과 레몬 조각을 가로로 송송 썰어 작은 삼각형 모양이 되도록 한다. 손질한 자몽과 레몬을 대형 냄비에 넣는다.

손질하면서 모은 씨앗과 막을 면포 주머니에 담는다. 끈으로 주머니 입구를 묶은 다음 단단하게 봉한다. 절대 조리하는 중에 주머니가 열려서는 안 된다! 완성한 펙틴 주머니를 냄비에 넣고 물을 내용물이 간신히 잠길 정도로 붓는다.(6컵 또는 1.4L.) 뚜껑을 닫고 중강 불에 올린다. 내용물을 한소끔 끓인 다음 껍질이 완전히 부드러워지고 국물이 미끈미끈해질 때까지 1시간 정도 뭉근하게 익힌다. 불에서 내리고 뚜껑을 닫은 채로 27℃가 넘지 않는 곳에서 하룻밤 또는 24시간 정도 재운다. 대체로 주방 작업대에 놔두면 된다!

다음 장에 계속

DAY 2 나중에 젤 테스트를 하기 위해 접시 5개를 냉동실에 넣어 둔다. 완성된 마멀레이드를 담을 수 있도록 240ml들이 병 8개를 준비한다. 냄비를 중간 불에 올려서 가열한 다음 만져서 따뜻하게 느껴지면 펙틴 주머니를 꺼내서 조심스럽게 꼭 짜내 국물만 다시 냄비에 넣는다. 강한 불로 높이고 냄비 내용물을 한소끔 끓인다. 원당을 넣고 약 5분간 잘 휘저어서 골고루 녹인다. 원하는 농도가 될 때까지 계속 끓인다. 약 25~35분 정도가 소요된다. 조리를 시작하고 10분 후부터 젤 테스트를 시작한다.(120쪽 참조.)

마멀레이드가 원하는 농도가 되면 불에서 내리고 세이지 잎을 넣은 다음 잘 섞는다. 그대로 세이지 향이 마멀레이드에 배어들도록 5분 정도 재운다. 세이지 잎을 제거한 다음 마멀레이드만 준비한 병에 윗부분을 12mm 정도 남기고 채운다. 입구를 깨끗하게 닦은 다음 뚜껑을 닫고 10분간 열탕소독을 한다.(31쪽 참조.) 병입한 상태로 1년간 보관할 수 있다.

재멀레이드

두 세계관의 일인자가 제대로 손을 맞잡은 프리저브다. 딸기의 부피감과 단맛이 마멀레이드에 부족한 질감을
첨가하고, 설탕의 양을 줄일 수 있게 한다. 레몬은 딸기가 화려하게 빛나는 장밋빛 색조를 화사하게 유지할 수
있도록 한다. 딸기와 레몬의 상큼한 풍미가 어우러진 절묘한 맛을 느낄 수 있는 것은 물론이다. 아래 레시피는 모든
종류의 베리와 감귤류에 적용할 수 있다. 창의력을 발휘해 보자!

딸기 910g
레몬즙 1/4컵(60ml)
유기농 원당 4컵(800g)
레몬 910g

보관
1년

분량
240ml들이 병 6개

DAY 1 딸기를 깨끗하게 씻어서 물기를 완전히 제거해 마멀레이드에
분량 외의 수분이 들어가지 않도록 한다. 손으로 딸기의
꼭지를 제거한다. 꽃받침 부분은 남아 있어도 마멀레이드에
녹아들어 가므로 상관없다. 딸기는 크기와 원하는 질감에 따라 통째로
넣어도 좋고 적당히 썰어도 상관없다. 대형 볼에 딸기를 넣고 레몬즙을
골고루 뿌린다. 원당 1컵(200g)을 골고루 뿌린 다음 덮개를 씌우고
실온에서 하룻밤 동안 재운다.

레몬은 깨끗하게 씻어서 앞뒤 꼭지를 제거한다. 레몬을 길게 반으로
자른 다음 다시 4등분한다. 레몬의 가운데 부분에 칼집을 넣어서
피막과 씨를 제거해 따로 모은다. 이어서 레몬 조각을 가로로 송송 썰어
작은 삼각형 모양이 되도록 한다. 손질한 레몬을 대형 냄비에 넣는다.

손질하면서 모은 씨앗과 막을 면포 주머니에 담는다. 끈으로 주머니
입구를 묶은 다음 단단하게 봉한다. 절대 조리하는 중에 주머니가
열려서는 안 된다! 완성한 펙틴 주머니를 냄비에 넣고 물을 내용물이
간신히 잠길 정도로 붓는다.(약 4컵 또는 960ml.) 뚜껑을 닫고 껍질이
완전히 부드러워지고 국물이 미끈미끈해질 때까지 45분 정도 뭉근하게
익힌다. 불에서 내리고 뚜껑을 닫은 채로 27℃가 넘지 않는 곳에서
하룻밤 정도 재운다. 대체로 주방 작업대에 놔두면 된다!

다음 장에 계속

DAY 2

나중에 젤 테스트를 하기 위해 접시 5개를 냉동실에 넣어 둔다. 완성된 마멀레이드를 담을 수 있도록 240ml들이 병 6개를 준비한다. 이제 레몬과 딸기를 각각 다른 냄비에서 따로 익힐 것이다. 레몬 냄비를 중간 불에 올려서 가열한 다음 만져서 따뜻하게 느껴지면 펙틴 주머니를 꺼내서 조심스럽게 꼭 짜내 국물만 다시 냄비에 넣는다. 강한 불로 높이고 냄비 내용물을 한소끔 끓인다. 나머지 원당 3컵(600g)을 넣고 약 5분간 잘 휘저어서 골고루 녹인다. 마멀레이드가 가볍게 젤화되어 꿀 정도의 질감이 될 때까지 계속 끓인다.

그동안 재운 딸기를 다른 대형 냄비에 넣어서 강한 불에 올리고 10분간 바글바글 끓인다. 레몬 마멀레이드를 딸기 냄비에 넣되 이때 냄비가 반 이상 차지 않도록 한다. 마멀레이드가 원하는 농도가 될 때까지 계속 끓인다. 약 10~25분 정도가 소요된다. 젤 테스트는 레몬과 딸기를 섞은 직후부터 바로 시작해서 어느 정도 젤화된 상태인지 확인할 수 있도록 한다.(120쪽 참조.)

마멀레이드가 원하는 농도가 되면 불에서 내리고 병에 윗부분을 12mm 정도 남기고 채운다. 입구를 깨끗하게 닦은 다음 뚜껑을 닫고 10분간 열탕소독을 한다.(31쪽 참조.) 병입한 상태로 1년간 보관할 수 있다.

금귤 꿀 마멀레이드

금귤을 입에 넣고 깨물면 놀라운 풍미가 폭발하듯 터져 나온다. 포도알 크기의 자그마한 감귤류로 속살은
새콤하고 껍질은 달콤하며 통째로 먹을 수 있다. 금귤 마멀레이드에서는 쓴맛이 거의 나지 않는다. 껍질이 매우
섬세해서 마멀레이드를 만들기에 제격이다. 크기가 작고 씨앗이 있어서 손이 조금 가는 편이지만 그 결과물을
생각하면 작업할 만한 가치가 있다고 본다! 금귤은 펙틴 함량이 높고 과즙이 적어서 감미료로 꿀을 넣으면 좋은데,
그러면 금귤과 잘 어울리는 꽃향기를 첨가할 수 있다. 훌륭한 미식으로 평가할 수 있는 만큼 주변에 자유롭게
나눠줄 수 있도록 작은 병에 담을 것을 권장한다.

금귤 910g
유기농 원당 2컵(400g)
그린 카다멈 깍지 10개
꿀(세이지 꿀이나
　야생화꿀처럼 맛과 색이
　연한 꿀 권장) 1컵(340g)

보관

1년

분량

120ml들이 병 9개

DAY 1 먼저 금귤을 깨끗하게 씻는다. 길게 반으로 자른 다음 다시
4등분한다. 씨와 가운데 피막을 제거해 따로 모은다. 각 금귤
조각을 다시 길게 송송 썬다. 그러면 맑은 주황빛 젤리에 가득
찬 길쭉한 껍질 조각이 실로 화려하게 아름다운 마멀레이드가 된다.
손질한 금귤을 대형 냄비에 넣는다.

손질하면서 모은 씨앗과 막을 면포 주머니에 담는다. 끈으로 주머니
입구를 묶은 다음 단단하게 봉한다. 절대 조리하는 중에 주머니가
열려서는 안 된다! 완성한 펙틴 주머니를 냄비에 넣고 물을 내용물이
간신히 잠길 정도로 붓는다.(약 3컵 또는 720ml.) 뚜껑을 닫고 중강
불에 올린다. 내용물을 한소끔 끓인 다음 껍질이 완전히 부드러워지고
국물이 미끈미끈해질 때까지 45분 정도 뭉근하게 익힌다. 불에서
내리고 뚜껑을 닫은 채로 27℃가 넘지 않는 곳에서 하룻밤 또는 24시간
정도 재운다. 대체로 주방 작업대에 놔두면 된다!

다음 장에 계속

DAY 2 나중에 젤 테스트를 하기 위해 접시 5개를 냉동실에 넣어 둔다. 완성된 마멀레이드를 담을 수 있도록 120ml들이 병 9개를 준비한다. 냄비를 중간 불에 올려서 가열한 다음 만져서 따뜻하게 느껴지면 펙틴 주머니를 꺼내서 조심스럽게 꼭 짜내 국물만 다시 냄비에 넣는다. 강한 불로 높이고 뚜껑을 연 채로 냄비 내용물을 한소끔 끓인다. 원당과 카다멈 깍지를 넣고 약 2~3분간 잘 휘저어서 골고루 녹인다. 꿀을 넣고 내용물을 다시 한소끔 끓인다. 바닥이 눌어붙지 않도록 자주 휘저으면서 마멀레이드가 원하는 농도가 될 때까지 끓인다. 약 15~40분 정도가 소요된다. 조리를 시작하고 10분 후부터 젤 테스트를 시작한다.(120쪽 참조.)

마멀레이드가 원하는 농도가 되면 불에서 내리고 병에 윗부분을 12mm 정도 남기고 채운다. 입구를 깨끗하게 닦은 다음 뚜껑을 닫고 10분간 열탕소독을 한다.(31쪽 참조.) 병입한 상태로 1년간 보관할 수 있다.

오렌지 크랜베리 마멀레이드

한겨울의 연말 분위기에 잘 어울리는 마멀레이드다. 신선한 오렌지는 깊고 추운 겨울에 실로 큰 즐거움을 선사한다. 나는 1~2시간에 걸쳐 오렌지를 썰면서 그 향으로 영혼을 가득 채우는 순간이 정말 특별한 선물처럼 느껴진다. 과일을 보존하는 과정이 주는 기쁨이다. 마치 오랜 친구와 주방에서 함께 어울려 노는 것과 같다. 인생은 짧고 시간은 부족하니, 마멀레이드를 직접 만드는 것이 우리 모두가 스스로에게 선사하는 하나의 사치가 될 수 있을 것이다! 심지어 사랑하는 사람에게 이 맛있는 선물을 나눠주면서 경험을 공유할 수도 있다!

참고: 크랜베리는 마멀레이드에 첨가하는 작은 펙틴 공이나 마찬가지다! 오랫동안 익혀도 쉽게 젤화가 이루어지지 않는 잼이나 마멀레이드에 섞어 넣기 좋다. 특히 이 마멀레이드에서는 크랜베리의 색과 질감, 풍미가 탁월하게 두드러진다. 투명한 오렌지 젤리 속에서도 독자적인 구조를 탄탄하게 유지할 수 있는 과일이다. 장밋빛으로 빛나면서 오렌지의 단맛과 균형을 이루는 맛있는 새콤함을 선사하기도 한다.

레몬 230g

오렌지 910g

유기농 원당 4컵(800g)

생 또는 냉동 크랜베리
    3컵(340g)

보관

1년

분량

240ml들이 병 7개

DAY 1 오렌지는 레몬보다 펙틴 함량이 낮기 때문에 젤화를 돕기 위해 이 마멀레이드에는 레몬 껍질을 전부 다 사용한다.

레몬은 깨끗하게 씻어서 앞뒤 꼭지를 제거한다. 길게 반으로 자른 다음 다시 4등분한다. 가운데 부분에 칼집을 넣어서 피막과 씨를 제거해 따로 모은다. 이어서 레몬 조각을 가로로 송송 썰어 작은 삼각형 모양이 되도록 한다. 손질한 레몬을 대형 냄비에 넣는다.

오렌지는 절반 분량만 깨끗하게 씻어서 앞뒤 꼭지를 제거한다. 길게 반으로 자른 다음 다시 4등분한다. 가운데 부분에 칼집을 넣어서 피막과 씨를 제거해 따로 모은다. 이어서 오렌지 조각을 가로로 송송 썰어 작은 삼각형 모양이 되도록 한다. 손질한 오렌지를 대형 냄비에 넣는다.

나머지 오렌지는 껍질을 모조리 제거하고 오로지 과육만 사용한다. 먼저 깨끗하게 씻은 다음 껍질과 중과피를 전부 제거한다. 여기서 나온 껍질은 다른 요리에 사용한다. 과육을 길게 반으로 자른 다음 4등분한다. 가운데 부분에 길게 칼집을 넣어서 막과 씨앗을 제거해 따로 모은다. 이어서 오렌지 조각을 가로로 송송 썰어 작은 삼각형 모양이 되도록 한다. 손질한 오렌지를 냄비에 넣는다.

손질하면서 모은 씨앗과 막을 면포 주머니에 담는다. 끈으로 주머니 입구를 묶은 다음 단단하게 봉한다. 절대 조리하는 중에 주머니가 열려서는 안 된다! 완성한 펙틴 주머니를 냄비에 넣고 물을 내용물이 간신히 잠길 정도로 붓는다.(약 6컵 또는 1.4L.) 뚜껑을 닫고 중강 불에 올린다. 내용물을 한소끔 끓인 다음 껍질이 완전히 부드러워지고 국물이 미끈미끈해질 때까지 1시간 정도 뭉근하게 익힌다. 불에서 내리고 뚜껑을 닫은 채로 27℃가 넘지 않는 곳에서 하룻밤 또는 24시간 정도 재운다. 대체로 주방 작업대에 놔두면 된다!

DAY 2 나중에 젤 테스트를 하기 위해 접시 5개를 냉동실에 넣어 둔다. 완성된 마멀레이드를 담을 수 있도록 240ml들이 병 7개를 준비한다. 냄비를 중간 불에 올려서 가열한 다음 만져서 따뜻하게 느껴지면 펙틴 주머니를 꺼내서 조심스럽게 꼭 짜내 국물만 다시 냄비에 넣는다. 강한 불로 높이고 냄비 내용물을 한소끔 끓인다. 원당을 넣고 약 5분간 잘 휘저어서 골고루 녹인다. 다시 한소끔 끓으면 5분간 가열한 후 크랜베리를 넣는다. 마멀레이드가 원하는 농도가 될 때까지 계속 끓인다. 약 15~30분 정도가 소요된다. 조리를 시작하고 10분 후부터 젤 테스트를 시작한다.(120쪽 참조.)

마멀레이드가 원하는 농도가 되면 불에서 내리고 병에 윗부분을 12mm 정도 남기고 채운다. 입구를 깨끗하게 닦은 다음 뚜껑을 닫고 10분간 열탕소독을 한다.(31쪽 참조.) 병입한 상태로 1년간 보관할 수 있다.

변형 : 이 마멀레이드에는 **생강**을 넣어도 잘 어울린다. 2일차 과정 중 냄비 내용물을 끓이기 시작할 때 **껍질을 벗기고 간 생강 1/4~1/2컵(10~25g)**을 넣는다.

세빌 오렌지 마멀레이드

이것이 바로 그 정통 오렌지 마멀레이드다. 세빌 오렌지Seville orange는 쓴맛이 나서 날것으로는 먹을 수 없지만 껍질의 풍미가 강렬하고 꽃향기가 진해서 식재료로 흔하게 쓰인다. 덕분에 전 세계로 널리 퍼지게 되었으며, 많은 전통 조리법에 사용되는 오렌지 꽃 물의 주요 공급원이다. 강력한 쓴맛 덕분에 마멀레이드로 만들기 완벽한 오렌지다. 일부 마멀레이드에는 진정한 마멀레이드 애호가가 갈망하는 쓴맛이 부족하기도 하지만, 세빌 오렌지 마멀레이드에는 한 숟갈마다 씁쓸한 풍미가 배어 있다. 아래 레시피에서는 세빌 오렌지에 레몬을 추가해서 균형 잡힌 풍미를 구현했다.

세빌 오렌지 910g

레몬 455g

유기농 원당 4컵(800g)

유기농 황설탕 1컵(200g)

시나몬 스틱 2개

보관

1년

분량

240ml들이 병 6개

DAY 1

세빌 마멀레이드의 매력은 쓴맛에 있기 때문에 이 레시피에서는 세빌 오렌지의 껍질을 모두 사용한다. 만일 이 마멀레이드를 만들면서 껍질 양을 줄이고 싶다면 레몬 껍질을 생략할 것을 권장한다.

세빌 오렌지는 깨끗하게 씻어서 앞뒤 꼭지를 제거한다. 길게 반으로 자른 다음 다시 4등분한다. 가운데 부분에 칼집을 넣어서 피막과 씨를 제거해 따로 모은다. 이어서 오렌지 조각을 가로로 송송 썰어 작은 삼각형 모양이 되도록 한다. 이때 거칠고 되직한 마멀레이드를 만들려면 6mm 두께로 썬다. 손질한 오렌지를 대형 냄비에 넣는다.

레몬은 깨끗하게 씻어서 앞뒤 꼭지를 제거한다. 길게 반으로 자른 다음 다시 4등분한다. 가운데 부분에 칼집을 넣어서 피막과 씨를 제거해 따로 모은다. 이어서 레몬 조각을 가로로 송송 썰어 작은 삼각형 모양이 되도록 한다. 손질한 레몬을 대형 냄비에 넣는다.

손질하면서 모은 씨앗과 막을 면포 주머니에 담는다. 끈으로 주머니 입구를 묶은 다음 단단하게 봉한다. 절대 조리하는 중에 주머니가 열려서는 안 된다! 완성한 펙틴 주머니를 냄비에 넣고 물을 내용물이 간신히 잠길 정도로 붓는다.(약 4컵 또는 960ml.) 뚜껑을 닫고 중강 불에 올린다. 내용물을 한소끔 끓인 다음 껍질이 완전히 부드러워지고 국물이 미끈미끈해질 때까지 1시간 정도 뭉근하게 익힌다. 불에서 내리고 뚜껑을 닫은 채로 27℃가 넘지 않는 곳에서 하룻밤 또는 24시간 정도 재운다. 대체로 주방 작업대에 놔두면 된다!

DAY 2 나중에 젤 테스트를 하기 위해 접시 5개를 냉동실에 넣어 둔다. 완성된 마멀레이드를 담을 수 있도록 240ml들이 병 6개를 준비한다. 냄비를 중간 불에 올려서 가열한 다음 만져서 따뜻하게 느껴지면 펙틴 주머니를 꺼내서 조심스럽게 꼭 짜내 국물만 다시 냄비에 넣는다. 강한 불로 높이고 냄비 내용물을 한소끔 끓인다. 원당과 황설탕을 넣고 약 5분간 잘 휘저어서 골고루 녹인다. 다시 한소끔 끓으면 시나몬 스틱을 넣어서 마멀레이드에 풍미가 충분히 배어들 수 있도록 한다. 마멀레이드가 원하는 농도가 될 때까지 계속 끓인다. 약 20~40분 정도가 소요된다. 조리를 시작하고 10분 후부터 젤 테스트를 시작한다.(120쪽 참조.)

마멀레이드가 원하는 농도가 되면 불에서 내리고 시나몬 스틱을 제거한 다음 병에 윗부분을 12mm 정도 남기고 채운다. 입구를 깨끗하게 닦은 다음 뚜껑을 닫고 10분간 열탕소독을 한다.(31쪽 참조.) 병입한 상태로 1년간 보관할 수 있다.

과일 코블러

어린 시절, 우리 어머니는 항상 작은 것이라도 디저트를 준비하는 것을 좋아했다. 그래서 주로 일종의 과일 코블러를 간단하게 만들어내곤 했다. 매우 만들기 쉬운 디저트이자 과일이 주역인 음식을 만들어내는 훌륭한 방법이다. 나는 신선한 과일에 마멀레이드를 섞어서 코블러를 만드는 것을 매우 좋아한다. 보기에도 반짝반짝 윤기가 흐르는데다 한 겹 더해진 풍미가 전체적으로 과일 맛이 두드러지게 만든다!

아래 필링은 온갖 덤불 베리와 핵과, 사과, 배, 퀸스 등 제한 없이 다양한 종류의 과일로 만들 수 있다. 거의 모든 과일에 적용할 수 있으므로 다양한 흥미로운 조합을 시험하기에도 제격이다. 레몬 마멀레이드에 블랙베리를, 또는 오렌지 마멀레이드에 사과와 배 등을 조합해서 만들어보자.

과일 층

잘게 썬 과일 6컵(720~840g)

마멀레이드 1컵(240ml)

토핑

스펠트 가루(글루텐 프리로
　　만들 때는 쌀가루 대체 가능)
　　1컵(140g)

압착 귀리 1컵(100g)

유기농 원당 1/2컵(100g)

소금 1꼬집

차가운 유기농 무염버터 1컵(220g)

토핑용 거품낸 생크림

보관

3일

분량

23x30.5cm 크기의 코블러 1개

오븐을 180℃로 예열한다.

우선 코블러 필링을 만든다. 23x30.5cm 크기의 베이킹 그릇에 과일과 마멀레이드를 넣어서 잘 섞는다.

이어서 토핑을 만든다. 대형 볼에 밀가루와 귀리, 원당, 소금을 넣어서 섞는다. 치즈 강판의 가장 굵은 면으로 버터를 갈아서 볼에 넣는다. 버터와 가루 재료를 천천히 손으로 조심스럽게 섞는다. 전체적으로 고르게 잘 섞이고 나면 손끝으로 큰 버터 조각을 잘게 비비면서 부숴서 전체적으로 버터 크기가 자갈 정도로 자그마해지게 만든다. 버터 혼합물을 과일 위에 자연스럽게 흩뿌린다. 절대 손으로 꼭꼭 눌러서 납작하게 만들지 않고 그대로 모양이 유지되게 해야 한다.

베이킹 그릇을 오븐에 넣고 노릇노릇해질 때까지 45분간 굽는다.

거품낸 신선한 생크림을 얹어서 낸다! 남은 것은 생크림을 제거하고 밀폐용기에 담아서 3일간 보관할 수 있다.

엄지 쿠키

우리 카페의 고전적인 인기 쿠키다. 아몬드 엑스트랙트를 넣어서 꽃향기가 감돌고, 다양한 잼과
마멀레이드를 이용해서 수없이 다채로운 형태로 만드는 재미가 있다. 대조적인 색깔과 풍미를 잘 골라서
아름다운 쿠키 트레이를 완성해 특별한 행사에 차려보자. 엄지 쿠키에 넣을 잼과 마멀레이드를 직접
만들어보면 정말 생각보다 훨씬 재미있다!

유기농 무염버터
    1/2컵(110g)
유기농 원당 1/2컵(100g)
천일염 1/4작은술
바닐라 엑스트랙트 1작은술
아몬드 엑스트랙트
    1/2작은술
우유 2큰술
아마씨 가루 1큰술
밀가루(중력분) 3/4컵(105g)
통스펠트 가루 1/4컵(35g)
통밀 박력분 1/4컵(25g)
잼 3큰술(45ml)

보관

3일

분량

쿠키 9개

오븐을 190℃로 예열한다. 비터 도구를 장착한 스탠드 믹서에 버터와
원당, 천일염, 바닐라 엑스트랙트, 아몬드 엑스트랙트를 넣고 중강
속도로 곱게 보송보송한 상태가 될 때까지 약 2분간 돌린다. 우유와
아마씨 가루를 넣고 골고루 잘 섞는다. 가장 느린 속도로 바꿔서
밀가루를 조금씩 넣는다. 전체적으로 골고루 잘 섞는다.

반죽을 골프공 크기로 퍼서 공 모양으로 빚는다. 반죽을 베이킹 시트에
얹고 엄지손가락으로 가운데를 눌러서 잼 필링을 얹을 공간을 만든다.
쿠키 하나당 잼 1작은술을 올리고 굽기 전에 냉장고에 약 10분간
넣어서 굳힌다. 오븐에서 쿠키 바닥이 살짝 노릇해지기 시작할 때까지
8~11분간 굽는다. 꺼내서 식힌 다음 맛있게 먹는다! 남은 쿠키는
밀폐용기에 담아서 3일간 보관할 수 있다.

글루텐 프리 엄지 쿠키

우리 카페의 오리지널 레시피 중 하나로, 진열장에 반드시 차려 놓는 필수 메뉴가 되었다. 직접 만든 잼과
마멀레이드를 활용하는 훌륭한 방법이자 글루텐 프리 음식만 먹을 수 있는 사람도 맛있게 즐길 수 있는 완벽한
쿠키다! 뉴욕에서 대학을 갓 졸업하고 우리 카페에 취직한 야심 넘치는 제빵사 스테파니 호닝이 이 레시피를
만들어냈다. 직접 테스트한 레시피로 구운 쿠키를 우리 직원에게 나누어 줬는데, 모두 맛있게 먹어 치웠다! 그때
우리 목수가 특히 스테파니의 쿠키를 마음에 들어했고, 다른 페이스트리에 대해서도 아주 정직한 평가를 내렸다.
그 이후로 두 사람이 빵과 과자에 대해서 긴 대화를 나누고 있다는 사실을 대부분의 직원이 알게 되었고,
더 나아가 그 이상의 대화를 나누기 시작하는 듯 했다. 이렇게 제빵사와 목수가 만나 2년 후 결혼식을 올린다는
동화 같은 이야기가 시작된 것이다! 와, 참으로 깊은 사랑이 담긴 쿠키이자 음식이 어떻게 사람을 이어주는지에
대한 아름다운 이야기라 하지 않을 수 없다.

유기농 무염버터 1/2컵(110g)

유기농 원당 1/2컵(100g)

천일염 1/4작은술

바닐라 엑스트랙트 2작은술

아몬드 엑스트랙트 1/2작은술

우유 1큰술

아마씨 가루 2와1/2큰술

산탄검 1/2작은술

현미 가루 1과1/2컵(175g)

잼 3큰술(45ml)

보관

4일

분량

쿠키 9개

오븐을 190℃로 예열한다. 비터
도구를 장착한 스탠드 믹서에
버터와 원당, 천일염, 바닐라
엑스트랙트, 아몬드 엑스트랙트를
넣고 중강 속도로 곱게 보송보송한
상태가 될 때까지 약 2분간
돌린다. 우유와 아마씨 가루,
산탄검을 넣고 골고루 잘 섞는다.
가장 느린 속도로 바꿔서 현미
가루를 조금씩 넣는다. 전체적으로
골고루 잘 섞는다. 반죽이 살짝
끈적하지만 한 덩어리로 뭉쳐서
빚을 수 있는 정도의 질감이
되어야 한다.

다음 장에 계속

반죽을 골프공 크기로 퍼서 공 모양으로 빚는다. 반죽을 베이킹 시트에 얹고 엄지손가락으로 가운데를 눌러서 잼 필링을 얹을 공간을 만든다. 글루텐 프리 반죽이라 이 과정에서 부스러질 수 있으므로 엄지로 반죽을 누를 때 다른 손으로 반죽을 잘 감싸고 있어야 모양이 유지된다. 쿠키 하나당 잼 1작은술을 올리고 굽기 전에 냉장고에 약 10분간 넣어서 굳힌다. 오븐에서 쿠키 바닥이 살짝 노릇해지기 시작할 때까지 8~11분간 굽는다. 글루텐 프리 쿠키는 완전히 식기 전까지는 굳지 않으므로 다 익었는지 구분하기가 어려울 수 있다. 뒤집어서 아랫부분이 노릇해지기 시작했는지 확인하는 것이 가장 정확하다. 꺼내서 식힌 다음 맛있게 먹는다! 남은 쿠키는 밀폐용기에 담아서 4일간 보관할 수 있다.

린저 쿠키

린저 쿠키는 한겨울에 사이좋게 모여 앉은 친구들과의 파티처럼 꺄악 소리를 지르게 만든다! 디저트 테이블을 순식간에 축제처럼 보이게 하면서 다양한 잼과 마멀레이드를 활용할 수 있는 좋은 방법이다. 내가 가장 좋아하는 방식은 한 쿠키에는 오렌지 마멀레이드를, 다른 쿠키에는 라즈베리 잼을 바르는 식으로 다양한 색상을 혼합하는 것이다. 소중한 냉장고 공간을 차지하는 병을 간단하게 해치울 수 있다.

실온의 유기농 무염버터 1컵(220g)
유기농 원당 1과1/4컵(250g)
밀가루(중력분) 2와1/2컵(350g)
볶아서 빻아 가루를 낸 다진 호두
    1컵(120g)
시나몬 가루 1과1/2작은술
소금 1/2작은술
슈거파우더 1/4컵(30g)
마멀레이드 또는 기타 잼류
    2/3컵(160ml)

보관

2일

분량

쿠키 30개

스탠드 믹서에 패들 도구를 장착하고 볼에 버터와 원당을 넣어서 가볍고 보송보송한 상태가 될 때까지 약 3분간 돌린다. 다른 볼에 밀가루와 호두, 시나몬 가루, 소금을 넣어 섞는다. 믹서를 가장 느린 속도로 돌리면서 호두 혼합물을 천천히 부어서 반죽이 한 덩어리로 뭉쳐지게 한다. 볼에서 반죽을 꺼내 같은 크기로 2등분한 다음 공 모양으로 빚는다. 작업대에 유산지를 1장 깔고 덧가루를 가볍게 뿌린다. 반죽 하나를 얹고 4mm 두께로 민다. 이때 반죽이 달라붙지 않도록 덧가루를 충분히 뿌려주는 것이 좋다. 반죽을 베이킹 시트에 미끄러트려 얹은 다음 냉장고에 넣어서 15분간 식힌다. 나머지 반죽으로 같은 과정을 반복한다.

다음 장에 계속

반죽을 냉장고에서 꺼내고 작업대에 다른 유산지를 1장 더 깐 다음
반죽을 그 위에 얹어서 쿠키를 찍어낸다. 나는 가장자리에 물결 무늬가
있는 둥근 모양의 쿠키 커터로 먼저 찍어낸 다음 자그마한 별이나
하트처럼 다양한 모양으로 안쪽을 다시 찍어내는 것을 선호하는데,
원하는 쿠키 커터라면 무엇이든 사용해도 좋다. 위쪽에 얹을 쿠키 반죽
가운데를 작은 커터로 찍어내서 창문처럼 빈 곳을 만드는 것만 잊지
않으면 된다. 아래쪽 쿠키를 1판, 위쪽 쿠키를 1판 구워서 총 트레이 2개
분량의 쿠키를 만들게 될 것이다. 각각 따로 작업해야 구운 후에 위쪽
쿠키에만 슈거파우더를 뿌리기 좋다.

오븐을 180°C로 예열한다. 반죽 하나에서 아래쪽 쿠키 반죽을
찍어낸다. 찍어낸 반죽을 베이킹 시트에 얹고 자투리 반죽을 따로
모은다. 반죽을 냉장고에 10분간 넣어서 식힌다. 나머지 반죽으로 같은
과정을 반복해서 위쪽 쿠키 반죽을 한 트레이 채운 다음 각각 가운데
부분을 작게 찍어내서 창문처럼 빈 부분을 만든다. 냉장고에서 식힌
베이킹 시트를 꺼낸 다음 오븐에서 살짝 노릇해질 만큼만 12분간
굽는다. 굽는 동안 남겨둔 자투리 반죽을 다시 모아서 밀어 위쪽과
아래쪽 쿠키를 같은 분량만큼 찍어낸다. 따로 굽는다.

모든 쿠키를 구워서 식히고 나면 준비가 완료된 것이다. 슈거파우더를
작은 체에 쳐서 위쪽 쿠키에만 골고루 뿌린다.(린저 쿠키를 만드는 과정
중 내가 제일 좋아하는 부분이다!) 아래쪽 쿠키에는 가운데 부분에
마멀레이드 1/2~1작은술씩을 얹는다. 위쪽 쿠키를 그 위에 올려서 꾹
누른다. 아름답고 맛있는 린저 쿠키가 완성된다!
남은 쿠키는 밀폐용기에 담아서 2일간 보관할 수 있다.

DRINKS

음료

NO. 4

음료는 과일을 보존해서 나중에
사용할 수 있게 하는 훌륭한 방법이다.

만들기 쉽고 설탕을 비롯한 모든 당류를 일부 또는 완전히 대체할 수 있다. 특히 다른 방법으로는 보존하기 어렵거나 너무 양이 많아서 버리게 될 것 같은 과일이 있을 때 아주 유용한 방법이다. 과일 시럽은 너무 푹 익은 등 잼이나 마멀레이드를 만들기에는 적합하지 않은 과일을 처리하기에도 효과적이다.

너무 익거나 너무 작거나 아주 신선하지는 않거나 씨가 너무 많거나 혹은 흠집이 나기는 했지만 그래도 달고 풍미가 깊은 등 누구도 이걸 어떻게 해결해야 할지 골칫거리인 모든 과일을 해치울 수 있는 일종의 잡동사니 정리함에 해당하는 것이 음료인 셈이다. 완벽하게 잘 익어서 프리저브로 만들어야

하는 과일이 있는데 시간이 부족할 때에도 활용하기 좋다. 아마 다양한 음료를 아주 쉽게 탐험할 수 있다는 사실을 깨달으면서 수많은 가능성을 펼쳐보고 싶어서 찬장에 공간을 만들게 될 것이다.

준비한 과일과 원하는 결과물에 따라 여러 가지 선택지가 있다. 사과와 포도, 레몬은 그대로 과일 주스로 저장할 수 있다. 또한 주스를 농축시켜서 설탕을 섞은 다음 허브나 향신료 등을 더해서 오렌지 바닐라 시럽(192쪽)처럼 독특한 프리저브를 완성할 수도 있다. 또한 과일 주스에 식초와 당, 향신료를 넣어서 슈럽으로 만들어 보존하기도 한다.

WORKSHOP

과일을 보존해서 음료로 만드는 법
DRINKS

1.
주스
과일에서 짜낸 즙을 그대로
보존하는 것.

2.
시럽
주스에 당을 첨가하고
농축한 것. 허브와 향신료를
첨가하기도 한다.

3.
슈럽
과일에 식초와 취향에 따라
당과 허브, 향신료를 넣어
보존한 것.

1. 주스

과일에서 갓 짜낸 주스는 그 자체로 바로 보존할 수 있으며, 착즙하는 방식에는
여러 가지가 있다. 감귤류는 감귤류 전용 착즙기를 이용해서 아주 간단하게
착즙할 수 있다. 과일마다 주스를 추출하는 방식은 다르지만, 모든 과일 주스는
설탕을 첨가하지 않은 자연 상태로 보존해도 안전하다는 사실을 꼭 알아두자.

덤불 베리류, 핵과일, 무화과, 감, 비파, 금귤, 퀸스, 사과, 배, 콩코드 포도	모든 과일을 통틀어서 주스를 착즙하는 가장 좋은 방법은 스테인리스 스틸 스팀 착즙기를 사용하는 것이다. 세 구역으로 나뉜 이중 찜기로 구성되어 있어서, 과일을 찐 다음 주스를 짜낸다. 매우 농축된 주스를 받아낼 수 있다. 따로 착즙기가 없다면 간단하게 과일에서 씨와 줄기를 제거한 다음 한입 크기로 썬다. 그리고 냄비에 던져 넣고 물을 약 2.5cm 정도 잠기도록 붓는다. 냄비의 뚜껑을 닫고 30분간 뭉근하게 익힌다. 이 시점에 과일의 풍미가 충분히 추출되어 있어야 한다. 사과나 퀸스처럼 밀도가 높은 과일의 경우에는 조금 더 끓여야 할 수도 있다. 풍미가 아주 강해야 한다. 면포로 주스를 걸러낸 다음 바로 병에 담는다.
감귤류	감귤류를 착즙할 때는 감귤류 전용 착즙기를 이용하고, 과일에서 마지막 한 방울까지 짜내기 위해 열심히 노력하는 것이 가장 좋다.(한 가지 예외로 금귤처럼 아주 작은 감귤류 과일의 경우에는 반으로 잘라서 1번 기법을 이용한다.) 과육이 전혀 들어 있지 않은 주스를 선호하지 않는 한 감귤류의 주스는 굳이 면포에 거를 필요가 없다.

주스를 모두 받아내고 나면 병입한 다음 오랫동안 보관하기 위해서 열탕소독을
진행한다. 우선 주스를 냄비에 붓고 한소끔 끓인다. 그리고 아직 뜨거울 때
병이나 잼 병에 붓고 31쪽의 안내에 따라 열탕소독한다.

you can preserve just juice! who knew?

*주스만 따로 보존할 수도 있다!
상상도 못한 일!*

2. 시럽

과일 + 당 + 허브와 향신료(선택)

**덤불 베리, 핵과,
무화과, 감,
비파, 금귤**

이런 과일은 잼을 만들 때처럼 설탕과 레몬즙에 하룻밤 동안 재워서 주스를 추출하는 쪽을 선호한다. 설탕은 과일에서 즙을 끌어내 농축시키는 역할을 한다. 여기서 선호하는 과일과 설탕의 비율은 잼과 동일하게 과일 1.8kg당 설탕 455g이다. 과일을 젤화시키기 위해서 설탕에 의존해야 할 필요가 없으므로 다양한 종류의 당류를 활용해서 마음껏 실험을 해봐도 좋다. 하룻밤 재운 다음날 과일을 가열해서 과즙이 마지막 한 방울까지 모두 배어나올 때까지 뭉근하게 익힌 다음 불에서 내린다. 내용물을 체에 거르거나 면포로 걸러서 맑은 주스를 완성한다. 향신료나 허브를 추가하고 싶다면 과일을 가열할 때 같이 넣는다. 다만 주스를 추출하고 남은 과일도 따로 활용하고 싶다면 체에 거른 다음에 향신료나 허브를 넣을 것을 권장한다. 주스를 짜내고 남은 과일은 이미 풍미가 많이 추출되어 맛이 그다지 강하지 않지만 그래도 훌륭하게 활용할 수 있다. 물론 원래 의도는 주스를 짜내서 풍미를 추출해 내는 것이므로 남은 과일을 버리는 것을 꺼릴 필요는 없다.

감귤류

감귤류의 주스는 농축시켜서 탄산수에 섞거나 드레싱 또는 소스에 넣으면 아주 화사한 맛이 된다. 감귤류를 착즙할 때는 감귤류 전용 착즙기를 이용하고, 과일에서 마지막 한 방울까지 짜내기 위해 열심히 노력하는 것이 가장 좋다.(한 가지 예외로 금귤처럼 아주 작은 감귤류 과일의 경우에는 반으로 잘라서 상단 기법을 이용한다.) 주스를 모두 받아내고 나면 원하는 당류를 원하는 만큼 추가할 수 있다. 나는 요리에 넣을 때 아주 조금만 첨가해도 될 정도로 강렬한 맛의 농축액을 추구하기 때문에 주로 주스와 당류의 비율을 4:1로

잡는다. 원하는 농도를 맞추고 나면 시럽을 가열한 다음
병입해서 열탕소독(31쪽 참조)을 진행한다.

___

퀸스, 사과, 배,
콩코드 포도

일부 특정 과일은 착즙하려면 요령이 조금 필요하다.
퀸스와 사과, 배에서 즙과 풍미를 추출하려면 일단
큼직하게 썬 다음 냄비에 넣고 물을 약간 잠길 정도로
붓는다. 냄비의 뚜껑을 닫고 1시간 동안 뭉근하게
익힌다. 과일의 풍미가 충분히 추출되면 당류를 넣어서
농축시킨다. 나는 보통 주스와 당류의 비율을 4:1로
잡는다.(포도의 경우 167쪽의 안내를 따른다.)

주스를 모두 추출해서 당류를 넣어 농축시킨 후에는 허브와 향신료를 넣을 수
있다. 보통 과일을 가열할 때 넣는 것이 가장 좋다. 허브와 향신료를 활용하면
아주 흥미로운 맛의 시럽을 만들 수 있다! 선택지는 무궁무진하다. 내가 가장
좋아하는 시럽으로는 엘더베리 타임 시럽, 딸기 라벤더 시럽, 오렌지 바닐라
시럽, 살구 고추 시럽 등을 꼽을 수 있다.

시럽을 보존하려면 아직 뜨거울 때 병이나 잼 병에 붓고 31쪽의 안내에 따라
열탕소독을 진행한다.

Great
with
sparkling
water
for parties!

탄산수에 섞으면 파티용 음료로 제격이다!

Select fruit for making Syrup

시럽 만들기용 과일 고르기

add sugar and let sit
12-24 hours

설탕을 넣은 다음 12~24시간 재우기

heat and strain

가열 후 거르기

병에 담아 맛있게 마시기!

Bottle and enjoy!

2. 슈럽

과일 + 식초 + 당(선택) + 허브와 향신료(선택)

과일 프리저브 세상에 있어서 슈럽을 발견한 순간만큼 내가 흥분한 때도 없었다.
슈럽shrub에는 관목이라는 뜻도 있지만 여기서는 아니다!
슈럽은 식초를 이용해서 과일즙을 보존하는 오래된 방법이다. 여기서
'오래된'이란 무려 수천 년 전이다! 슈럽은 술을 마시는 것이 종교적 신념에
어긋나는 중동 지역에서 유래했다. 과일에 식초를 섞으면 발효 중 알코올이
되는 과정을 우회하게 되기 때문에 와인이 아니라 슈럽이 된다.
냉장 시설과 열탕소독 기법이 발달하기 전에는 식품을 안전하게 보존하는
것이 특히 중요했기 때문에 훌륭한 방부제인 설탕도 들어간다.

식초는 덥고 건조한 기후에 마시면 매우 상쾌해지는 음료로, 실제로
신맛이 침을 생성시켜서 입 안의 갈증을 더욱 해소시키는 기분이 들게 한다.
슈럽이 정확히 그런 기후를 갖춘 중동 지역의 사람들에게 완벽한 음료였 던
또 다른 이유다. 슈럽이라는 이름은 '마신다' 또는 '마실거리'라는 뜻의
아랍어 세랍sherab에서 유래했다. 지구상에서도 이 지역에서
슈럽 음료를 얼마나 흔하게 마셨는지를 보여주는 이름이다.

'최애'를 고르는 건 좋아하지 않지만…
내 최애는 슈럽이다

슈럽 조리법에 대한 고대 기록은 많이 남아 있지 않다. 전통적으로
슈럽은 과일과 식초, 설탕을 동량으로 사용해서 만들었다. 식초와 설탕을
이용해서 과일을 오랫동안 보존하기 위해서였다. 나는 슈럽이 거의
건강을 위한 강장제로 쓰였을 거라고 생각한다. 식초에는 예를 들어
생강이나 쐐기풀, 펜넬, 터메릭 등 약효가 있는 모든 허브와 식물을
넣어서 우릴 수 있다. 그런 다음 식초에 오렌지나 석류, 베리, 레몬 등
항산화물질과 비타민이 풍부한 과일즙을 섞는다. 그런 다음 부패를
방지하기 위해 액체에 설탕을 첨가한다. 이 모든 과정을 통해 괴혈병 그
이상을 예방할 수 있다! 나는 약용 슈럽이 가득한 구식 약제상과 질병마다
각기 다르게 처방하는 슈럽 여러 병을 가지고 있는 가족의 모습을
상상하곤 한다.(다만 이리저리 연구했으나 아직 이에 관한 증거는 찾지 못했다.)

I don't like to choose favorites but... shrubs are my favorite.

셰랍은 영국으로 넘어와서 칵테일 발달에 합류하며 새로운 이름을 얻게 되었고,

이후 1700년대 초에 바다를 건너 미국에 도착했다. 슈럽의 역사 중에서도 특히 이 부분에 관해서는 수많은 기록이 있으며, 그 속에서 다양한 이름과 형태를 찾아볼 수 있다. 슈럽의 여정을 살펴보다 보면 제대로 깊이 파고들고 싶어지는 부분이지만, 일단 건너뛰고 현대로 넘어오자.

나는 1999년부터 과일 보존을 시작했고, 2002년부터 완전히 직업으로 삼았다. 그러나 과일을 슈럽으로 만들어서 보존한다는 이야기를 처음 들어본 것은 2006년이 된 후였고, 2008년까지도 크게 관심이 가지 않았다. 그리고 처음에는 과일이나 과일즙에 식초, 설탕을 각각 1:1:1의 비율로 넣는 전통 레시피를 따르고 싶었다. 하지만 그러면 내 입맛에는 너무 달콤하다는 사실을 금방 깨달았다. 다들 알다시피 나는 과일 맛이 두드러지는 프리저브를 좋아한다! 이리저리 실험을 거듭한 결과 과일, 식초, 설탕을 3:1:1로 조합하는 비율을 개발해 냈다. 하지만 워크숍에서 이 비율을 가르치기 시작하면서 이 또한 너무 가능성을 국한시킨다는 생각이 들었다.

보다시피 슈럽으로는 수없이 많은 실험을 해볼 수 있다! 20쪽의 식품 안전에 대한 내용을 기억하는지? 사실 슈럽의 경우에는 과일도 산성이고 식초도 산성이며 온갖 종류의 당류 또한 방부제로 기능하므로 식품 안전이 문제되지 않는다. 그런 이유로 슈럽에 있어서 '정통 레시피' 하나를 정하는 것은 상당히 어려운 일이며 과일과 식초, 허브, 당류를 어떻게 활용할 수 있는 것인가에 대한 지침을 알려주는 쪽에 가깝다. 이들 4가지 재료를 활용하면 수백만 개 이상의 조합을 만들어낼 수 있다. 머릿속이 지구상 곳곳의 모든 창조물을 포용하며 확장되기 시작한다! 세상에는 2천 종이 넘는 과일이 있다. 그리고 이 모든 과일과 곡물, 다양한 당류를 이용해서 수천 가지의 식초를 만들어낼 수 있다. 요리용 허브와 향신료를 찾아보면 알파벳순으로 수백 가지가 적힌 목록이 줄을 서고, 읽다 보면 이미 향신료병으로 발 디딜 틈이 없는 주방 찬장이 어딘가 비어 보인다. 온갖 식물로 만들어낸 다양한 당류 또한 빼놓을 수 없다. 이게 신이 나는 기분인지, 조금 압도된 느낌인지 구분하기도 힘들다! 아마 신이 나는 것 같다. 즉 슈럽이란 다음과 같다. 위에서 언급한 재료를 이용하여 온갖 조합을 시험해 볼 수 있으며, 몇 가지 지침만 따르면 반드시 맛있는 결과물이 나온다고 확신할 수 있는 프리저브다. 주방에서의 실험에 대해서 더 설명해야 할 필요가 있을까? 해방감을 만끽하며 재미있는 시간을 보내보자!

기초 지식

✳ 음료 ✳

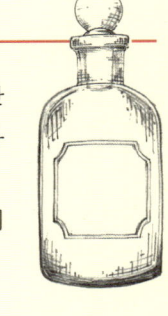

과일

슈럽은 과일로 만들 수 있는 가장 자유로운 프리저브다. 내 아들은 어렸을 때 흠집이 생긴 과일을 '심술궂은 과일'이라고 불렀는데, 슈럽은 이런 심술궂은 과일도 감사한 존재로 만들어준다. 또한 감이나 키위, 석류처럼 딱히 뭘 만들어야 할지 확신이 서지 않는 과일을 보존하는 좋은 방법이기도 하다. 또한 씨앗이 너무 많거나 흠집이 꽤 났거나 아주 자그마해서 줄기와 씨앗을 제거하는 등 손질하기에 너무 손이 많이 가는 과일을 보존하기에도 제격이다. 슈럽을 만들 때는 167쪽에 실린 대로 주스와 시럽을 만들 때처럼 과일에서 주스를 추출해 내야 한다. 그러나 과일을 바로 식초에 담가서 농축된 풍미를 바로 이끌어내기도 한다. 줄기와 씨앗을 제거하지 않은 채로 그냥 만들어도 된다. 결과물에 딱히 영향을 미치지 않는다. 이 얼마나 간단한가?

식초

식초는 당을 발효시켜서 아세트산이 5~20% 농도가 되도록 만든 것이다. 시간이 지나면서 자연스럽게 생겨나기도 하고, '초모'를 넣어서 발효가 일어나도록 촉진하여 만들 수도 있다. 식초는 과일, 곡물, 알코올, 심지어 콤부차로도 만든다. 당으로 인한 발효의 마지막 단계로 공기 중의 천연 효모로 인하여 시간이 지나면 자연스럽게 만들어진다. 그러니 만약에 콤부차를 너무 오래 발효시켜서 식초가 되었다 하더라도 버리지 말고 슈럽을 만드는 데에 쓰면 되는 것이다! 우리는 매년 사과주 압착 파티를 여는데, 항상 신선한 사과 주스를 일부 남겨서 사과 식초를 만든다. 산도를 이용해서 안전하게 보관하기 위해 식초를 넣는 것이 아니기 때문에 무엇이든 원하는 종류의 식초를 이용해서 슈럽을 만들어도 상관없다. 내가 가장 즐겨 사용하는 식초는 사과 식초다. 사과는 미국 전역에서 자라므로 인근 지역에서 재배한 유기농 사과 식초도 매우 쉽게 구할 수 있다. 또한 자연적인 단맛이 돌고 풍미가 부드럽기 때문에 마시기도 좋다. 사과 식초는 영양가가 뛰어나서 수백 년간 건강 식품으로 이를 신봉하는 사람 또한 많았기 때문에 음용 식초로 활용하는 것도 꽤나 설득력이 있는 셈이다. 하지만 만약에 조금 새콤해진 콤부차조차 그냥 마시기에는 식초처럼 느껴지는 사람이라면 입맛에 맞는 식초가 있는지 자유롭게 찾아보자.

요리용 향신료와 허브

제대로 흥미진진한 부분이 바로 여기다! 나는 항상 슈럽은 너무 오래 방치하던 향신료 통을 처리하는 좋은 방법이라고 주장한다. 슈럽에 향신료와 허브를 듬뿍 첨가하면 흥미로운 풍미가 켜켜이 쌓인 작품을 만들어낼 수 있다. 나는 정말로 지구상에 존재하는 모든 요리용 향신료 하나하나에 각각 딱 맞는 특정한 슈럽이 배정되어 있다고 믿으며, 다른 과일 프리저브에 대해서는 차마 그렇다고 말하기 힘들다. 그 외의 과일 프리저브에 대해서 강의를 할 때는 기본적으로 다양한

향신료와 허브로 실험을 하려면 조심해야 한다고 조언한다. 하지만 슈럽을 만들 때는 그렇지 않다. 오히려 더 많은 향신료로 제대로 실험을 해보라고 부추긴다! 슈럽은 원래 희석해서 음료와 드레싱, 마리네이드를 만들기 위해 응축시킨 액체다. 희석한 후에도 켜켜이 쌓인 풍미를 제대로 맛볼 수 있으려면 맛이 아주 강렬해야 한다. 이런 특징 덕분에 슈럽은 주류는 물론 비알코올성 음료에 배합하기에 아주 흥미로운 재료가 된다.

나는 보통 슈럽을 만들 때에 향신료와 허브를 2~6가지 정도 사용하는데, 가만히 살펴보니 슈럽에 특히 자주 넣게 되는 향신료와 허브가 따로 있었다. 바로 월계수 잎과 통 흑후추(또는 기타 통후추 종류), 쥬니퍼 베리, 올스파이스로 어지간하면 이들 중 1~2개는 꼭 사용하게 된다. 슈럽에 풍성한 느낌을 더하지만 주된 맛을 지배할 정도로 강렬하지는 않다. 그런 다음 그 위에 다른 환상적인 풍미를 쌓아나간다. 하늘에 닿을 정도로 마음껏 쌓아도 상관없다! 온갖 말린 허브와 싱싱한 허브, 온갖 통향신료와 가루 향신료. 자, 시작해 보자!

만들 때 설탕과 당류란 그저 선택에 지나지 않는다는 사실을 깨닫게 된다. 과일을 보존하거나 안전하게 보관하거나, 심지어 젤화나 응고를 돕기 위해 당류에 의존해야 할 필요가 전혀 없기 때문이다. 슈럽에서 설탕이 하는 역할은 색깔을 화사하게 유지하는 것과, 당연히 맛을 달콤하게 만드는 것이다. 또한 설탕은 슈럽의 풍미를 농축시키는 데에도 도움이 되고, 완성한 이후에도 풍미가 어느 정도 유지되도록 하는 데에도 일조한다. 하지만 많은 사람이 설탕 섭취량을 줄이려고 노력하는 시대인만큼, 이런 종류의 과일 프리저브에는 설탕을 첨가하는 것이 완전히 선택 사항에 지나지 않는다고 강조하고 싶다.

즉 액상이든 가루든 원하는 모든 유형의 당류를 사용할 수 있다. 다만 각 당류는 슈럽에 저마다 고유한 풍미와 색깔을 불어넣는다는 점을 알고 있어야 한다. 다시 한번 말하지만 선택지는 무한정 있으니 마음껏 실험하고 즐기자! 자유를 받아들이자!

거를 것인지 마지막 단계에서 결정을 내려야 한다. 모든 재료를 날것인 상태 그대로 유지하면 영양소가 보존되면서 풍미도 훨씬 미묘하고 가벼워진다는 장점이 있다. 반면에 재료를 가열한 다음 거르면 과즙이 더 많이 추출되어서 풍미가 강렬해진다는 장점이 있다. 선택은 당신의 몫이다!

설탕/당류

시간이 지날수록 현대 냉장 시설과 열탕소독을 결합하면 슈럽을

가열할 것인가 말 것인가

슈럽의 경우에는 날것인 상태로 거를 것인지, 아니면 가열한 다음

과일을 손질한 다음 모든 슈럽 재료를 병에 넣는다

prepare your fruits
and add all ingredients to a jar.

그대로 재운다

Let sit to macerate.

가열한 후(선택) 거른다

heat (optional) and strain

병입해서 맛있게 즐긴다!

bottle and enjoy!

슈럽을 만드는 2가지 방법

1
상하기 쉬운
냉장 보관 슈럽

첫 번째 방법은 슈럽을 냉장 보관한다.(제목에 그대로 적혀 있다.) 덕분에 슈럽을 소량씩 만들 수 있어 소소한 재미가 더해진다. 먼저 과일에 식초를 넣고 사용할 허브와 향신료, 원하는 당류를 더해 섞는다. 병의 뚜껑을 닫고 작업대에 올려 둔 다음 차 1잔과 책 1권을 들고 소파에 편안하게 기대 앉는다. 이보다 더 쉬울 수 없다! 3~5시간 후에 병을 냉장고에 넣는다. 과일을 크게 썰었다면 조금 더 오래 향을 추출해야 할 수도 있다. 3일 후에 약간 덜어서 원하는 만큼 과일 향이 배어 나왔는지 맛을 본 다음 더 오래 숙성시켜야 할지 결정한다. 라즈베리나 블랙베리처럼 작고 껍질이 부드러운 과일은 풍미가 빨리 빠져나온다. 단단한 핵과나 사과는 시간이 더 오래 걸린다. 너무 오래 방치해봤자 일어날 수 있는 최악의 상황은 병 안에 초모가 생성되는 것이다. 만일 초모가 눈에 보이면 그냥 제거하고 슈럽을 냉장고에 넣는다. 완성된 슈럽은 냉장고에 빨리 넣었을 때보다 신맛이 더 강할 것이다. 과일 덩어리는 슈럽을 사용하기 전에 걸러낼 수도 있고, 냉장고에 넣기 전에 걸러서 병입할 수도 있다. 어느 쪽이든 상관없다.

아주 쉽다

슈럽이 얼마나 간단하게 만들 수 있는 프리저브인지 궁금하다면 다음 예시를 참고해 보자. 저녁 식사 후 남은 음식을 치우는 중에 냉장고에 라즈베리 반 바구니가 남아 있는 것을 발견했다. 어떻게든 처리하지 않는다면 다음 날 아침이면 상해버리고 말 것이다. 먼저 라즈베리를 꺼내서 병에 넣는다. 이미 저녁 식사를 준비할 때 샐러드 드레싱을 만들면서 사과 식초를 꺼내 놨으니 병에 약간 붓는다. 라자냐에 넣으려고 다진 모둠 허브 남은 것이 아직 도마에 그대로 있으니 버리는 대신 병에 집어넣는다. 이대로도 충분하지만 이왕이면 식후 차에 넣으려고 준비한 꿀도 조금 넣기로 결정한다. 이처럼 슈럽 만들기는 식사 후 뒷정리 과정의 일부가 될 수도 있다!

2
실온 보관 슈럽:
열탕소독, 개봉 후 냉장 보관

두 번째 방법은 대량으로 만들 경우를 위한 것이다. 슈럽을 960ml 이상 만든다면 실온에 안정적으로 보관할 수 있도록 열탕소독을 하는 것을 권장한다. 그 정도 양을 소진하려면 아마도 오랜 시간이 걸릴 것이다. 960ml는 희석해서 마시기에는 상당한 분량이다. 슈럽을 열탕소독하면 밀봉된 상태를 유지하는 한 실온에 오래도록 보관할 수 있다.(즉 영원히.)
이 방법도 냉장 보관 슈럽만큼 자유롭게 실험을 할 수 있다. 3~5일간 우리는 기간이 지나고 나면 모든 내용물을 비반응성 냄비에 붓고 딱 끓어오를 때까지 가열한다. 체에 내려서 고형물을 제거하고 주스만 모은다. 주스가 아직 뜨거울 때 병이나 잼 병에 붓고 31쪽의 안내에 따라 열탕소독을 진행한다.

문제 해결

✳ 음료 만들기 ✳

**레시피를 2배로 늘려서
만들어도 되나요?**

물론이다! 만드는 분량은 사실상
사용하는 용기의 크기에 달려 있다.
그에 맞춰서 비율을 늘리거나
줄이는 식으로 조정할 수 있다.
레시피의 자유도가 정말 높은
편이다!

**주스의 색이 어둡게 변하면
어떡하죠?**

가열하거나 향신료 및 허브를
넣고 나면 주스의 색이 변하는
현상이 자주 발생한다. 특히 감귤류
주스의 경우 시간이 지나면 색이
잘 변한다. 하지만 아주 자연스러운
현상이며 희석하면 다시 밝은 색을
되찾으니 주스의 색이 변한다
하더라도 걱정하지 말자. 보관상
안전성은 색에 영향을 받지 않는다!

**병 아래에 침전물이 가라앉으면
어떡하죠?**

주스에 침전물이 생기는 것은
자연스러운 일이다. 선물하거나
식탁에 내놓기 전에 살짝
흔들어주면 된다!

실온에 오래 보관할 수 있나요?

그렇기도 하고 아니기도 하다.
주스는 실온보관해서는 안 된다.
냉장 보관하거나 열탕소독을

거쳐야 한다. 주스와 설탕을 섞은
프리저브는 밖에 너무 오래 둔다고
해서 상하지는 않지만 발효되기
시작한다. 가볍게 탄산이 생기면서
알코올이 살짝 생성되다가 결국
식초로 변한다. 이 변화의 여정
어딘가에 항상 존재하는 것이다! 즉
주스와 식초는 너무 오래 방치하면
갈수록 시큼해지면서 신맛이
강해진다.

콩코드 포도 주스

내가 지구상에서 가장 사랑하는 맛이 바로 콩코드 포도다. 포도를 익히면 껍질에서 강한 풍미와 색이 제대로 배어 나와서 콩코드의 새콤한 맛이 살아난다. 우리 부부는 매년 본인이 재배하는 다른 포도에 비해서 콩코드에는 별로 신경을 쓰지 않는 친구네 농장에 콩코드 포도를 따러 간다. 마차 가득 달콤한 보라색 열매를 채우는 것은 언제나 신나는 모험처럼 느껴진다. 포도를 따는 동안 우리 가족은 물론 덩굴에서 포도를 싹싹 훑어내는 우리 까만 래브라도도 포도를 열심히 입에 넣는다.

2002년 10월, 한 차 가득 포도를 수확해서 집으로 돌아가던 당시 나는 만삭의 임신부였다. 실제 예정일은 다음날이었는데, 아침에 눈을 뜨자 뭔가 이상한 느낌이 나기 시작해서 빨리 저 포도를 압착하지 않으면 절대 손대지 못하겠다는 예감이 들었다. 그래서 남편과 아들, 나는 아침부터 오전 내내 68kg의 콩코드 포도를 모두 압착해서 주스로 만들었다. 진통이 오는 중에 하기에 참으로 완벽하고 맛있는 활동이었다. 그날 오후 5시경 딸이 태어났고, 우리는 아기에게 붙일 이름으로 우바Uva를 고려하기도 했다. 실로 사랑의 산물인 주스라고 하지 않을 수 없었다! 콩코드 주스의 맛은 그만큼 좋다. 절대 그냥 버려지게 둘 수 없었다.

콩코드 포도 9kg
물 2컵(480ml)

보관

1년

분량

480ml들이 병 12개

포도를 씻어서 물기를 완전히 제거한다. 대형 육수용 냄비에 포도와 물을 넣고 중간 불에 올린 다음 뚜껑을 닫아서 김이 빠져나가지 않도록 한다. 포도가 한 냄비에 다 들어가지 않으면 원하는 만큼 나눠서 작업해도 상관없다. 다만 타는 것을 방지하고 포도를 찌듯이 익힐 수 있도록 물도 같은 분량으로 나눠서 넣어야 한다. 이때는 냄비를 가득 채울만큼 담아도 좋다.

10분 후 포도의 상태를 확인하고 부드러워져서 형태가 부서지기 시작하면 으깬다. 포도에서 즙이 빠져나와서 냄비에 가득 차 수북해질 것이다. 뚜껑을 닫고 10분 더 뭉근하게 익힌다.

고운 체에 내용물을 붓고 꾹꾹 눌러서 주스를 최대한 짜낸다. 짜낸 주스는 고운 면포에 걸러서 남은 잔여물까지 제거한다. 어떤 사람은 면포에 거른 주스를 하룻밤 동안 그대로 둬서 침전물이 바닥에 가라앉게 한 다음 주스만 조심스럽게 따라내 분리하기도 한다. 나는 그냥 포도 주스를 면포에 거른 다음 바로 병입하는 쪽을 선호하는 편이다. 마실 때 침전물까지 따라나오지 않도록 조심해서 따르기만 하면 된다! 어느 방법을 선택하든 전혀 상관없다.

주스는 이대로 병입해서 냉장 보관해도 좋고, 병입해서 열탕소독해도
좋다. 열탕소독을 하려면 완성된 주스를 담을 수 있도록 480ml들이 병
12개를 준비한다. 냄비에 주스를 넣고 중강 불에 올려서 한소끔 끓인다.
주스가 아직 뜨거울 때 병에 윗부분을 12mm 정도 남기고 채운다.
입구를 깨끗하게 닦은 다음 뚜껑을 닫고 14분간 열탕소독을 한다.
(31쪽 참조.) 병입한 상태로 1년간 보관할 수 있다.

레몬즙

나는 그냥 병에 붓기만 하면 나만의 주스를 직접 만들어 보존할 수 있다는 발상을 처음 떠올린 순간을 기억하고 있다. 어째서인지 그 전까지는 한 번도 생각해 본 적이 없었다. 누군가가 그렇게 하고 있다는 이야기도 들어본 적이 없었다. 시중에 판매하는 레몬즙의 품질은 천차만별이니, 직접 즙을 내서 만드는 게 제일이라는 것도 당연한 일이다. 프리저브를 소량으로 만들면 모든 단계가 가장 신선하게 진행되었다는 사실을 확실하게 알 수 있다. 직접 레몬즙을 만들면 바로 병입할 수 있지만, 대규모 제조업체에서는 그 모든 과정이 진행되기까지 수 일이 걸리기도 한다. 그 차이는 맛에서 제대로 드러난다! 물론 갓 짜낸 레몬즙이 가장 좋지만, 병입한 레몬즙 또한 꼭 필요한 순간에 완벽한 대체제가 되어준다.

집에서 감귤류 즙을 많이 내는 편이라면 수동이든 전동이든 정말 신나게 쓸 수 있을 감귤류 착즙기를 하나 사는 것도 좋다. 전동 착즙기의 장점은 껍질에서 과육을 깨끗하게 도려내기 때문에 껍질로 다른 요리를 만들기 아주 편하다는 것이다.(271쪽의 감귤류 캔디드 필 참조.)

레몬 4.5kg(중간 크기 약
　　40개)

보관

1년

분량

240ml들이 병 6개

레몬을 씻어서 물기를 깨끗하게 제거한다. 반으로 잘라서 즙을 짜내 대형 볼에 모은다.

레몬즙을 냉동하려면 얼음틀에 부어서 냉동실에 하룻밤 동안 넣어 둔다. 냉동된 레몬즙 얼음을 지퍼백에 옮겨 담아서 냉동실에 보관한다. 또는 냉동되면서 팽창할 부피를 고려해서 고른 아무 용기에 레몬즙을 부어서 냉동한다. 이렇게 신선하게 그지없는 레몬즙을 해동하면서 뜨끈하게 데우려면 마음이 불편할 수도 있겠지만, 이쪽이 시판하는 플라스틱 병에 들어 있는 레몬즙보다 훨씬 낫다!

열탕소독하려면 레몬즙을 보관할 수 있도록 240ml들이 병 6개를 준비한다. 비반응성 냄비에 레몬즙을 넣고 중강 불에 올려서 95℃가 될 때까지 가열한다. 레몬즙을 불에서 내리고 병에 윗부분을 12mm 정도 남기고 채운다. 입구를 깨끗하게 닦은 다음 뚜껑을 닫고 10분간 열탕소독을 한다.
(31쪽 참조.) 병입한 상태로 1년간 보관할 수 있다.

엘더베리 주스

엘더베리는 수백 년간 세계 여러 지역에서 약용으로 쓰이던 식물이다. 비타민C와 항산화물질이 풍부하고 면역 체계를 강화시킨다. 독감과 감기가 유행하는 계절을 위해 엘더베리 주스를 강장제 삼아 보존해 두면 훌륭한 민간요법으로 쓸 수 있다. 엘더베리는 북미와 유럽 전역에서 잘 자라며 흔히 울타리 관목으로 심는다. 내가 관리하던 농장의 강가 울타리 나무가 전부 엘더베리라는 걸 처음 깨달은 순간을 잊을 수가 없다. 당시 나는 초보 엄마로 자연 치료법에 관심이 많았다. 신선한 열매를 따서 엘더베리 시럽을 만들어 감기기운이 돌 때마다 아이에게 마시게 함으로써 얼마나 많은 돈을 절약했는지 모른다. 신선한 엘더베리를 구할 수 없다면 말린 것을 써도 좋다.

생엘더베리 2.3kg(말린 것은
　　1.1kg)
물 4컵(960ml)
껍질을 벗겨서 송송 썬
　　날생강 1/2컵(25g)
꿀 1컵(340ml)

보관

1년

분량

480ml들이 병 6개

완성된 주스를 담을 수 있도록 480ml들이 병 6개를 준비한다. 엘더베리를 깨끗하게 씻어서 물기를 제거한다. 굵은 줄기와 잎을 제거하고 대형 냄비에 과일과 물, 생강을 넣어 중간 불에 올린다. 뚜껑을 연 채로 25분간 뭉근하게 익힌다. 베리가 부드러워져서 즙이 배어나오고 국물이 약 반 정도로 졸아들 것이다. 불에서 내리고 체에 밭쳐 즙만 받는다. 꿀을 넣고 골고루 잘 저어서 완전히 녹여 섞는다. 병에 윗부분을 12mm 정도 남기고 채운다. 입구를 깨끗하게 닦은 다음 뚜껑을 닫고 10분간 열탕소독을 한다.(31쪽 참조.) 병입한 상태로 1년간 보관할 수 있다.

변형: 폐에 아주 좋은 타임을 더하면 약용으로 쓸 수 있는 엘더베리 타임 시럽이 된다. 나는 여기에 꿀을 추가해서 걸쭉하게 만들어 기침용 시럽이나 음용으로 희석할 수 있는 농도로 조절한다. 준비한 엘더베리를 반만 주스로 만들고 나머지는 이렇게 시럽으로 만들어도 좋다.

엘더베리 주스 만드는 법을 따르되 25분간 조리한 다음 타임 1컵(40g)을 넣어서 따뜻한 주스에 15분간 울린다. 체에 걸러서 베리와 타임을 제거한 다음 꿀 2컵(680g)을 넣어서 나머지 과정에 따라 진행한다.

수박 바질 라임 시럽

그동안 수박으로는 무엇을 만들 수 있냐고 물어보는 사람들이 많았다. 시럽과 슈럽은 수박을 보존하기 아주 좋은 방법으로, 정말 상쾌한 음료를 만들 수 있다! 특히 이 시럽은 핑크색으로 곱게 물들어서 생바질 한 줄기로 장식하면 아주 예쁘다. 껍질은 따로 보관했다가 수박껍질 피클을 만들면 좋다.

수박 3.6kg(중형 크기 약 1개
　　분량, 색깔 무방)
신선한 라임즙 3컵(720ml)
곱게 다진 바질 잎 1단 분량
둥근 모양으로 곱게 송송
　　썬 할라페뇨 1~2개
　　분량(선택)
유기농 원당 3컵(600g)

보관
1년

분량
240ml들이 병 10개

수박을 깨끗하게 씻어서 물기를 제거한다. 수박의 껍질을 제거한 다음 한입 크기로 썰어서 대형 냄비에 넣는다. 라임즙을 골고루 뿌린 다음 바질과 할라페뇨(사용 시)를 넣고 골고루 버무린다. 원당을 넣고 골고루 버무린 다음 실온에서 3시간 또는 하룻밤까지 재운다.

냄비를 중강 불에 올려서 한소끔 끓인다. 과일이 끓어오르면 바로 불에서 내리고 시럽을 체에 거른다. 시럽은 이대로 병입해서 냉장 보관해도 좋고, 병입해서 열탕소독해도 좋다. 열탕소독을 하려면 완성된 시럽을 담을 수 있도록 240ml들이 병 10개를 준비한다. 시럽을 불에서 내리고 병에 윗부분을 12mm 정도 남기고 채운다. 입구를 깨끗하게 닦은 다음 뚜껑을 닫고 10분간 열탕소독을 한다.(31쪽 참조.) 병입한 상태로 1년간 보관할 수 있다.

오렌지 바닐라 시럽

정말 맛있는 음료다. 탄산수에 섞으면 크림시클(바닐라 아이스크림과 오렌지 맛 샤베트로 구성된 시판 아이스크림 바 – 옮긴이) 같은 맛이 나서 모든 아이들이 좋아하는 인기 메뉴가 된다! 사실상 모든 이의 내면의 아이를 이끌어내는 힘이 있다! 여기 들어가는 설탕은 풍미를 제대로 농축시키는 역할을 하므로 희석해서 마셔야 하는 시럽으로 분류한다. 나는 주로 이 시럽에 탄산수를 1:6의 비율로 섞어서 마신다.

비반응성 대형 냄비에 오렌지 주스와 원당, 바닐라 빈 씨와 깍지를 넣고 중간 불에 올려서 한소끔 끓인다. 5분 뒤에 바닐라 빈 깍지를 제거한다. 시럽은 이대로 병입해서 냉장 보관해도 좋고, 병입해서 열탕소독해도 좋다. 열탕소독을 하려면 완성된 시럽을 담을 수 있도록 240ml들이 병 5개를 준비한다. 시럽을 불에서 내리고 병에 윗부분을 12mm 정도 남기고 채운다. 입구를 깨끗하게 닦은 다음 뚜껑을 닫고 10분간 열탕소독을 한다.(31쪽 참조.) 병입한 상태로 1년간 보관할 수 있다.

오렌지 주스(수제 또는 시판)
4컵(960ml)
유기농 원당 2컵(400g)
반으로 갈라서 긁어낸 바닐라
빈 씨와 깍지 1/2개 분량

보관
1년

분량
240ml들이 병 5개

복숭아 로즈메리 시럽

나는 이 시럽을 백도로도, 황도로도 만들어봤다. 백도로 만들면 껍질 덕분에 은은하니 화려한 붉은 빛이 감돌고, 황도로는 황금빛 시럽이 된다. 둘 다 확연히 다른 풍미를 선사해서 아주 마음에 든다. 이 시럽은 단순한 음료수용을 넘어선 아주 섬세한 프리저브이기 때문에 여러분의 식료품 저장실의 실세가 되어줄 거라고 강력하게 주장할 수 있다. 방울양배추를 노릇노릇하게 지질 때 살짝 둘러보자! 만들길 잘했다는 기분이 들 것이다.

복숭아 1.4kg
레몬즙 1/2컵(120ml)
유기농 원당 1과1/2컵(300g)
생로즈메리 잎 2큰술(선택)

보관

1년

분량

120ml들이 병 7개

DAY 1 복숭아를 깨끗하게 씻어서 물기를 제거한다. 반으로 자른 다음 씨를 제거하고 과육을 굵게 썬다. 비반응성 중형 냄비에 복숭아를 넣고 레몬즙과 원당을 넣는다. 실온에서 하룻밤 또는 24시간 동안 재운다.

DAY 2 복숭아에서 얼마나 즙이 많이 배어 나왔는지 보자! 냄비를 중간 불에 올리고 로즈메리(사용 시)를 넣는다. 뚜껑을 닫고 5분간 뭉근하게 익힌다. 과육을 체에 밭쳐서 시럽만 따로 모은다. 참을성 있게 천천히 기다려서 마지막 한 방울까지 모아야 한다. 여기서 걸러낸 과육은 타르트나 코블러를 만들 수 있다. 시럽은 이대로 병입해서 냉장 보관해도 좋고, 병입해서 열탕소독해도 좋다. 열탕소독을 하려면 완성된 시럽을 담을 수 있도록 120ml들이 병 7개를 준비한다. 시럽을 불에서 내리고 병에 윗부분을 12mm 정도 남기고 채운다. 입구를 깨끗하게 닦은 다음 뚜껑을 닫고 10분간 열탕소독을 한다.(31쪽 참조.) 병입한 상태로 1년간 보관할 수 있다.

복숭아 시럽을 만드는 사진은 170~173쪽 참조.

블랙베리 세이지 시럽

블랙베리가 풍성하게 날 때 보존할 수 있는 훌륭한 방법이자 어디에든 환상적인 색상을 더할 수 있는 시럽이다!
탄산수에 살짝 붓거나 보라색 프로스팅 또는 아이싱을 만들 수도 있고 요리에 발사믹 졸임액 대신 쓰기도 한다.
나는 블랙베리와 어우러진 세이지의 향기를 좋아하는 편이지만 원하는 향신료나 허브, 풍미 재료를 넣어서
다양하게 만들어보자! 가능성은 무한하다.

블랙베리 2.3kg

레몬즙 1/2컵(120ml)

유기농 원당
　　3과1/2컵(700g)

세이지 8줄기(선택)

올스파이스 1큰술(선택)

보관

1년

분량

시럽 농도에 따라
　　240ml들이 병 8~10개

DAY 1　블랙베리를 깨끗하게 씻어서 물기를 제거한다. 비반응성 대형 냄비에 블랙베리를 넣고 레몬즙을 골고루 뿌린 다음 그 위에 원당을 골고루 뿌린다. 실온에서 3시간 또는 하룻밤 동안 재운다.

DAY 2　냄비에 세이지와 올스파이스(사용 시)를 넣고 강한 불에 올린다. 한소끔 끓인 다음 15분간 뭉근하게 익힌다. 대형 볼에 고운 체나 밀가루 포대를 얹고 냄비 속 내용물을 부어서 받쳐 시럽만 받아낸다. 블랙베리 과육을 버리려면 마음이 아프겠지만, 그래도 풍미를 제대로 이끌어냈으니 아쉬워하지 말자!

이제 시럽 맛을 볼 차례다. 뭔가 맛이 조금 부족한 것 같다면 설탕이나 향신료, 할라페뇨 등을 지금 넣으면 된다. 시럽은 약 10컵(2.4L)이 나와야 한다. 만일 음료수용 농축액을 만들 생각이라면 지금 병입한다. 더 걸쭉하게 만들고 싶다면 시럽을 다시 냄비에 부어서 강한 불에 올리고 20분간 바글바글 끓여서 졸인다.

시럽이 원하는 농도가 되면 열탕소독을 진행한다. 완성된 시럽을 담을 수 있도록 240ml들이 병 10개를 준비한다. 시럽을 불에서 내리고 병에 윗부분을 12mm 정도 남기고 채운다. 입구를 깨끗하게 닦은 다음 뚜껑을 닫고 10분간 열탕소독을 한다.(31쪽 참조.) 병입한 상태로 1년간 보관할 수 있다.

딸기 생강 슈럽

맵싸한 생강을 더한 딸기는 더운 여름날에 상쾌함을 선사하는 조합이다. 슈럽은 스키를 타고 나서 뒤풀이를 즐기는 날에도 가져가기 적당하다. 우리는 슈럽을 눈에 휙 뿌려서 천연 빙수를 만들기도 한다! 심하게 재미있는 놀이이지 않은가?

아래 레시피는 먼저 과일을 설탕에 하룻밤 동안 재워서 주스를 추출한 다음 슈럽을 만드는 방법을 익히는 좋은 예시가 되어 준다. 모든 덤불 베리나 핵과를 이런 방식으로 조리할 수 있으며, 이렇게 추출한 시럽은 아주 진하고 순수하면서 강력한 맛이 난다. 과일에서 주스를 추출해내려면 설탕을 어느 정도 정해진 분량만큼 넣어줘야 한다.

딸기 1.8kg

유기농 원당 455g

사과 식초 3컵(720ml)

갈아낸 날생강 230g

보관

1년

분량

240ml들이 병 6개

DAY 1 딸기를 깨끗하게 씻어서 물기를 제거한다. 딸기 잎을 제거한다.(꼭지는 남겨둬도 무방하다.) 비반응성 대형 냄비에 딸기를 통째로 넣고 원당을 뿌린다. 그대로 실온에서 하룻밤 또는 24시간까지 재운다. 냉장고에 넣으면 이대로 1주일간 보관할 수 있다.

DAY 2 딸기에서 얼마나 즙이 많이 배어 나왔는지 보라! 냄비를 강한 불에 올리고 한소끔 끓인 다음 10분간 뭉근하게 익힌다. 냄비를 불에서 내리고 과육을 체에 밭쳐서 시럽만 따로 모은다. 여기서 걸러낸 딸기는 타르트나 밀크쉐이크를 만들 수 있다! 깨끗한 유리병에 딸기 시럽과 간 생강, 사과 식초를 넣는다. 이 슈럽을 냉장고에 넣어서 3일간 향을 우려낸다. 이 단계에서 슈럽은 완성된 상태다. 만일 슈럽을 병입해서 보관하고 싶다면 240ml들이 병 6개를 준비한다. 슈럽을 다시 비반응성 냄비에 붓고 한소끔 끓인다. 불에서 내리고 병에 윗부분을 12mm 정도 남기고 채운다. 입구를 깨끗하게 닦은 다음 뚜껑을 닫고 10분간 열탕소독을 한다.(31쪽 참조.) 병입한 상태로 1년간 보관할 수 있다.

오렌지 월계수 로즈메리 슈럽

미모사는 아주 인기 높은 음료로 살짝 새콤달콤한 탄산과 어우러진 오렌지 주스가 훌륭한 맛을 선사한다. 이 슈럽을 탄산수에 섞으면 꽤나 맛있는 음료가 되는데, 나는 여기에 로즈메리와 쥬니퍼 베리를 더해서 살짝 화려함을 살리기도 한다. 술을 마시지 않아도 주문할 수 있는 특별한 목테일mocktail(가짜 칵테일이라는 뜻으로 무알코올 음료를 칭한다 – 옮긴이)을 하나 마련해 두면 참 좋다. 명절 파티에 특히 잘 어울리는 메뉴로, 신선한 로즈메리로 장식하거나 크랜베리를 넣은 얼음을 섞어도 좋다! 아래 레시피의 설탕은 풍미를 응축시켜서 다른 액상 재료로 희석시킬 수 있는 농도를 맞추는 역할을 하지만 기타 다른 당류로 대체하거나 완전히 빼버려도 상관없다.

오렌지 주스 3컵(720ml)
사과 식초 1과1/2컵(360ml)
유기농 원당
　1컵(200g)(선택)
쥬니퍼 베리 1큰술
생 또는 마른 월계수 잎 5장
로즈메리 2줄기

보관

1년

분량

240ml들이 병 5개

모든 재료를 뚜껑이 있는 유리병에 넣는다. 직사광선이 닿는 실온의 장소에 둔다. 3~5일 후면 풍미가 우러날 것이다. 재우는 동안 하루에 한 번씩 모든 재료를 조심스럽게 고루 휘저어준다. 날것인 채로 보관하고 싶으면 슈럽을 바로 체에 걸러서 냉장 보관한다. 이렇게 만든 슈럽은 1년간 보관할 수 있다.

풍미를 더 농축시키고 싶다면 슈럽을 비반응성 냄비에 넣고 중간 불에 올려서 한소끔 끓인다. 5분간 뭉근하게 익힌 다음 체에 거른다. 이 단계에서 슈럽은 병입해서 냉장 보관할 수도 있고, 열탕소독을 진행해도 좋다. 열탕소독을 하고 싶다면 240ml들이 병 5개를 준비한다. 슈럽을 불에서 내리고 병에 윗부분을 12mm 정도 남기고 채운다. 입구를 깨끗하게 닦은 다음 뚜껑을 닫고 10분간 열탕소독을 한다. (31쪽 참조.) 병입한 상태로 1년간 보관할 수 있다.

퀸스 팔각 슈럽

퀸스는 일단 조리하면 먹을 수 없는 분필 같은 질감에서 벨벳처럼 부드럽고 꽃향기를 풍기는 진미로 완벽하게
변한다는 놀라운 특징을 지니고 있다. 먼저 퀸스를 물에 삶아서 즙을 끌어내야 한다. 퀸스를 삶으면 풍미가 완전히
우러나고 물이 진한 장밋빛을 띤다. 아래 레시피에 들어가는 향신료는 퀸스의 풍미와 아름답게 어우러진다.
탄산수와 아주 잘 어울리는 훌륭한 슈럽이자 샐러드 드레싱으로도 탁월한 재료가 된다.

퀸스 1.8kg
사과 식초 4컵(960ml)
유기농 원당 4컵(800g)
팔각 1/2컵(50g)
코리앤더 씨 1큰술
카다멈 가루 1큰술
올스파이스 1큰술

보관
1년

분량
240ml들이 병 12개

퀸스는 깨끗하게 씻어서 물기를 제거한 다음 굵게 썬다.(껍질과 심도
제거하지 않는다.) 퀸스 과육을 다른 요리에 사용할 예정이라면 심과
씨를 잘라내서 따로 펙틴 주머니에 모았다가 별도로 요리에 사용하자.
손질한 퀸스를 대형 냄비에 넣고 중간 불에 올린 다음 물을 딱 잠길
만큼만 붓는다.(약 3.8L.) 뚜껑을 닫아서 부드럽고 걸쭉해질 때까지
약 50분간 익힌다. 국물은 미끈미끈하고 퀸스는 부드러우면서
장밋빛을 띠어야 한다.

완성한 슈럽을 담을 수 있도록 240ml들이 병 12개를 준비한다. 퀸스
주스를 면포에 내려서 액체만 남겨 계량한다. 약 8컵(2L)이 나와야
한다. 걸러낸 과육은 다른 요리에 사용한다.(258쪽의 멤브리요 등.)
주스를 대형 비반응성 냄비에 옮겨 담고 식초와 원당, 팔각, 코리앤더,
카다멈, 올스파이스를 넣어서 중간 불에 올려 한소끔 끓인다.
10분간 뭉근하게 익힌 다음 체에 거른다. 병에 윗부분을 12mm 정도
남기고 채운다. 입구를 깨끗하게 닦은 다음 뚜껑을 닫고 10분간
열탕소독을 한다.(31쪽 참조.) 병입한 상태로 1년간 보관할 수 있다.

석류 흑후추 슈럽

석류는 역사 깊은 과일로 프리저브를 만들기는 까다로운 편이다. 자연적으로 펙틴 함량이 낮은 편이라 여분의
펙틴을 첨가하지 않으면 젤리를 만들기 힘들다. 씨앗이 많아서 처트니 등의 프리저브를 만들기에도 문제가 있다.
그러니 초보가 만드는 석류 프리저브로는 슈럽이 가장 적절하다. 슈럽의 목적은 대부분의 상쾌한 음료처럼 신맛과
단맛의 완벽한 균형을 잡는 것인데, 석류가 꽤나 훌륭한 적임자가 되어준다.

석류즙 3컵(720ml, 약 5개
　분량)
사과 식초(다른 식초 대체
　가능) 1컵(240ml)
설탕 1컵(200g) 또는 꿀
　1컵(340g)
통 흑후추 2큰술
카다멈 깍지 2큰술
오렌지 껍질 2큰술
생 또는 말린 월계수 잎
　2장(대)

보관
1년

분량
240ml들이 병 5개

석류즙을 추출하는 가장 좋은 방법은 반으로 자른 다음 감귤류 전용
착즙기를 이용해서 짜내는 것이다. 어디선가 그러면 주스에서
쓴맛이 난다는 이야기를 읽은 적이 있는데 아직 쓴맛을 느껴본 적은
없는데다 씨앗을 하나하나 골라내는 수고를 완전히 덜 수 있다!
석류 주스를 대형 유리병에 담고 식초와 설탕, 후추, 카다멈, 오렌지
껍질, 월계수 잎을 넣은 다음 실온에 3~5일간 재운다. 이때 주기적으로
병을 잘 흔들어주면 향신료의 풍미가 잘 우러난다.

체에 걸러서 향신료를 제거하면 짜잔! 슈럽이 완성된다. 이 단계에서
슈럽은 병입해서 냉장 보관할 수도 있고, 열탕소독을 진행해도 좋다.
열탕소독을 하고 싶다면 240ml들이 병 5개를 준비한다.
슈럽을 비반응성 냄비에 넣고 중간 불에 올려서 한소끔 끓인다.
5분간 뭉근하게 익힌다. 슈럽을 불에서 내리고 병에 윗부분을
12mm 정도 남기고 채운다. 입구를 깨끗하게 닦은 다음 뚜껑을 닫고
10분간 열탕소독을 한다.(31쪽 참조.) 병입한 상태로 1년간 보관할 수
있다.

베르가모트 얼그레이 슈럽

베르가모트는 껍질에서 강렬한 꽃향기가 나는 오렌지의 일종이다. 베르가모트의 오일은 고품질의 얼그레이 홍차에 풍미를 내는 용도로 사용한다. 이처럼 이미 수 세기에 걸쳐 내려오는 베르가모트와 홍차 풍미의 조합을 현대식으로 비틀어서 슈럽으로 만들었다. 더운 여름날 오후에 활기를 되찾고 싶을 때 딱 어울리는 환상적이고 상쾌한 음료가 아닐 수 없다. 혁신의 맛을 느껴보라.

레몬즙 2컵(480ml)
사과 식초 1과1/2컵(360ml)
유기농 원당 1컵(200g)
홍차 1/3컵(80ml)
베르가모트 오렌지의 즙과
　　껍질 1개 분량

보관
1년

분량
240ml들이 병 4개

모든 재료를 뚜껑이 있는 유리병에 넣는다. 직사광선이 닿는 실온의 장소에 둔다. 3~7일 후면 풍미가 우러날 것이다. 재우는 동안 하루에 한 번씩 모든 재료를 조심스럽게 고루 휘저어준다. 차와 감귤류 껍질은 열에 약하기 때문에 은은한 풍미를 유지할 수 있도록 이 슈럽은 가열하지 않는다. 풍미를 더욱 농축시키고 싶다면 1주일 후에 모든 재료를 중형 냄비에 넣고 약한 불에 올려서 따뜻해질 때까지만 가열한다.

병 속 내용물을 체에 걸러서 깨끗한 병에 붓는다.
냉장고에 1년간 보관할 수 있다.

슈럽을 열탕소독하고 싶다면 완성한 슈럽을 보관할 수 있도록 240ml들이 병 4개를 준비한다. 슈럽을 비반응성 냄비에 넣고 중간 불에 올려서 한소끔 끓인다. 5분간 뭉근하게 익힌다. 슈럽을 불에서 내리고 병에 윗부분을 12mm 정도 남기고 채운다. 입구를 깨끗하게 닦은 다음 뚜껑을 닫고 10분간 열탕소독을 한다.(31쪽 참조.) 병입한 상태로 1년간 보관할 수 있다.

레몬 비트 생강 슈럽

레몬 슈럽을 만들다가 제일 좋아하는 색깔인 분홍색으로 만들고 싶어서 떠올린 레시피다! 비트는 또한 훌륭한
아연과 기타 비타민, 미네랄의 공급원이기도 하며 은은한 흙 향기를 음료에 더해준다. 생강은 맵싸한 맛과 더불어
약용 치료 성분을 선사한다!

레몬즙 2컵(480ml)

사과 식초 1컵(240ml)

유기농 원당 1컵(200g)

6mm 두께의 반달 모양으로
썬 비트 1/2컵(75g)

간 날생강 56g

생 또는 말린 월계수 잎 2장

보관

1년

분량

240ml들이 병 3개

모든 재료를 뚜껑이 있는 유리병에 넣는다. 직사광선이 닿는 실온의
장소에 둔다. 3~7일 후면 풍미가 우러날 것이다. 재우는 동안 하루에
한 번씩 모든 재료를 조심스럽게 고루 휘저어준다.
병 속 내용물을 체에 걸러서 깨끗한 병에 붓는다.
냉장고에 1년간 보관할 수 있다.

슈럽을 열탕소독하고 싶다면 완성한 슈럽을 보관할 수 있도록
240ml들이 병 3개를 준비한다.

슈럽을 비반응성 냄비에 넣고 중간 불에 올려서 한소끔 끓인다.
5분간 뭉근하게 익힌다. 슈럽을 불에서 내리고 병에 윗부분을
12mm 정도 남기고 채운다. 입구를 깨끗하게 닦은 다음 뚜껑을 닫고
10분간 열탕소독을 한다.(31쪽 참조.) 병입한 상태로 1년간 보관할 수
있다.

자두 카다멈 슈럽

자두는 식초와 잘 어울리는 과일이다. 시큼한 맛이 아주 강해서 단맛과 신맛이 훌륭한 균형을 이루는 프리저브가
된다. 잼이나 버터를 만들기에는 손이 너무 많이 가는 뒤뜰 나무의 자그마한 자두를 처치하기에도 좋은 방법이다.
이 슈럽은 볶음이나 소스, 마리네이드 등 동남아시아식 요리와 아주 잘 어울린다. 어떤 요리에도 풍미의 깊이를
더해서 손쉽게 독특한 음식을 완성할 수 있게 한다.

자두 1.2kg
사과 식초 2컵(480ml)
유기농 원당 1/2컵(100g)
카다멈 가루 1작은술
생 또는 말린 월계수 잎 4장
통팔각 2개

보관

1년

분량

240ml들이 병 4개

자두를 깨끗하게 씻어서 물기를 제거한다. 4등분한 다음 씨를
제거한다.

뚜껑이 있는 유리병에 모든 재료를 넣는다. 직사광선이 들어오는
실온에 둔다. 3~5일 후면 풍미가 배어들 것이다. 잘 우러나게 만들기
위해 하루에 한 번씩 모든 재료를 부드럽게 휘저어 잘 섞는다.
날것 그대로 유지하고 싶다면 체에 밭쳐서 건더기를 제거하고 액체만
병에 담아서 냉장 보관한다. 병입한 상태로 1년간 보관할 수 있다.

풍미를 더욱 농축시키려면 내용물을 비반응성 냄비에 옮겨 담고 중간
불에 올려서 한소끔 끓인다. 5분간 뭉근하게 익힌 다음 체에 밭쳐서
거른다. 완성된 슈럽은 이대로 병입해서 냉장 보관해도 좋고,
병입해서 열탕소독해도 좋다. 열탕소독을 하려면 완성된 시럽을 담을
수 있도록 240ml들이 병 4개를 준비한다. 슈럽을 불에서 내리고
병에 윗부분을 12mm 정도 남기고 채운다. 입구를 깨끗하게 닦은 다음
뚜껑을 닫고 10분간 열탕소독을 한다.(31쪽 참조.) 병입한 상태로 1년간
보관할 수 있다.

딸기 커피 슈럽

말도 안 되게 맛있는 슈럽이다. 커피와 과일, 식초를 섞어서 먹어보면 그 전에는 왜 이걸 시도하지 않았는지 의문이
들게 될 것이다. 커피콩을 섬세하게 로스팅하면 달콤한 과일 풍미와 산미가 감돌기 때문에 실제로 자연스럽게
타고난 조합이라고 할 수 있다. 마치 서로의 장점을 이끌어내는, 오래 전에 헤어졌던 절친들 같다.

딸기 1.8kg
사과 식초 7과1/2컵(1.8L)
유기농 원당 4컵(800g)
로스트한 커피
　　원두콩(개인적으로 신선한
　　에티오피아산 추천)
　　2와1/2컵(251g)

보관
1년

분량
240ml들이 병 11개

딸기를 깨끗하게 씻어서 물기를 제거한다. 뚜껑이 있는 유리병에
모든 재료를 넣는다. 직사광선이 들어오는 실온에 둔다. 3~5일 후면
풍미가 배어들 것이다. 잘 우러나게 만들기 위해 하루에 한 번씩
모든 재료를 부드럽게 휘저어 잘 섞는다. 날것 그대로 유지하고 싶다면
체에 밭쳐서 건더기를 제거하고 액체만 병에 담아서 냉장 보관한다.
병입한 상태로 1년간 보관할 수 있다.

풍미를 더욱 농축시키려면 내용물을 비반응성 냄비에 옮겨 담고
중간 불에 올려서 한소끔 끓인다. 5분간 뭉근하게 익힌 다음 체에
밭쳐서 거른다. 완성된 슈럽은 이대로 병입해서 냉장 보관해도 좋고,
병입해서 열탕소독해도 좋다. 열탕소독을 하려면 완성된 시럽을 담을
수 있도록 240ml들이 병 11개를 준비한다. 슈럽을 불에서 내리고
병에 윗부분을 12mm 정도 남기고 채운다. 입구를 깨끗하게 닦은 다음
뚜껑을 닫고 10분간 열탕소독을 한다.(31쪽 참조.) 병입한 상태로 1년간
보관할 수 있다.

변형: 이 슈럽은 다른 덤불 베리나 핵과로도 만들 수 있다.

금귤 사프란 슈럽

내가 금귤로 즐겨 만드는 프리저브인데, 손질할 것이 별로 없기 때문이다. 일상에 단순한 섬세함을 제대로 더할 수 있는 이국적인 음료다. 금귤은 근본적으로 단맛과 극단적인 신맛이라는 두 부류로 나뉜다. 사프란을 넣으면 마치 신성한 신들의 음료처럼 고급스러운 색이 된다! 특별한 자리에 내놓거나 간단하게 탄산수에 타서 나만을 위한 사치를 누리기에 좋은 슈럽이다.

나가미 금귤 455g
사과 식초 1과1/4컵(300ml)
꿀 1/2컵(170g)
사프란 1/2작은술
카다멈 가루 1/2작은술

보관
1년

분량
240ml들이 병 4개

뚜껑이 있는 유리병에 모든 재료를 넣는다. 직사광선이 들어오는 실온에 둔다. 일주일 후면 풍미가 배어들 것이다. 잘 우러나게 만들기 위해 하루에 한 번씩 모든 재료를 부드럽게 휘저어 잘 섞는다. 날것 그대로 유지하고 싶다면 체에 밭쳐서 건더기를 제거하고 액체만 병에 담아서 냉장 보관한다. 병입한 상태로 1년간 보관할 수 있다.

관련 사진은 178~181쪽 참조.

내용물을 가열하면 수분과 풍미가 더 많이 빠져나오지만 익어버린다. 가열하는 쪽을 선호한다면 내용물을 비반응성 냄비에 옮겨 담고 중간 불에 올려서 한소끔 끓인다. 4분간 뭉근하게 익힌 다음 체에 밭쳐서 거른다. 완성된 슈럽은 이대로 병입해서 냉장 보관해도 좋고, 병입해서 열탕소독해도 좋다. 열탕소독을 하려면 완성된 시럽을 담을 수 있도록 240ml들이 병 4개를 준비한다. 슈럽을 불에서 내리고 병에 윗부분을 12mm 정도 남기고 채운다. 입구를 깨끗하게 닦은 다음 뚜껑을 닫고 10분간 열탕소독을 한다.(31쪽 참조.) 병입한 상태로 1년간 보관할 수 있다.

음용 식초

내 좋은 친구 중 당을 일절 섭취하지 못하는 친구가 있는데, 과일도 예외가 아니다. 그래서 나는 식초에 풍미가 우러나게 해서 친구가 상쾌한 음료를 즐길 수 있게 해줄 방법이 없을지 연구하기 시작했다. 우선 감귤류 껍질과 향신료로 실험을 했다. 그리고 고민을 거듭하다 식초로 허브의 약용 성질을 추출할 수 있다는 사실을 기억해 냈다. 즉 쐐기풀을 식초에 재우면 비타민A와 비타민C, 칼슘, 철분, 엽산 등의 영양분을 추출할 수 있다. 물론 식물영양소와 항산화물질도 포함된다. 그러니까 기본적으로 슈퍼 푸드이자 식단에 활용하기 좋은 훌륭한 강장제가 되는 것이다. 이렇게 우리는 과정을 통해서 허브와 향신료의 다양한 약용 특성을 추출해서 건강에 매우 도움이 되는 음료를 만들 수 있다.

철저한 무가당 음료를 만들기 위해서 여기에는 설탕보다 수천 배는 달지만 당은 일절 들어 있지 않은 스테비아로 단맛을 냈다. 일상에 활력을 더하는 음료다! 여기서는 영감을 자극하기 위한 용도로 두 종류의 레시피를 소개하고 있지만 입맛에 따라 다양하게 재료를 조정하고 시험하면서 나만의 음료를 만들어보자!

오렌지 쐐기풀
부스트 음용 식초

사과 식초 3컵(720ml)

오렌지 껍질(생 또는 말린 것)
　　1컵(100g)

말린 쐐기풀 1/2컵(17g)

통팔각 2개

시나몬 스틱 1개

통 흑후추 1큰술

말린 스테비아 잎 1작은술(또는
　　액상 스테비아 10방울)

핑크 생강 음용 식초

사과 식초 3컵(720ml)

히비스커스 1큰술

말린 민트 1/2컵(17g)

껍질을 벗기고 간 날생강
　　1/4컵(10g)

뚜껑이 있는 유리병에 모든 재료를 넣고 잘 우러나게 만들기 위해 하루에 한 번씩 모든 재료를 부드럽게 휘저어 잘 섞으면서 1~3주간 풍미를 우린다. 체에 밭쳐서 건더기를 제거하고 액체만 병에 담는다. 이 식초는 냉장 또는 실온에서 1년간 보관할 수 있다. 정수 또는 탄산수에 적당히 타서 맛있게 마신다.

보관

1년

분량

3컵(720ml)

WHOLE

FRUITS,

PIE FILLINGS,

* SAUCES, *

AND BUTTERS

통과일, 파이 필링, 소스, 그리고 버터

NO. 5

이 장에 실린 프리저브 레시피는
아주 간단하게 과일을 처리할 수 있는 좋은
방법이 되어준다.

주로 과일을 통째로 보존하거나, 아주 소량의 설탕만을 넣어서 익히는 방식이다. 현대에 와서는 보기 드물어졌지만, 프리저브는 일단 찬장에 잘 갖춰두면 유용하게 사용할 수 있다. 이 장에 실린 모든 프리저브는 취향에 따라 대체 감미료를 사용하거나 아예 당류를 빼 버려도 식품 안전이나 품질에 전혀 영향을 미치지 않는 것들로 구성되어 있다.

통과일은 큼직한 과일 덩어리를 묽은 시럽에 재운 것이다. 대부분의 과일이 제철이 아닌 한겨울에 아침으로 요구르트를 먹기 위해서 잘 보존한 라즈베리 1병을 열 수 있다면 참으로 달콤한 선물이 되어줄 것이다!

파이 필링은 마련해 두면 손쉽게 디저트를 만들어야 할 때 아주 유용한 최고의 프리저브다. 디저트 한 입이 간절할 때를 위해서 병에 담겨 찬장에서 얌전히 기다리고

있다! 갈레트와 파이, 크럼블 등 다양한 메뉴에 활용 가능하다. 한 종류만 잔뜩 만들어놔야 할 필요도 없다. 이것저것을 수 병씩 차곡차곡 만들어서 다양하게 마련해 보자.

1월에 맛보는 향신료 살구 파이라니 정말 먹음직스럽게 들리지 않는가!

소스와 버터는 둘 다 비슷비슷한 편이다. 만드는 방법은 동일하지만 버터는 재료가 더 많이 들어가고 낮은 온도에서 더 오랜 시간 조리한다. 과일을 더 낮은 온도에서 더 오래 익히면 당이 캐러멜화되기 시작하면서 과일 버터 특유의 독특하고 맛있는 풍미가 발달한다.

이 장에 실린 기술과 함께 재미있는 실험을 즐기며 완전히 새로운 방식으로 과일을 잔뜩 보존해 보자!

WORKSHOP

PRESERVE FRUIT

1.
통과일

큼직한 과일 조각을 시럽이나 물, 과일 주스 등에 보존한 것

2.
파이 필링

걸쭉한 시럽에 과일 조각이 들어 있는 것

3.
소스

과일에 당을 소량 또는 일절 첨가하지 않고 익혀서 만든 것

4.
버터

과일을 당이 캐러멜화될 때까지 익혀서 걸쭉한 페이스트로 만든 것

통과일로 만든 프리저브는 우리 집 주방에서 가장 많이 사용하는 과일 보존식이다. 나는 과일 보존식이란 바쁜 사람도 슬로우 푸드를 빠르게 요리해서 먹을 수 있게 해주는 해결책이라고 자주 생각한다. 모순처럼 들릴 수도 있지만, 과일을 보존하면 일 년 내내 언제나 슬로우 푸드를 먹을 수 있다. 또한 일 년 내내 인근에서 재배한 유기농 과일을 손쉽게 맛볼 수 있다. 봄과 여름에 잠깐 나오는 과일도 일 년 내내 즐길 수 있으며, 통째로 보관하면 훨씬 활용도가 높아진다.

1. 통과일

과일을 통째로 보존하려면 우선 큼직하게 손질한 과일을 설탕 시럽에 담근 후 열탕소독을 진행해서 뚜껑을 밀봉한다. 잼이나 마멀레이드처럼 젤화시켜서 완성하기 위해 설탕에 의존할 필요가 없으므로 아가베 시럽이나 종려당, 꿀, 메이플 시럽 등 다양한 당류를 마음껏 사용할 수 있다. 통과일 프리저브를 만들 때 내가 제일 선호하는 당류는 인근에서 생산한 양질의 제품을 쉽게 구할 수 있으면서 부드럽고 순한 맛을 가미하고 과일의 색을 어둡게 만들지 않는 꿀이다. 하지만 다른 당류도 제각기 장점과 저마다의 풍미를 지니고 있으니 취향에 따라 선택하면 된다.

통과일 프리저브를 먹을 때는 시럽은 다른 용도로 사용하고 과일만 꺼내서 원하는 대로 요리한다. 겨울에는 미리 보존해 둔 핵과나 덤불 베리를 그냥 꺼내 먹기만 해도 별식이 된다. 스무디나 밀크셰이크를 만들어도 좋고 요구르트나 아이스크림 위에 얹어서 먹어보자. 파이와 스콘, 머핀 등 다양한 베이킹에도 활용할 수 있다. 시럽은 드레싱이나 마리네이드에 풍미를 더하는 용도로 쓸 수 있다. 탄산수에 섞으면 상쾌한 탄산 음료가 된다. 가능성은 무궁무진하다.

거의 모든 과일은 통째로 보관할 수 있으며 색이나 내구성에 따라 약간의 요령이 필요할 때는 있지만 덕분에 훨씬 맛있고 아름다운 프리저브를 만들어낼 수 있다.

시럽에 담가 재운 과일.
필요할 때 그 자리에 있어준다!

fruit suspended in syrup. There when you need it!

Carefully pack into jars and cover with liquid.

병에 조심스럽게 차곡차곡 담고 액상 재료를 잠기도록 붓는다

통과일을 손질하는 3가지 방법

1
날것으로 재우기:
덤불 베리, 핵과, 사과,
배, 무화과

첫 번째 방법: 덤불 베리나 핵과처럼 부드러운 과일은 통째로 보관하려면 그 나름대로의 요령이 필요하다. 사과와 배, 무화과에도 동일하게 적용할 수 있는 기술이다. 쉽게 부서지기 때문에 가열하지 않고 날것인 채로 병에 바로 차곡차곡 담는다.

과일 고르기: 과일을 통째로 병조림할 때는 단단한 것을 고르는 것이 중요하다. 살짝 덜 익은 과일이 진짜 제일이다. 질감이 단단해야 병을 밀봉하는 과정 중에도 과일이 제 모양을 유지한다. 너무 잘 익은 과일은 흐물흐물해져서 보기에도 예쁘지 않다.

과일 손질법: 블랙베리나 라즈베리, 블루베리처럼 작은 베리는 그냥 병에 바로 담는다. 체리도 크기가 작기 때문에 원한다면 씨를 제거하지 않고 바로 병에 담을 수 있다. 크기가 큰 핵과는 사용하는 병에 쏙 들어가서 예쁘게 담을 수 있도록 조심스럽게 썰어야 한다. 과일을 보존할 때는 시각적 요소도 중요하기 때문이다.

참고: 딸기는 쪼그라들고 변색되는 경향이 있다는 문제가 있다. 맛은 훌륭하지만 보기에 좀 웃기다! 그래서 나는 항상 블랙베리 같은 짙은 색 과일을 섞고, 조금이라도 나아보이게 하기 위해 딸기를 최소한 반으로 썰어서 병에 담는다.

이제 과일을 병에 담을 차례다. 창의적이고 아름답게 켜켜이 담는 과정이 재미를 더한다. 병 옆면에 얇게 저민 감귤류 1장을 밀어 넣거나 허브, 향신료 등을 넣으면 독특한 병절임을 만들 수 있다. 또한 과일은 열탕소독 과정 중에 흐물흐물해지면서 동동 떠오르기 때문에 반드시 빼곡하게 채워 담아야 바닥에 국물만 잔뜩 남는 사태를 막을 수 있다. 병에 내용물을 담을 수 있는 기준선에 가득 찰 때까지 가득 넣도록 하자.

시럽 만드는 법

과일이 푹 잠기도록 부을 시럽에 사용할 당류는 취향에 따라서 고를 수 있다. 다양한 당류는 저마다 프리저브에 고유한 풍미와 색을 더한다는 사실을 알아두자. 꿀, 아가베 시럽, 메이플 시럽, 종려당 등 사용할 수 있는 당류에는 여러 가지가 있다. 레시피는 대부분 과일의 색과 질감을 가장 잘 살려서 보존할 수 있는 사탕수수 원당을 기준으로 만들어져 있다. 전통 레시피에서는 진한 시럽의 경우 물과 설탕을 1:1로, 맑은 시럽의 경우 물과 설탕을 5:1 비율로 사용한다. 내가 추천하는 시럽 레시피는 그 절반 정도로 진한 시럽은 물과 당류를 2:1, 맑은 시럽은 물과 당류를 10:1로 조절해서 만든다. 다양한 당류를 섞어서 맛을 낼 수도 있다. 어떤 종류의 설탕 시럽을 선호하는지, 어느 정도의 농도로 맞추고 싶은지 결정하자. 설탕의 종류와 분량은 과일의 질감과 색상을 유지하는 데에 영향을 미친다. 또한 프리저브를 안전하게 안정적으로 보관할 수 있게 만드는 요소는 산도이며, 저산성 과일을 보존할 때는 반드시 기재된 레시피를 꼼꼼하게 따라야 한다는 점을 반드시 기억해야 한다. 저산성 과일에는 동양의 배와 무화과, 일부 부드러운 배 품종, 멜론 등이 속한다. 이런 레시피를 보면 산도를 높여서 안전하게 보존하기 위해서 레몬즙을 첨가하는 것을 확인할 수 있다. 여기 들어가는 허브와 향신료는 무엇이든 자유롭게 사용해도 좋다.

병조림을 만들려면 우선 시럽을 한소끔 끓인다. 480ml 병을 기준으로 시럽은 1개당 약 1컵(240ml) 정도가 필요하다. 과일이 담긴 병에 내용물이 가득 차서 완전히 잠기도록 기준선까지 붓는다. 과일이 시럽 위로 살짝 떠올라도 괜찮다. 제대로 밀봉하려면 기준선을 넘기지 않는 것이 중요하다.

부드러운 생과일을 보존하는 것은 조금 까다로운 편이라 결과물이 아름답게 나오려면 나름대로 집중해야 한다. 생라즈베리가 얼마나 부드러운지 생각해보자. 그런데 이 병을 밀봉하려면 8분이나 가열해야 한다. 이때 과일이 제 형태를 온전하게 유지하면서 너무 흐물거리지 않게 만들려면 열탕소독에 사용하는 물을 팔팔 끓이지 않고 95℃를 유지하는 것이 중요하다. 과일 프리저브가 살균될 정도로는 뜨겁지만 과조리될 정도로 팔팔 끓지는 않는 온도다. 소독기에서 눈을 떼지 말고 물이 끓지 않는지 확인해야 한다. 240ml 병은 8분 이하, 480ml 병은 12분 이하, 960ml 병은 20분 이하로 조리한다.(가열 시간은 병에 담은 설탕 시럽이 뜨거워졌을 때를 기준으로 한

다.) 소독을 완료한 병은 꺼내서 뚜껑을 단단하게 조인다. 처음 꺼냈을 때는 모양이 조금 우스워보이지만 식으면 아름다운 모습이 된다.
31쪽의 안내에 따라 열탕소독을 진행한다.

2
가열 조리:
덤불 베리, 핵과, 사과,
배, 무화과

두 번째 방법: 가열 조리하면 통과일을 설탕 시럽은 물론 일반 정수, 과일 주스 등으로도 보존할 수 있다. 설탕을 첨가하지 않고도 과일 프리저브를 만드는 훌륭한 방법이다! 통과일을 물에 보존하면 평소에 먹던 통조림 과일과는 상당히 다른 맛이 난다. 색도 조금 바래고 질감도 살짝 무르지만 순수한 과일만 먹을 수 있다! 프리저브를 먹으면서도 당 섭취를 줄일 수 있는 좋은 방법이기도 하다. 물로만 보존한 과일 프리저브는 설탕 절임 과일보다 잘 상하기 때문에 개봉하고 나면 2~3일 내에 전부 먹어 치워야 한다. 또한 설탕을 일절 넣지 않고 무가당 과일 주스만 이용해서 통과일을 보존할 수도 있다. 내가 제일 좋아하는 것은 사과 주스와 백포도 주스지만 오렌지 주스를 사용해도 좋다. 창의력을 발휘해서 풍미를 이리저리 조합하는 것도 재미있을 것이다. 가장 중요한 것은 마음껏 즐기는 것이니까!

물이나 과일 주스로 과일을 보존하려면 가열 조리 방식을 선택해야 한다. 손질한 과일을 액상 재료에 담가서 전체적으로 완전히 뜨거워질 때까지 뭉근하게 익히는 방식이다. 냄비에 집어넣는 과일의 크기와 온도에 따라 3~7분 정도가 소요된다. 그런 다음 그물 국자를 이용해서 과일을 건져 병에 담고, 액상 재료를 과일이 완전히 잠기도록 붓는다. 입구를 깨끗하게 닦은 다음 뚜껑을 닫고 217쪽의 안내에 따라 나머지 과정을 진행한다.

퀸스는 위에서 언급한 것과는 다른 방식으로 손질해야 하는 과일이다. 물에 넣고 1시간 이상 익혀서 부드럽게 만들어야 한다. 정확한 내용은 퀸스 젤리(256쪽) 레시피를 참조하자.

3
감귤류

세 번째 방법: 감귤류를 통째로 보존할 때는 껍질까지 모두 포함한 과일 전체를 사용한다. 따라서 다른 과일을 통째로 사용할 때와는 다른 손질법을 따라야 한다.

과일 고르는 법: 반드시 갓 수확한 맛이 좋은 감귤류를 골라야 한다. 귤이나 메이어 레몬, 라임, 금귤처럼 껍질이 부드럽고 얇으면서 중과피가 적을수록 프리저브로 만들기 좋다. 과육은 즙이 풍부하면서 풍미가 깊고, 껍질은 얇고 윤기가 흘러야 한다.

조리용 과일 손질하는 법: 감귤류를 껍질까지 통째로 보존하려면 먼저 끓는 물에 껍질을 익혀서 부드럽게 만들어야 한다. 그래야 더 섬세하고 부드러운 질감을 갖춘 프리저브가 된다. 감귤류를 손질할 때는 길게 자르든 잘게 썰든 마음대로 자유롭게 자르면 된다. 최종 결과물을 어떤 모양으로 만들고 싶은지에 따라 달라진다. 원하는 모양에 따라 감귤류를 손질한 다음 씨를 제거하면 된다.

이어서 손질한 과일을 냄비에 넣고 물을 잠기도록 부은 다음 한소끔 끓인다. 이 단계를 거치면 감귤류의 풍미가 많이 사라질까봐 걱정하기도 하는데, 건져서 삶아낸 물의 맛을 보면 껍질의 쓴맛만 녹아 나왔다는 사실을 알 수 있다. 껍질이 부드러워질 때까지 10~15분간 끓인다.

이어서 감귤류를 물에서 건진 다음 물기를 가볍게 제거한다. 이때 제 모양을 유지할 수 있도록 조심스럽게 다루고, 절대 꾹꾹 누르지 않아야 한다. 다시 냄비에 넣고 원하는 유형의 당류를 넣는다. 다양한 종류의 당류와 향신료, 허브를 실험하고 싶다면 지금이 적기다. 나는 풍미를 농축시키기 위해서 여기에 물 대신 감귤류 주스를 넣기도 한다. 이제 향이 껍질에 스며들 수 있도록 당류와 함께 15분간 뭉근하게 익힌다. 국자로 감귤류와 껍질을 떠서 병에 담고 입구를 깨끗하게 닦은 다음 뚜껑을 닫고 217쪽의 안내에 따라 나머지 과정을 진행한다.

2. 파이 필링

파이 필링을 만들 때는 통과일 프리저브와 비슷한 과정을 따른다. 통째로 익히기 때문에 과일을 조심스럽게 다뤄야하며, 살짝 덜 익은 과일을 사용하는 것이 가장 좋다. 하지만 파이 필링의 경우 대부분 주스에 점도 조절제를 첨가한다. 나는 해초가 주원료고 효과가 뛰어난 한천을 주로 사용한다. 점도 조절제를 추가한다 하더라도 너무 되직한 것보다는 자연스럽게 유기농 느낌을 주도록 살짝 묽은 농도를 유지하는 것이 좋다.

중형 냄비에 물 2컵(480ml)과 유기농 원당 2컵(400g), 한천 2작은술을 넣고 중강 불에 올려서 한소끔 끓인다. 불에서 내린 다음 그대로 5분간 재운다.

파이 필링은 온갖 종류의 과일로 만들 수 있으며, 여러 개를 섞어도 무방하다. 사과나 배, 퀸스 같은 가을 과일을 사용할 수 있고, 그들을 심을 제거한 다음 예쁘게 길게 웨지 모양으로 손질할 수 있다. 복숭아나 천도복숭아, 체리, 자두 등 핵과로도 최고로 맛있는 파이 필링을 만들 수 있다. 원한다면 껍질을 벗긴 다음 씨앗을 중심으로 조심스럽게 웨지 모양으로 도려낸다. 모든 종류의 덤불 베리 또한 파이 필링에 잘 어울리며, 같은 방식으로 조리하면 된다.

베리를 손질하려면 대부분 통째로 사용하기 때문에 딸기 정도만 너무 클 경우 한 입 크기로 썰면 된다. 그 정도로 간단하다! 손질한 모든 과일을 넣고 중간 불에서 3분간 뭉근하게 익힌다. 국자로 떠서 병에 담고 입구를 깨끗하게 훑은 다음 뚜껑을 닫고 217쪽의 안내에 따라 나머지 과정을 진행한다.

3. 소스

소스 만들기는 자유도가 높아서 개인의 취향에 따라 쉽게 조절할 수 있다.
복잡한 스타일로 개발할 수도 있고, 그냥 과일을 한없이 졸이는 것처럼 간단하게
만들 수도 있다. 소스와 버터는 둘 다 거의 비슷하지만 소스를 만들 때보다 재료를
더 많이 넣고 낮은 온도에서 오랫동안 익혀야 버터가 된다.

소스의 질감은 원하는 대로 조절할 수 있다. 사과 소스를 얼마나 다양하게 만들어
볼 수 있을지 한 번 생각해 보자. 사과 소스에는 가당도 있고 무가당도 있다.
곱고 부드러운 것도 있고 굵고 거친 것도 있다. 껍질째 만들기도 하고, 제거해도
상관없다. 향신료를 추가하기도 한다. 오직 한 품종의 사과만으로 만들 수도 있고,
다른 과일과 섞을 수도 있다. 어떤 품종을 사용할지, 아니면 어떤 과일을 어떤
조합으로 사용할지 직접 선택하면서 온갖 종류의 소스를 색다르게 만들어볼 수 있다.

준비한 과일의 잎과 줄기, 심, 씨앗을 제거한다. 껍질은 취향에 따라 벗겨도 되고
그대로 둬도 좋다. 과일을 적당한 크기로 썬다.

비반응성 냄비에 과일을 넣는다. 이때 타지 않도록 하려면 바닥에 액상 재료
(주스나 물, 당류 등)를 소량 부어야 한다. 나는 주로 가을부터 열심히 보존해 둔
사과 주스를 사용한다.

중간 불로 줄인다. 향신료를 사용할 경우에는 이 시점에 넣도록 한다.
여분의 당류를 첨가한다면 역시 이 시점에 넣는다. 뚜껑을 닫는다.

과일이 부드러워져서 나무 주걱으로 누르면 으깨질 정도가 될 때까지 뭉근하게 익힌다.

원하는 질감이 될 때까지 계속 가열한다. 질감이 굵고 거친 소스를 원한다면
감자 으깨개로 으깨도 좋고, 고운 소스가 좋으면 불에서 내린 다음 스틱 블렌더로
곱게 간다. 스틱 블렌더가 없다면 푸드프로세서에 부어서 곱게 갈자.

병에 옮겨 담고 입구를 깨끗하게 닦은 다음 뚜껑을 닫고 217쪽의 안내에 따라
나머지 과정을 진행한다.

2. 버터

소스를 계속해서 가열하면 최종 결과물은 버터처럼 상온에서도 되직한 상태를
유지하는 아주 매끄러운 페이스트가 되는데, 버터라는 이름도 그 질감 때문에
붙은 것이다. 버터는 온갖 과일로 만들 수 있지만, 캐러멜화될 때까지 익히면
타고난 풍미가 발달하는 특징 덕분에 조금 더 버터를 만들기 적합한 과일이 따로
있다. 그중 내가 좋아하는 것은 배와 사과, 퀸스다. 하지만 버터를 만들면 미처
깨닫지 못했던 완전히 다른 풍미가 살아나는 자두와 살구도 꽤 좋아한다.

버터는 소스보다 만들기 아주 약간 더 까다롭지만 크게 다르지는 않다.
소스와 비슷한 부분이 많지만 다른 부분도 있다. 버터에는 단맛과 신맛,
새콤한 맛, 캐러멜 풍미 등이 켜켜이 쌓여 있다. 이는 보통 일종의 당류 또는
식초를 첨가한다는 것을 뜻한다. 또한 버터라는 단어는 부드러운 질감을
의미하기 때문에 '거친 버터chunky butter'에는 다른 이름을 붙이는 것이 좋을
거라고 생각한다! 세상에 거친 버터라는 단어가 성립할 수나 있나? 아무튼,
과일 버터의 좋은 점은 우리가 화사한 색을 유지하려고 애쓰는 잼을 만들 때와
달리 어차피 갈색으로 변하기 때문에 원하는 종류의 어떤 당류를 사용해도
상관없다는 것이다. 메이플 시럽, 라파두라rapadura (천연 사탕수수즙을
가열해서 당밀처럼 만든 당류 - 옮긴이), 종려당, 대추야자 설탕date sugar까지
뭐든 마음껏 넣어보자. 재미있는 실험을 할 수 있는 부분이다. 가장 흔하게
사용하는 재료는 사과와 배, 퀸스, 자두 등이다. 복숭아와 살구로 만들 수도 있다.

준비한 과일의 잎과 줄기, 심, 씨앗을 제거한다. 껍질은 취향에 따라 벗겨도 되고
그대로 둬도 좋다.

나는 버터란 어차피 과일이 짙은 색을 띠고 부드러워질 때까지 한참 동안 익혀서
만드는 것이므로 절대 껍질을 벗기지 않는다. 손이 훨씬 덜 간다!

비반응성 냄비에 과일을 넣는다.

식초를 넣는다. 나는 자두를 제외한 모든 버터에 사과 식초를 사용하는데,
자두는 타고나길 신맛이 아주 강해서 산미를 첨가해야 할 필요가 없기 때문이다.

여기서 식초는 안전하게 보관하기 위해 넣는 것이 아니다. 그저 풍미를 내기 위함이다.

당류를 넣는다. 나는 모든 버터를 만들 때 다양한 종류의 당류를 서로 다른 분량으로 첨가한다. 당류 또한 버터를 안전하게 보관하기 위해서가 아니라 그저 맛과 질감을 조절하기 위해 사용하는 것이다. 그러니 이 시점에서 최종 결과물이 어떤 맛이 될지 생각하며 조심스럽지만 자유롭게 실험을 해보자.

향신료를 넣는다. 다시 말하지만 취향에 따라 자유롭게 실험하도록 하자.

냄비의 뚜껑을 닫고 과일이 만지면 부드럽게 느껴질 때까지 익힌다. 타지 않도록 자주 저어줘야 한다. 10~20분 정도가 소요된다.

냄비를 불에서 내리고 스틱 블렌더로 골고루 곱게 간다. 스틱 블렌더가 없다면 푸드프로세서에 부어서 곱게 간다.

유리 베이킹 그릇에 버터를 붓는다. 버터가 그릇에 1.2cm~2.5cm 깊이로 깔리는 것이 가장 좋다. 그보다 얕으면 너무 빨리 익고, 그보다 깊으면 조리 시간이 너무 길어진다.

200℃의 오븐에서 2~4시간 동안 굽는다. 타이머를 30분 간격으로 설정해서 매번 그릇을 꺼내 가장자리를 잘 긁어내고 골고루 섞어준다. 나는 주로 납작한 나무 주걱을 사용한다. 조리 시간은 과일의 수분과 당 함량에 따라 달라진다.

버터의 부피가 약 절반 정도로 줄어들고 당이 익어서 뚜렷한 캐러멜 풍미가 느껴지면 완성된 것이다. 1작은술을 덜어내서 접시에 담고 냉동고에 넣어 테스트해 보자. 버터에서 수분이 분리되지 않고 접시 위에서 그대로 형태를 유지하고 있어야 한다.

오븐에서 버터를 꺼내 병에 옮겨 담는다. 입구를 깨끗하게 닦고 뚜껑을 닫은 다음 217쪽의 안내에 따라 나머지 과정을 진행한다.

Bake butters in oven for best results.

최상의 결과물을 얻으려면 버터를 오븐에 굽는다

Bottle and can to preserve.

사과를 써는 법

4 같은 방식으로 사과를 돌려가며 심에 최대한 가까이 닿도록 썬다.

1 씨앗에 거의 닿을 정도로 심에 가깝게 잘라낸다.

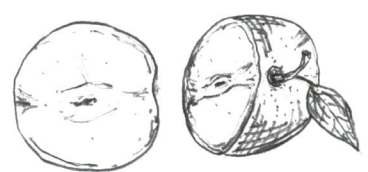

5 잘라낸 조각을 다시 송송 썬다.

2 심을 중심으로 계속 썰어나간다. 두 번째로 썰 때는 칼날이 과일에 수직으로 떨어지도록 썰어야 한다.

6 다시 적당한 크기로 썬다. 짜잔! 사과 소스와 사과 버터, 사과 아무거나를 만들 준비가 완료되었다!

3 두 번째로 썬 곳의 옆 부분을 썬다.

체리 주빌리

나는 체리를 보존할 때는 아주 맑은 꿀 시럽을 사용한다. 체리의 은은한 풍미가 드러나는 것이 좋고, 체리를 모두 먹고 난 후 남은 국물이 정말 마시기 좋은 별미이기 때문이다. 씨를 빼지 않은 체리로 만드는 것이 훨씬 질감이 살아 있기 때문에 나는 체리 절임을 디저트 테이블에 오른 올리브와 같다고 생각하고 있다. 물론 씨를 뺀 체리도 먹기 간편할 뿐더러 사용하기에도 훨씬 자유도가 높다. 그러니 씨를 빼고 보존할 것인지, 먹기 전에 제거할 것인지는 순전히 만드는 사람의 선택에 달려 있다.

물 5컵(1.2L)
꿀 1/2컵(170g)
빙 체리(씨는 그대로 혹은
  제거) 910kg

보관
1년

분량
240ml들이 병 6개

완성된 주빌리를 담을 수 있도록 240ml들이 병 6개를 준비한다. 비반응성 냄비에 물과 꿀을 넣고 중강 불에 올린다. 꿀에 들어 있는 유익한 효소를 되도록 그대로 보존하기 위하여 내용물이 바글바글 끓어오르지 않도록 주의하면서 99℃까지 가열한다.

그동안 병에 체리를 조심스럽게 꼭꼭 눌러 담는다. 으깨지지 않는 선에서 병에 체리를 최대한 많이 채워 담아야 한다.

뜨거운 시럽을 체리 병에 윗부분을 12mm 정도 남기고 채운다. 입구를 깨끗하게 닦은 다음 뚜껑을 닫고 8분간 열탕소독을 한다.(31쪽 참조.) 병입한 상태로 1년간 보관할 수 있다.

베리 주빌리

나는 베리 잼을 만들 때마다 어린 시절 독일의 흑삼림지the Black Forest에서 산딸기를 땄다는 할머니를 떠올리곤
한다. 얼마나 맛있었을까! 이런저런 덤불 베리류로 다양한 조합을 실험해 볼 수 있는데, 짙은 색 베리를
조금 섞어주면 확실하게 예쁜 색으로 완성할 수 있다. 나는 베리를 묽은 꿀 시럽에 재워서 풍미를 제대로
보존할 수 있도록 만드는 것을 좋아한다. 내 꿀 시럽 레시피는 다른 사람의 레시피에 비해서 훨씬 묽은 편이라
원한다면 꿀의 양을 얼마든지 늘려도 좋지만, 솔직히 꿀을 너무 많이 넣으면 과일의 풍미를 압도해 버린다고 본다.
베리 주빌리를 만들어 두면 팬케이크나 요구르트, 스무디처럼 아침 식사 메뉴에서 제대로 빛을 한다.(212~215쪽의
사진 참조.) 마음껏 즐기자!

물 6컵(1.4L)
꿀 1컵(340g)
생 베리류(블루베리,
　블랙베리, 라즈베리,
　딸기를 섞어서 사용) 850g

보관

1년

분량

240ml들이 병 5개

완성된 베리 주빌리를 담을 수 있도록 240ml들이 병 5개를 준비한다.
비반응성 냄비에 물과 꿀을 넣고 중간 불에 올린다. 끓어 넘치지 않도록
주의하면서 혼합물이 95℃가 될 때까지 가열한다.

그동안 병에 베리를 조심스럽게 꼭꼭 눌러 담는다.
으깨지지 않는 선에서 병에 베리를 최대한 많이 채워 담아야 한다.

뜨거운 시럽을 베리 병에 윗부분을 12mm 정도 남기고 채운다. 입구를
깨끗하게 닦은 다음 뚜껑을 닫고 10분간 열탕소독을 한다.(31쪽 참조.)
병입한 상태로 1년간 보관할 수 있다.

꿀 살구 절임

나는 블렌하임 살구를 나중에 다양한 방법으로 활용할 수 있도록 통째로 절이는 것을 좋아한다. 대부분은 병에서 꺼내 있는 그대로 디저트로 즐겨 먹는다. 그리고 요구르트나 코티지 치즈에 곁들이거나 스무디로 만들기도 한다. 절임액 또한 스무디나 드레싱에 넣으면 독특한 풍미가 살아나는 진정한 미식이다. 예쁜 색감을 유지하려면 완벽하게 익은 살구를 사용하고 꿀 시럽을 진하게 만들어야 한다. 나는 껍질이 부드럽고 맛있는데다 제거하는 데에는 시간이 많이 걸리기 때문에 굳이 벗기지 않는다. 맛있게 즐기자!

물 5컵(1.2L)
꿀 3과3/4컵(1.3kg)
반으로 잘라서 씨를 제거한
　살구 907g

보관

1년

분량

240ml들이 병 5개

완성된 꿀 살구 절임을 담을 수 있도록 240ml들이 병 5개를 준비한다. 비반응성 냄비에 물과 꿀을 넣고 중간 불에 올린다. 끓어 넘치지 않도록 주의하면서 혼합물이 95℃가 될 때까지 가열한다.

그동안 병에 살구를 조심스럽게 꼭꼭 눌러 담는다. 으깨지지 않는 선에서 병에 살구를 최대한 많이 채워 담아야 한다.

뜨거운 시럽을 살구 병에 윗부분을 12mm 정도 남기고 채운다. 입구를 깨끗하게 닦은 다음 뚜껑을 닫고 10분간 열탕소독을 한다. (31쪽 참조.) 병입한 상태로 1년간 보관할 수 있다.

꿀 귤 절임

꿀 귤 절임은 정말로 진가를 인정받지 못한 보물이다. 한겨울, 조금이라도 기분이 우울해질 때 불 위에 귤
한 냄비가 보글보글 끓어오른다면 그날 하루의 분위기를 완전히 바꿔버릴 수 있다.
영혼에 활기를 불어넣는 오렌지 오일에 다른 향신료를 더하면 집과 우리의 마음을 위한 최고의 포푸리가 된다!
꿀 귤 절임이 담긴 병을 열 때도 같은 효과가 있다.

이 레시피는 감귤류 과일을 통째로 보존하는 방식으로, 절인 과육을 건져내서 다양하게 활용할 수 있다.
바닐라 아이스크림이나 플레인 요구르트, 그래놀라에 곁들이면 환상적이다. 잘게 다져서 케일 샐러드나
찐 브로콜리에 넣어도 좋다. 해피걸키친에서는 꿀 귤 절임을 넣고 야생 쌀 필라프를 만든다. 흔히 건포도와 말린
크랜베리, 체리 등을 넣는 여러 짭짤한 요리 레시피와 전반적으로 잘 어울린다.
오, 그리고 그 절임액 하며…. 아직 버리지 않았기를 바란다! 그야말로 신들이 마시는 암브로시아와 같다.
방금 사전에서 암브로시아를 찾아보았는데 이 절임액이 거기 있었다. 탄산수에 살짝 타서 편안하게 앉아
홀짝 마셔보자!

금귤이나 블러드 오렌지, 카라카라 오렌지 등 다른 감귤류에도 잘 어울리는 레시피다.
다양한 향신료와 허브로 실험을 해봐도 좋다.

껍질째 6등분한 귤 1.8kg
꿀 4컵(1360g)
레몬즙 1컵(240ml)
오렌지즙 1컵(240ml)
시나몬 스틱 9개
정향 1과1/2큰술
통팔각 4개(선택)

보관
1년

분량
240ml들이 병 6개

비반응성 냄비에 귤을 넣고 물을 딱 잠길 만큼만 붓는다.(약 6컵 또는
1.4L.) 뚜껑을 닫고 중간 불에 올려서 한소끔 끓인다. 불 세기를 약하게
낮추고 만지면 껍질이 부드럽게 느껴질 때까지 약 15분간 뭉근하게
익힌다. 내용물을 따라내고 귤만 건져서 다시 냄비에 넣는다.
(이때 남은 국물은 어차피 풍미가 없어서 버려도 상관없다.)

냄비에 꿀과 레몬즙, 오렌지즙, 시나몬 스틱, 정향, 팔각(사용 시)을
넣고 조심스럽게 휘저어 잘 섞는다. 뚜껑을 닫고 중간 불에 올려서 타지
않도록 중간중간 잘 휘저어가며 귤에 반짝이는 글레이즈가 입혀질
때까지 약 40분간 뭉근하게 익힌다.

완성된 꿀 귤 절임을 담을 수 있도록 240ml들이 병 6개를 준비한다.
그물국자를 이용해서 뜨거운 귤을 건져 병에 윗부분을 12mm 보다
조금 적게 남기고 채운다. 뜨거운 시럽을 귤 병에 윗부분을 12mm 정도
남기고 채운다. 이때 취향에 따라 통향신료를 적당히 넣으면 색상의

대조가 두드러지는 아름다운 과일절임이 된다. 입구를 깨끗하게 닦은 다음 뚜껑을 닫고 10분간 열탕소독을 한다.(31쪽 참조.) 병입한 상태로 1년간 보관할 수 있다.

살구 파이 필링

'파이 필링을 만드는 것은 좋은 일이구나!' 하고 사상의 전환이 일어날 정도로 맛있는 파이 필링이다.

특히 살구는 제철이 짧고 맛이 아주 독특하기 때문에 충분히 맛보는 사람을 파이 신봉자로 만들 수 있다.

아래 레시피에는 해초로 만든 천연 점도 조절제인 한천을 사용한다. 파이 필링에서 너무 물이 줄줄 흐르지도

않지만 너무 단단해지지도 않도록 수분을 아주 적당히 흡수한다. 삶이 당신에게 살구를 준다면, 파이를 만들어라!

물 2컵(480ml)

레몬즙 1/2컵(120ml)

유기농 원당 2컵(400g)

한천 가루 1작은술

정향 가루 1/4작은술

너트메그 가루 1/4작은술

씨를 제거하고 4등분한

　탄탄한 살구 1.8kg

보관

1년

분량

480ml들이 병 4개

비반응성 냄비에 물과 레몬즙, 원당, 한천 가루, 정향, 너트메그를 넣고 중강 불에 올린다. 한소끔 끓으면 중간 불로 낮추고 2분간 뭉근하게 익힌다. 살구를 넣고 전체적으로 뜨거워질 때까지 5분 더 익힌다.

완성된 파이 필링을 담을 수 있도록 480ml들이 병 4개를 준비한다. 냄비를 불에서 내리고 내용물을 병에 윗부분을 12mm 정도 남기고 채운다. 입구를 깨끗하게 닦은 다음 뚜껑을 닫고 10분간 열탕소독을 한다.(31쪽 참조.) 병입한 상태로 1년간 보관할 수 있다.

복숭아 파이 필링

이 병 하나만 열면 한겨울에도 순식간에 간단하게 파이를 만들 수 있다니 얼마나 멋진 일인가. 나는 과일로 프리저브를 만드는 것이 나중에 재빠르게 '슬로우 푸드'를 먹을 수 있도록 만드는 과정이라고 생각한다. 자산을 투자하는 것이나 마찬가지로, 시간을 투자하면 나중에 오븐에서 신선한 파이를 꺼내면서 그 이득을 톡톡하게 누릴 수 있다! 정말 신나는 일이다. 아래 레시피에는 삶아서 껍질을 벗기는 동안에도 형태를 유지해야 하므로 단단하고 풍미가 뛰어난 복숭아를 사용하는 것이 좋다.

복숭아 2.3kg
물 2컵(480ml), 데치기용
　여분
유기농 원당 2컵(400g)
가루 한천 2작은술

보관

1년

분량

480ml들이 병 6개

팔팔 끓는 물에 복숭아를 넣고 5분간 데친다. 복숭아를 건져서 얼음물에 담그거나 냉장고에 넣어서 만지면 차갑게 느껴질 때까지 식힌다. 그동안 대형 냄비에 물과 원당, 가루 한천을 넣고 중간 불에 올려서 한소끔 끓인다. 불에서 내리고 그대로 5분간 식힌다.

완성된 파이 필링을 담을 수 있도록 480ml들이 병 6개를 준비한다. 과도로 복숭아 껍질을 조심스럽게 벗긴 다음 씨를 제거하고 웨지 모양으로 썬다. 복숭아를 냄비에 넣고 다시 중강 불에 올려서 3분간 가열한다. 냄비를 불에서 내리고 국자로 복숭아를 퍼서 병에 담는다. 이때 국물이 모든 병에 골고루 나눠지도록 양을 조절해야 한다. 냄비의 내용물을 병에 윗부분을 12mm 정도 남기고 채운다. 입구를 깨끗하게 닦은 다음 뚜껑을 닫고 12분간 열탕소독을 한다.(31쪽 참조.)

병입한 상태로 1년간 보관할 수 있다.

자두 파이 필링

정말 맛있는 자두는 그만한 별미가 없을 정도다! 아래 레시피에는 풍미가 뛰어나고 단단한 자두를 사용해야 한다. 내가 좋아하는 품종은 플레이버킹, 플레이버퀸, 대플댄디다. 나는 겨울에 파이를 만들 생각을 하면서 여름에 과일을 보존하는 것이 좋다. 금방 파이를 만들어낼 수 있는 향신료를 가미한 자두 1병이 있으면 음울한 겨울날에도 쉽게 기분전환을 할 수 있다. 아이스크림이나 요구르트에 얹어 먹기에도 아주 좋다. 충분히 젤화된 파이를 선호한다면 병에서 자두를 건진 다음 여분의 전분이나 밀가루를 넣어서 섞은 후 파이를 만들도록 하자.

씨를 제거하고 12mm 두께로
송송 썬 자두 910g
레몬즙 1/4컵(60ml)
유기농 원당 1컵(200g)
시나몬 가루 또는 가람
마살라 1작은술

보관
1년

분량
240ml들이 병 4개

DAY 1 대형 볼에 자두와 레몬즙, 원당을 넣고 골고루 버무린다. 덮개를 씌워서 실온에 3시간 또는 하룻밤 동안 재운다.

DAY 2 완성된 파이 필링을 담을 수 있도록 240ml들이 병 4개를 준비한다. 볼 내용물을 비반응성 냄비에 넣고 약한 불에 올린다. 시나몬을 넣고 한소끔 끓으면 10분간 뭉근하게 익힌다.

냄비의 내용물을 국자로 퍼서 병에 나누어 담는다. 이때 국물이 모든 병에 골고루 나눠지도록 양을 조절해야 한다. 냄비의 내용물을 병에 윗부분을 12mm 정도 남기고 채운다. 입구를 깨끗하게 닦은 다음 뚜껑을 닫고 10분간 열탕소독을 한다.(31쪽 참조.) 병입한 상태로 1년간 보관할 수 있다.

참고: 병조림한 자두로 파이 필링을 완성하려면 사용하기 전에 병에서 건진 다음 수분을 완전히 제거해야 한다. 걸러낸 즙은 다른 용도로 사용할 수 있다. 자세한 내용은 신선한 과일로 파이를 만드는 법(251쪽)을 참조하자.

사과 파이 필링

시중에 판매하는 사과 파이 필링에는 점도를 조절하는 용도로 젤라틴이나 슈어젤Sure-Jell을 사용하는 것이 많다.
나는 주변에서 쉽게 구할 수 있는 재료를 사용하는 것을 선호하기 때문에 가을에는 퀸스 주스를 주로 쓴다.
퀸스는 펙틴 함량이 아주 높아서 액체에 점성을 더하고 사과를 탄탄하게 유지하는 데에 도움이 된다.
퀸스 주스가 없다면 220쪽의 안내에 따라 여분의 물 1컵(240ml), 설탕 1컵(200g), 한천 1큰술을 사용해도 좋다.
아래의 파이 필링은 사과를 파이 크러스트에 넣기 전에 한 번 걸러서 사용한다는 전제로 만드는 것이다.
국물은 탄산수에 섞으면 상쾌한 음료가 된다.

퀸스즙(197쪽 참조)
　　2컵(240ml)
물 1컵(240ml)
유기농 원당 1컵(200g)
새콤하고 탄탄한 사과 2.3kg

보관
1년

분량
480ml들이 병 5개

완성된 필링을 담을 수 있도록 480ml들이 병 5개를 준비한다. 비반응성 냄비에 퀸스즙과 물, 원당을 넣고 중간 불에 올려서 5분간 익힌다. 불에서 내린다.

그동안 사과를 깨끗하게 씻어서 물기를 제거한 다음 껍질과 심을 제거한다. 6~12mm 두께의 웨지 모양으로 저민 다음 갈변되지 않도록 바로 냄비에 넣는다. 중강 불에 올려서 5분간 바글바글 끓인다.

병에 사과를 빼곡하게 채워 담는다. 이때 국물이 모든 병에 골고루 나눠지도록 양을 조절해야 한다. 냄비의 내용물을 병에 윗부분을 12mm 정도 남기고 채운다. 입구를 깨끗하게 닦은 다음 뚜껑을 닫고 12분간 열탕소독을 한다.(31쪽 참조.) 병입한 상태로 1년간 보관할 수 있다.

크랜베리 소스

크랜베리 소스를 직접 만드는 것이 얼마나 쉬운지 모르는 사람이 하도 많아서 매번 깜짝깜짝 놀란다. 나만의
크랜베리 소스를 만드는 가장 큰 이유는 시중의 거의 모든 소스가 너무 달다는 것이다! 나는 흔히 곁들이는 거창한
메인 메뉴의 묵직한 맛에 잘 어울리는 크랜베리의 새콤한 맛을 좋아한다. 유기농 원당 대신 기타 당류를 넣어도
좋고 아예 빼도 상관없지만, 그래도 당류를 약간은 넣어야 맛에 균형이 잡힌다고 생각한다.

생 또는 냉동 크랜베리 680g
유기농 원당 2컵(400g)
오렌지 주스 2컵(480ml)
오렌지 제스트 3개 분량
시나몬 가루 1/2작은술

보관

1년

분량

240ml들이 병 4개

완성된 소스를 담을 수 있도록 240ml들이 병 8개를 준비한다. 중형
냄비에 모든 재료를 넣고 중간 불에 올린다. 크랜베리의 껍질이 터져서
물크러질 때까지 약 10분간 익힌다.

냄비를 불에서 내리고 병에 윗부분을 12mm 정도 남기고 채운다.
입구를 깨끗하게 닦은 다음 뚜껑을 닫고 10분간 열탕소독을 한다.(31쪽
참조.) 병입한 상태로 1년간 보관할 수 있다.

사과 소스

내가 만든 것 중 가장 간단한 레시피다. 특유의 굵직굵직한 질감과 강한 풍미를 정말 좋아하기 때문에 껍질조차 벗기지 않는다. 설탕을 넣지 않으므로 아주 건강한 레시피이기도 하다. 핑크 레이디 사과만 넣어서 장밋빛이 도는 소스를 만들거나 달콤한 것과 새콤한 것을 다양하게 섞어서 균형 잡힌 풍미를 만들어내는 등 다양한 선택지를 고려하는 과정이 매우 재미있을 것이다. 사과 소스는 아삭아삭하고 즙이 많으면서 신선한 사과로 만드는 것이 가장 좋다.

심을 제거하고 잘게 썬 사과
    2.3kg
사과즙 1컵(240ml)
가람 마살라 또는 시나몬
    가루 1큰술

보관
1년

분량
360ml들이 병 5개

완성된 소스를 담을 수 있도록 360ml들이 병 5개를 준비한다.(무가당 사과 소스를 보관하기에 딱 좋은 크기다. 일단 뚜껑을 따고 나면 냉장고에 2주일까지만 보관할 수 있기 때문이다.) 비반응성 냄비에 사과와 사과즙, 가람 마살라를 넣는다. 중간 불에 올려서 사과가 부드럽게 물크러지기 시작할 때까지 강하게 바글바글 끓인다. 부드러운 소스를 원한다면 스틱 블렌더로 곱게 간다.

정말 순식간에 완성이다! 국자로 소스를 퍼서 병에 윗부분을 12mm 정도 남기고 채운다. 입구를 깨끗하게 닦은 다음 뚜껑을 닫고 10분간 열탕소독을 한다.(31쪽 참조.) 병입한 상태로 1년간 보관할 수 있다.

배 생강 소스

배는 풍미가 아주 부드러워서 아주 맛있거나 전혀 입맛에 맞지 않을 수 있다. 다음은 꿀과 생강을 섞어서 배의
풍미를 최상으로 이끌어낸 레시피로, 추운 겨울에는 거의 약으로 쓸 수 있을 정도다! 나는 주로 레시피를 최대한
간단하게 만들려고 애쓰는 편이기 때문에 껍질은 거의 벗기지 않는다. 여기서도 껍질은 그대로 둘 수 있지만,
껍질을 완전히 제거하면 환상적인 금빛이 돌면서 훨씬 부드러운 질감을 즐길 수 있다. 선택은 여러분에게 맡긴다!

심과 껍질을 제거하고 깍둑
　썬 배 1.2kg
꿀 1컵(340g)
물 또는 사과 주스
　1컵(240ml)
레몬즙 1개 분량
껍질을 벗기고 간 날생강
　1/3컵(15g)

보관

1년

분량

120ml들이 병 7개

완성된 소스를 담을 수 있도록 120ml들이 병 7개를 준비한다. 비반응성
냄비에 모든 재료를 넣고 중간 불에 올려서 배가 부드러워질 때까지
5분간 뭉근하게 익힌다. 스틱 블렌더 등으로 가볍게 갈아서 굵은
퓌레를 만든다. 원하는 농도가 될 때까지 10~15분 더 뭉근하게 익힌다.

냄비를 불에서 내리고 병에 윗부분을 12mm 정도 남기고 채운다.
입구를 깨끗하게 닦은 다음 뚜껑을 닫고 8분간 열탕소독을 한다.(31쪽
참조.) 병입한 상태로 1년간 보관할 수 있다.

사과 버터

추억 속의 시간과 장소로 우리를 데려다 줄 수 있는 아주 고전적인 레시피다. 나는 사과 버터를 처음 만들었을 때,
왜 작은 마을에서 사과 버터 축제를 열고 온 마을 사람이 모여들어서 대형 가마솥에 엄청난 양의 재료를
넣고 거대한 주걱으로 휘저어 대는지 이해할 수 있게 되었다. 아주아주 많이 휘저어야 하는데다 완성품의 농도가
워낙 되직해서 주방 전체에 이리저리 튀기 때문이다. 아이를 키우고, 키운 아이에게 사과 버터를 먹이려면
마을 하나가 필요한 것이다! 하지만 곧 사과 버터를 오븐에 넣으면 혼자 집에서도 훨씬 얌전하고 간단하게
만들 수 있다는 사실을 깨달았다. 몇 시간이고 오븐에서 익어가는 사과 버터의 향기는 쌀쌀한 가을날 집안을
따뜻하게 데우는 최고의 방법이다. 이 레시피(224~228쪽 사진 참조)의 경우에는 새콤한 사과와
달콤한 사과를 섞어서 사용할 것을 권장한다. 버터가 될 때까지 졸이기 때문에 멍이 들거나 흠집이 있는
사과를 사용해도 무방하다. 아주 너그러운 레시피다!

심을 제거하고 굵게 썬 사과
　　2.3kg
사과 식초 1과1/2컵(360ml)
메이플 시럽
　　1과1/2컵(360ml)
시나몬 가루 2큰술

보관
1년

분량
240ml들이 병 7개

오븐을 190℃로 예열한다. 대형 냄비에 모든 재료를 넣고 뚜껑을
닫은 다음 중간 불에 올려서 사과가 아주 부드러워질 때까지 15분간
뭉근하게 익힌다. 스틱 블렌더 등으로 곱게 간다.

퓌레를 38x25cm 크기의 유리 베이킹 그릇 2개에 반 정도
차도록 붓는다.

베이킹 그릇을 오븐에 넣고 퓌레의 부피가 약 반 정도로 줄어들고 당이
갈색으로 캐러멜화될 때까지 굽는다. 약 3~5시간 정도가 소요된다.
처음 들어간 사과의 수분 함량, 당도, 공기 중 습도 등의 조건에
따라 조리 시간이 크게 달라질 수 있다. 주기적으로 퓌레를 꺼내서
가장자리를 잘 훑어내고 위아래를 골고루 뒤섞은 다음 다시 오븐에
넣는다. 버터를 1작은술 덜어내서 접시에 얹고 냉동실에 넣어 식힌다.
버터는 수분이 분리되지 않고 얹은 모양 그대로 예쁘게
형태를 유지하고 있어야 한다.

완성된 버터를 담을 수 있도록 240ml들이 병 7개를 준비한다.
버터가 원하는 농도가 되면 베이킹 그릇을 오븐에서 꺼내 병에
윗부분을 12mm 정도 남기고 채운다. 입구를 깨끗하게 닦은 다음
뚜껑을 닫고 10분간 열탕소독을 한다.(31쪽 참조.) 병입한 상태로 1년간
보관할 수 있다.

배 버터

배 버터는 다른 버터와는 차별화되는 질감을 지니고 있다. 배의 타고난 거친 질감 덕분에 기분 좋은 쫀득한 느낌이 살아난다. 또한 배는 익히면 곱게 광택이 흐르는 경향이 있어서 보기에도 입맛을 돋우는 버터를 만들 수 있다. 나는 이 버터에 사탕수수 원당 대신 메이플 시럽을 사용하는데, 배에 깊은 맛을 더하는 것은 물론이고 버터는 언제나 당이 캐러멜화되면서 갈색으로 변하기 때문에 색이 짙어져도 상관없기 때문이다.

참고로 톡 쏘는 맛의 체더치즈나 만체고처럼 아주 건조하고 짭짤한 치즈와 완벽하게 어우러지는 버터다.

심을 제거하고 굵게 썬 배
   2.3kg
사과 식초 2컵(480ml)
메이플 시럽
   1과1/2컵(360ml)
시나몬 가루 2큰술

보관

1년

분량

240ml들이 병 7개

오븐을 200℃로 예열한다. 비반응성 냄비에 모든 재료를 넣고 뚜껑을 닫은 다음 중간 불에 올려서 배가 아주 부드러워질 때까지 15분간 뭉근하게 익힌다. 스틱 블렌더 등으로 곱게 간다.

퓌레를 38x25cm 크기의 유리 베이킹 그릇 2개에 반 정도 차도록 붓는다.

베이킹 그릇을 오븐에 넣고 원하는 농도가 될 때까지 1시간 30분간 굽는다. 30분마다 꺼내서 골고루 휘저어야 한다. 사용한 과일의 수분량에 따라 조리 시간이 조금 늘어날 수 있다. 상태를 테스트하려면 버터를 1작은술 덜어내서 접시에 얹고 냉동실에 넣어 식힌다. 버터는 수분이 분리되지 않고 얹은 모양 그대로 예쁘게 형태를 유지하고 있어야 한다.

완성된 버터를 담을 수 있도록 240ml들이 병 7개를 준비한다. 버터가 원하는 농도가 되면 베이킹 그릇을 오븐에서 꺼내 병에 윗부분을 12mm 정도 남기고 채운다. 입구를 깨끗하게 닦은 다음 뚜껑을 닫고 10분간 열탕소독을 한다.(31쪽 참조.) 병입한 상태로 1년간 보관할 수 있다.

살구 버터

살구는 이미 크림처럼 부드러운 질감을 지니고 있기 때문에 정말 부드러운 버터를 만들 수 있다. 짙게 탄 듯한 오렌지색을 띠고, 새콤달콤한 맛 사이로 여전히 빛나는 강한 살구 풍미가 터져나온다. 염소 치즈와 잘 어울리고 타르트는 물론 크래커에 얹어 먹기에도 좋은 버터다. 재미있고 맛있게 즐겨보자!

이 버터는 그 어떤 품종을 사용해도 상관없고, 덜 익은 것부터 푹 익은 것까지 모든 살구로 만들 수 있다. 정말 오랫동안 익히기 때문에 이처럼 자유도가 높은 편이며, 그러면 모든 버터가 그렇듯이 당이 캐러멜화되어서 자연스럽게 짙은 색을 띤다.

씨를 제거하고 4등분한 살구
   1.8kg
메이플 시럽 2컵(480ml)
시나몬 가루 1큰술

보관
1년

분량
240ml들이 병 5개

오븐을 180℃로 예열한다. 비반응성 냄비에 살구와 메이플 시럽, 시나몬을 넣고 뚜껑을 닫은 다음 중간 불에 올려서 살구가 부드러워질 때까지 10분간 뭉근하게 익힌다. 스틱 블렌더 등으로 곱게 간다.

퓌레를 23x30.5cm 크기의 유리 베이킹 그릇에 붓는다. 베이킹 그릇을 오븐에 넣고 퓌레의 부피가 약 반 정도로 줄어들고 당이 진한 갈색으로 캐러멜화될 때까지 굽는다. 사용한 살구의 수분량에 따라 약 2시간 정도가 소요된다. 30분마다 꺼내서 골고루 휘저어야 한다.

상태를 테스트하려면 버터를 1작은술 덜어내서 접시에 얹고 냉동실에 넣어 식힌다. 버터는 수분이 분리되지 않고 얹은 모양 그대로 예쁘게 형태를 유지하고 있어야 한다.

완성된 버터를 담을 수 있도록 240ml들이 병 5개를 준비한다. 버터가 원하는 농도가 되면 베이킹 그릇을 오븐에서 꺼내 병에 윗부분을 12mm 정도 남기고 채운다. 입구를 깨끗하게 닦은 다음 뚜껑을 닫고 10분간 열탕소독을 한다.(31쪽 참조.) 병입한 상태로 1년간 보관할 수 있다.

자두 버터

깊고 진한 루비색을 띠는 버터다. 자두에서는 과일 버터의 달콤하게 캐러멜화된 설탕 맛과 자연스럽게
조화를 이루는 강렬한 신맛이 난다. 얼마나 새콤한지 식초를 전혀 넣지 않아도 버터를 만들 수 있을 정도다.
또한 나는 이 레시피에는 유기농 원당을 사용한다. 다른 당류를 넣어보니 버터에서 특유의 풍미가
너무 강하게 느껴졌다. 그리고 생각보다 양을 많이 넣어야 했다. 유일한 예외가 있다면 꿀 정도로, 레시피 아래에
추가한 변형 선택지를 참고하자.

씨를 제거하고 저민 자두
   2.7kg
유기농 원당 3컵(600g)
시나몬 가루 3큰술

보관

1년

분량

240ml들이 병 7개

오븐을 190℃로 예열한다. 비반응성 냄비에 자두와 원당, 시나몬을
넣고 뚜껑을 닫은 다음 약한 불에 올린다. 자주 휘저으면서 원당이
완전히 녹고 즙이 배어나서 자두가 잠길 때까지 뭉근하게 익힌다.
불 세기를 강하게 높이고 약 5분간 바글바글 끓인다. 불에서 내리고
스틱 믹서기 등으로 곱게 간다.

퓌레를 38x25cm 크기의 베이킹 그릇 2개에 반 정도씩 차도록 붓는다.

베이킹 그릇을 오븐에 넣고 퓌레의 부피가 약 반 정도로 줄어들고 당이
갈색으로 캐러멜화될 때까지 굽는다. 약 2~5시간 정도가 소요된다.
30분마다 꺼내서 골고루 휘저어야 한다. 주기적으로 퓌레를 꺼내서
가장자리를 잘 훑어내고 위아래를 골고루 뒤섞은 다음 다시 오븐에
넣는다.

상태를 테스트하려면 버터를 1작은술 덜어내서 접시에 얹고 냉동실에
넣어 식힌다. 버터는 수분이 분리되지 않고 얹은 모양 그대로 예쁘게
형태를 유지하고 있어야 한다.

완성된 버터를 담을 수 있도록 240ml들이 병 8개를 준비한다. 버터가
원하는 농도가 되면 베이킹 그릇을 오븐에서 꺼내 병에 윗부분을
12mm 정도 남기고 채운다. 입구를 깨끗하게 닦은 다음 뚜껑을 닫고
10분간 열탕소독을 한다.(31쪽 참조.) 병입한 상태로 1년간 보관할 수
있다.

다음 장에 계속

변형: 유기농 원당 대신 **꿀 1과1/2컵(410g)**을, 시나몬 대신 **가람 마살라**를 넣는다. 꿀이 들어가서 조리 시간이 줄어들기 때문에 거의 2~3시간이면 완성되며, 풍미가 더 섬세해서 내 마음에 쏙 든다!

파이

나는 언제나 즉흥적으로 저녁 파티를 열 수 있도록 파이 필링 병을 미리 잘 갖춰두는 편이다. 원래는 냉동 파이 크러스트를 사용했지만, 직접 만드는 것이 얼마나 간단하고 맛있는지 깨달아 버리고 말았다! 켜켜이 바삭하게 부서지는 크러스트를 만드는 비결은 반죽을 너무 많이 치대지 않고 얼음처럼 차가운 물과 버터를 사용하며 모든 재료를 차갑게 유지하면서 재빠르게 움직이는 것이다! 수제 파이와 함께 힘든 노동의 결실을 즐겨보자.

밀가루(중력분) 2컵(280g)
통밀 박력분 1/2컵(70g)
천일염 1작은술
유기농 원당 1작은술
차가운 유기농 무염버터
　1컵(220g)
얼음물
　1/3~2/3컵(80~160ml)
파이 필링 6컵(1.4L)

보관
1년

분량
24cm크기의 파이 1개

대형 볼에 가루 재료와 소금, 원당을 넣는다. 치즈 강판의 가장 굵은 면으로 버터를 갈아 넣는다. 손가락으로 최대한 빨리 버터와 밀가루를 비벼 섞어서 자갈 같은 덩어리가 밀가루에 골고루 버무려진 상태로 만든다. 얼음물을 조금씩 넣으면서 반죽이 한 덩어리로 뭉쳐지도록 한다. 반죽을 냉장고에 넣고 10~20분간 차갑게 식힌다.

오븐을 180℃로 예열한다. 반죽을 같은 크기로 2등분한다. 하나를 먼저 6mm 두께에 24cm 크기의 원형 파이 그릇에 가장자리로 늘어지게 얹을 수 있을 크기로 민다. 파이 그릇에 따로 높이 올라온 가장자리 부분이 구분되지 않는다면 그냥 그릇 끝에 자연스럽게 늘어지도록 얹는다. 파이 그릇 안에 크러스트 반죽을 채운 다음 과도로 여분의 반죽을 잘라낸다.

파이 반죽 안에 과일 필링을 붓는다.(필요하면 물기를 걸러내고 넣는다.)

나머지 반죽 하나로 파이 위쪽 크러스트를 만든다. 반죽을 원형으로 밀어서 필링을 감싸듯이 얹거나, 길고 가늘게 밀어서 격자 모양으로 얹는 등 자유롭게 창의력을 발휘해보자. 완성한 파이 반죽은 냉장고에 15분간 넣어서 차갑게 굳힌다.

파이 그릇을 오븐에 넣고 노릇노릇해질 때까지 45~50분간 굽는다. 파이는 덮개를 씌운 다음 실온의 작업대에서 1일, 냉장고에서 3일간 보관할 수 있다. 1일 이상 보관한 파이는 먹기 전에 오븐 토스터에서 데워 내는 것이 좋다.

갈레트

갈레트는 위쪽이 열린 모양의 납작한 페이스트리로 과일 프리저브로 만들기 아주 좋은 디저트다. 납작한 모양은
소박한 느낌을 주면서 과일을 제대로 빛나게 만든다. 손님을 초대하고 파티를 열 때면 나는 갈레트를 다양한
종류로 잔뜩 만든다. 색다른 아이디어로 여러 개를 만든 다음 4조각으로 자른다. 손님을 깜짝 놀라게 하면서
냉장고에 들어 있는 반쯤 빈 잼 병들을 처리할 수 있는 훌륭한 방법이다. 잼 등 프리저브에 신선한 생과일을 섞어도
잘 어울린다.(오렌지 마멀레이드에 베리 또는 256쪽의 퀸스 젤리에 사과를 섞는 등.) 통째로 보존한 과일 과육이나
파이 필링을 활용하기에도 좋다.

설탕을 빼고 만들면 짭짤한 갈레트가 된다.

통밀 박력분 1컵(140g)
밀가루(중력분) 1컵(140g)
유기농 원당 1/3컵(65g)
천일염 1작은술
차가운 유기농 무염버터
　　1컵(220g)
얼음물
　　1/3~2/3컵(80~160ml)
과일 필링 3컵(220ml)

보관

1일

분량

10cm 크기 갈레트 6개 분량

푸드프로세서 바닥에 플랫 블레이드를 장착하고 가루 재료와 원당,
소금을 넣는다. 버터는 넓고 납작한 모양으로 썰어서 푸드프로세서에
넣는다. 버터와 가루 재료가 잘 섞여서 자갈 같은 모양이 될 때까지
짧은 간격으로 돌린다. 이때 믹서의 열기에 의해서 버터가 녹을 수
있으니 너무 오랫동안 돌리지 않아야 한다. 얼음물을 조금씩 넣으면서
반죽이 한 덩어리로 뭉쳐질 때까지 섞는다. 푸드프로세서에서 한
덩어리로 뭉쳐지지 않으면 볼에 옮겨 담고 손으로 가볍게 치댄다.
반죽을 냉장고에 넣고 10~20분간 차갑게 식힌다.

오븐을 180°C로 예열한다. 반죽을 같은 크기로 6등분한다.
반죽 하나를 두께 4~6mm에 너비 12cm 크기의 동그라미 모양으로
민다. 가운데에 과일 필링 1/2컵(120ml)을 얹고 반죽 가장자리를
느슨하게 접어 올려서 필링을 살짝 가리는 모양으로 자연스럽게
다듬는다. 나머지 반죽으로 같은 과정을 반복한다. 베이킹 시트에
갈레트를 얹고 냉장고에 넣어서 15분간 차갑게 식힌다. 베이킹 시트를
오븐에 넣고 갈레트가 노릇노릇해질 때까지 18~20분간 굽는다.
꺼내서 따뜻하게 혹은 차갑게 낸다. 남은 것은 밀폐용기에 담아
보관한다. 갈레트는 1일 이내에 먹는 것이 가장 맛있다. 하루 이상
보관해야 할 경우에는 먹기 전에 토스터에 살짝 데워서 낸다.

MISFITS

부적합

NO. 6

이 책의 다른 장에 포함시키기에는
적합하지 않은 프리저브를
모아서 소개하는 장이다.
들어가는 재료나 이름이 특이하다기보다
주로 기술이 독특한 편이다.

부적합misfit이라는 단어는 본질적으로
부정적인 의미를 내포하고 있지만, 나는
그래서는 안 된다고 생각한다. 언제나
어떤 범주에도 맞지 않는 내용이 존재하기
마련이다. 내가 좋아하는 사람, 내가
좋아하는 프리저브, 내가 좋아하는 음악
밴드 중에는 언제나 '부적합'한 무언가가
속해 있다. 세상에는 부적합한 무언가를
반기고 기억하려는 자리가 있고, 이 책 또한
마찬가지다. 다른 장에 끼워 넣기 애매하다고
해서 과일을 보존하는 놀라운 레시피를 그냥
빼놓을 수는 없다.
이 장에서는 그저 과일에서 추출한 주스만을
이용해서 잼이나 마멀레이드와는 매우 다른

기법을 활용해 만드는 젤리 레시피를 찾아볼
수 있다. 고추와 토마토가 들어가는 잼 또한
다른 과일로 만드는 잼과는 다른 방식을
활용해야 한다.(고추와 토마토는 우리가
흔히 채소라고 인식하지만 엄밀히 말하자면
과일이다!) 처트니와 당절임 과일, 소금에
절여서 건조시키는 과일 레시피도 함께
실었다.
부적합 장에 온 것을 환영한다! 함께 즐겨보자.

퀸스 젤리

배와 사과의 사촌인 퀸스는 거의 잊힌 과일이다. 날것으로 먹으면 맛이 없기 때문에 가치를 미처 알아보지 못하고 땅바닥에 던져버리는 사람이 많다. 생퀸스는 마치 덜 익은 감이나 바나나처럼 매우 떫고 분필 같은 질감을 띤다. 하지만 익히면 노란색에서 장미 같은 분홍빛으로 변하며 달콤한 꽃향기가 퍼져나온다.

퀸스는 펙틴 함량이 높기 때문에 젤리로 만들기에 아주 좋은 과일이다. 펙틴이 너무 많아서 속을 들여다보면 젤리를 공처럼 둘러싼 펙틴을 눈으로 확인할 수 있을 정도다!

퀸스 2.3kg

설탕 8컵(1.6kg)

제라늄 잎 12장(대)

보관

1년

분량

240ml들이 병 10개

나중에 젤 테스트를 하기 위해 접시 5개를 냉동실에 넣어 둔다. 완성된 젤리를 담을 수 있도록 240ml들이 병 10개를 준비한다. 퀸스를 깨끗하게 씻어서 껍질과 심까지 전부 굵게 썬다. 퀸스 과육을 다른 요리에 사용할 예정이라면 심과 씨를 잘라내 따로 펙틴 주머니에 모아서 냄비에 넣는다. 손질한 퀸스를 대형 냄비에 넣고 중간 불에 올린 다음 물을 딱 잠길 만큼만 붓는다.(약 3.8L.) 뚜껑을 닫아서 부드럽고 걸쭉해질 때까지 약 50분간 익힌다. 국물은 미끈미끈하고 퀸스는 부드러우면서 장밋빛을 띠어야 한다.

퀸스 주스를 면포에 내려서 액체만 남겨 계량한다. 약 10컵(2.4L)이 나와야 한다. 걸러낸 과육은 다른 요리에 사용한다.(258쪽의 멤브리요 등.) 대형 비반응성 냄비에 퀸스 주스와 설탕을 넣고 한소끔 끓인다. 내용물은 끓으면서 팽창하기 때문에 냄비에 부풀어올라도 넘치지 않을 만큼 여유 공간이 있어야 한다.

원하는 농도가 될 때까지 30~40분 더 익힌다. 젤리가 거의 완성되어서 꿀 같은 질감이 되면 제라늄 잎을 넣는다. 5분간 가열한 다음 꺼내서 제거한다. 이 젤리로 젤 테스트(120쪽 참조)를 진행할 때는 매우 주의해야 한다. 전부 액상 상태이기 때문에 농도가 빠르게 변화해서 최적의 타이밍을 놓치기 쉽기 때문이다! 젤리는 잼이나 마멀레이드와 완성된 상태의 모습이 다르다. 젤리를 손가락으로 살짝 눌러서 주름이 생기면 완성된 것이다. 병입한 다음에도 젤화는 진행되기 때문에 다음날이 되면 젤리의 상태가 또 달라진다!

젤리가 원하는 농도가 되면 불에서 내리고 병에 윗부분을 12mm
정도 남기고 채운다. 입구를 깨끗하게 닦은 다음 뚜껑을 닫고 10분간
열탕소독을 한다.(31쪽 참조.) 병입한 상태로 1년간 보관할 수 있다.

참고: 퀸스 글레이즈를 만들고 싶다면 원하는 농도가 되었을 때 불에서 내린다.
퀸스 글레이즈는 페이스트리에 바르거나 팬케이크에 두르고 방울양배추에
입혀서 반짝반짝하게 익히는 등 다양하게 활용할 수 있다. 주방에 새로운 영감을
선사할 것이다!

멤브리요

나는 원래 젤리에 이어서 멤브리요membrillo까지 만드는 건 너무 시간이 많이 걸리는 일이라고 생각해서 퀸스 젤리(256쪽)를 만들고 남은 과육을 여러 번 그대로 버리곤 했다. 그러다 어느 날 한 친구가 멤브리요를 간단하게 만드는 방법이 있으니 남은 과육을 자신이 가져가겠다고 말했다. 그때 우리는 그 자리에서 바로 함께 만들어 보기로 했고, 그 이후로 나는 지금까지 멤브리요와 사랑에 빠져 있다. 멋진 음식 선물로 건네거나 파티에 특별한 디저트로 가져가기에 정말 좋은 음식이다. 퀸스의 원산지는 중동이며, 페르시아어로 퀸스라는 뜻인 멤브리요는 인류가 만들어낸 최초의 당과 중 하나다. 퀸스에는 펙틴이 정말 많이 들어 있어서 빨리 젤화를 거쳐 젤리와 당과가 되고 싶어 안달을 내는 듯할 정도다. 르네상스에 어울리는 은은한 꽃향기와 독특한 풍미를 지니고 있다.

퀸스 2.3kg
유기농 원당 4컵(800g)
덧가루용 정제 설탕
   2/3컵(130g)

보관
6개월

분량
12조각

퀸스의 미끈미끈한 껍질을 깨끗하게 씻어낸 다음 큰 덩어리로 썰어서 씨와 심을 잘라낸다. 씨와 심은 버려도 좋고 주스를 내서 퀸스 젤리(256쪽)를 만들고 싶다면 따로 펙틴 주머니에 모은다. 손질한 퀸스를 비반응성 냄비에 넣고 물을 딱 잠길 만큼(약 3.8L) 붓는다. 뚜껑을 닫고 중간 불에 올려서 퀸스가 아주 부드러워지고 장밋빛이 돌 때까지 45분간 익힌다. 최종 결과물이 제대로 나오려면 이 단계에서 퀸스를 충분히 오랫동안 익히는 것이 중요하다.

냄비의 내용물을 면포에 걸러서 받아낸 주스를 젤리 만드는 용도로 사용한다.(또는 병에 담아서 이국적인 레모네이드나 197쪽의 퀸스 팔각 슈럽을 만든다.) 과육만 다시 냄비에 넣어서 부드럽게 간다. 원당을 넣고 중약 불에 올려서 설탕이 녹을 때까지 천천히 젓는다. 중간 불로 높이고 내용물이 아주 걸쭉하면서 윤기가 흐를 때까지 30~45분간 익힌다.

40.5x50cm 크기의 베이킹 시트에 오일을 가볍게 바르고 냄비의 내용물을 부어서 두께가 2cm 이하가 될 때까지 평평하게 편 다음 따뜻하고 건조한 곳에 두어 굳힌다. 나는 점화등으로 약하게 가열한 다음 꺼서 따뜻하고 건조해진 오븐에 넣어둔다. 실내등을 켠 전기 오븐에 넣어도 좋다. 또는 그냥 작업대에 놔둬도 된다. 18~24시간 뒤에는 뒤집을 수 있을 정도로 충분히 굳은 상태여야 한다. 뒤집어서 반대쪽을 말린다. 기후 상태에 따라 일반적으로 하루 이틀 정도가 더 걸린다. 앞뒤로 만져봐서 모두 건조되었으면 멤브리요를

작은 사각형 모양으로 잘라서 정제 설탕을 뿌린다.

정제 설탕이 없으면 유기농 사탕수수 원당을 푸드프로세서에 넣고
1~2분간 곱게 갈아서 쓴다. 밀폐용기에 담거나 유산지에 싸서
보관한다. 멤브리요는 유산지에 단단하게 싸서 냉장 또는 실온에서
6개월간 보관할 수 있다. 냉장고 외부에 보관할 경우에는 겉이 조금 더
건조해진다.

레드 페퍼 잼

이 레시피는 버몬트에 사는 홈스테드 정착민인 친구 스테판 크램Stephen Cram에게 받은 것이다. 어느 날 친구 집을 방문했다가 떠날 때 즈음, 스테판이 나에게 고추 잼 1병을 건네줘서 바로 뚜껑을 열어보았다. 당시 나는 내가 좋아하지 않는 질감이 되는 펙틴을 일절 넣지 않고 단맛도 너무 강하지 않은 고추 잼을 찾고 있었다. 잼을 입에 넣자 풍미가 터져나왔고, 우리는 다시 스테판의 집으로 들어가서 종이에 즉석에서 끄적끄적 적어준 레시피를 아무 책에나 끼워 넣었다. 그대로 두어 시간 더 머물렀지만 그럴 만한 가치가 있었다! 아래의 잼은 원하는 고추라면 어떤 품종으로든 만들 수 있다. 나는 코르노 디 토로Corno Di Toro처럼 살짝 매콤한 맛이 도는 달콤한 고추를 선호한다. 빨간 고추와 초록색 고추를 섞어서 다양한 색으로 만드는 것도 재미있지만 스테판처럼 빨간 고추만으로 만들어도 멋지다! 인생에 약간의 매콤한 자극이 필요하다면 할라페뇨를 조금 섞어도 좋다!

고추 2kg

천일염 6큰술(102g)

유기농 원당 8컵(1.6kg)

식초(사과 식초 추천)

　　7컵(1.7L)

보관

1년

분량

240ml들이 병 12개

DAY 1 고추에서 씨앗과 심지를 제거하고 큼직하게 썬다. 푸드 프로세서에 넣어서 굵게 간다. 볼에 넣고 소금을 골고루 뿌려서 하룻밤 동안 재운다.

DAY 2 나중에 젤 테스트를 하기 위해 접시 5개를 냉동실에 넣어 둔다. 완성된 잼을 담을 수 있도록 240ml들이 병 12개를 준비한다. 고추를 건져서 물기를 충분히 털어낸 다음 원당, 식초와 함께 비반응성 냄비에 넣어서 중강 불에 올린다. 끓어오를 때까지 휘저으며 가열한다. 중간 불로 낮추고 자주 휘저으면서 걸쭉해질 때까지 30분간 뭉근하게 익힌다. 조리를 시작하고 10분 후부터 젤 테스트를 시작한다.(72쪽 참조.) 이 책의 다른 잼과는 형태가 달라서 수분이 많으며 마멀레이드처럼 젤리가 과육 덩어리를 감싸고 있는 모양이라 테스트 시의 반응도 달라진다. 접시에 올려서 식은 다음 손가락으로 눌러 액체 부분이 주름지면 완성된 것이다.

잼이 원하는 농도가 되면 불에서 내리고 병에 윗부분을 12mm 정도 남기고 채운다. 입구를 깨끗하게 닦은 다음 뚜껑을 닫고 10분간 열탕소독을 한다.(31쪽 참조.) 병입한 상태로 1년간 보관할 수 있다.

건식 재배 토마토 잼

토마토는 과일인가 채소인가? 이건 잼인가 스프레드인가? 뭔지는 모르겠지만 하여튼 맛있는 레시피다. 건식 재배 토마토는 아주 적은 양의 물만 주면서 뿌리가 지하수에 닿을 만큼 자라날 때까지 기르다가 잘라낸다! 그 결과 아주 풍미가 강하고 수분이 많지 않아 아래 레시피에 사용하기에 딱 좋은 토마토가 된다. 살짝 가미한 가람 마살라가 단맛과 짠맛 사이에 균형을 잡는 역할을 해서 짭짤한 치즈에 곁들이기도 좋고 녹색 채소에 글레이즈로 쓰거나 심지어 베이크드 빈에 숨겨진 풍미로 가미해 환상적인 맛을 내는 등 다방면에 쓰기 좋은 잼이 된다! 토스트에만 머무르기 아까운 잼이다.

심을 제거하고 굵게 저민
　토마토 1.8kg
유기농 원당 680g
레몬즙 1/4컵(60ml)
가람 마살라 1큰술
천일염 1꼬집

보관

1년

분량

240ml들이 병 7개

나중에 젤 테스트를 하기 위해 접시 5개를 냉동실에 넣어 둔다. 완성된 잼을 담을 수 있도록 240ml들이 병 7개를 준비한다. 모든 재료를 비반응성 냄비에 넣고 잘 섞어서 중간 불에 올려 타지 않도록 자주 휘저으면서 한소끔 끓인다. 5분 뒤 접시 하나를 냉동실에서 꺼내 젤 테스트를 진행한다.(72쪽 참조.) 계속 바글바글 끓이면서 원하는 젤화 상태가 될 때까지 테스트를 반복하며 10~15분간 익힌다.

잼이 원하는 농도가 되면 불에서 내리고 병에 윗부분을 12mm 정도 남기고 채운다. 입구를 깨끗하게 닦은 다음 뚜껑을 닫고 10분간 열탕소독을 한다.(31쪽 참조.) 병입한 상태로 1년간 보관할 수 있다.

모로코식 레몬 절임

'모로코식 레몬'이라는 이름으로 널리 알려져 있는 이 레몬 절임은 중동 요리에서 흔하게 찾아볼 수 있다. 믿을 수 없을 정도로 손질하기 쉬우면서 음식에 독특하고 신선한 풍미를 더해준다. 만들어두면 주방의 비밀 병기가 되어서 아주 간단한 음식에도 흥미롭고 이국적인 맛을 가미해 줄 것이다. 나는 이 레몬 절임을 곱게 썰어서 볶거나 절인 채소에 넣곤 한다.

나는 달콤하고 부드러우면서 빨리 절여지는 메이어 레몬을 선호하지만 다른 레몬 품종이나 라임, 기타 감귤류 등으로 만들어도 좋다. 다만 랑푸르 라임 절임은 내 입맛에는 별로 맞지 않았다. 또한 나는 천일염을 선호하는 편이다.

레몬 455g
레몬 1개당 천일염 1큰술
가향용 다양한 허브와 향신료

보관

1년

분량

240ml들이 병 3개

레몬을 깨끗하게 씻어서 물기를 말끔하게 닦아낸다. 줄기가 남아 있을 경우 줄기가 붙은 둥근 끝부분을 살짝 잘라낸다. 뒤집어서 반대쪽 끝부분에 깊이가 2.5cm 이하가 되도록 십자 모양 칼집을 넣는다. 방금 넣은 칼집 속에 소금 1큰술을 채운다. 또는 레몬을 원하는 크기의 웨지 모양으로 썬 다음 나머지 과정에 따라 진행한다. 후자는 내가 레몬 절임을 1조각씩만 사용할 때가 많아서 선호하는 방법이다.

딱 맞는 뚜껑이 있는 깨끗한 960ml들이 유리병에 레몬을 빼곡하게 담는다. 이때 원하는 조합의 향신료를 다양하게 첨가할 수 있다. 예를 들어 월계수 잎, 코리앤더 씨, 흑후추, 쿠민, 정향, 시나몬 스틱, 쥬니퍼 베리, 올스파이스, 말린 고추 등을 생각해 보자. 나는 레몬 절임에 살짝 매운맛을 가미해서 저녁 식사에 손님의 얼굴이 벌겋게 되지 않을 정도로만 매콤함을 더하곤 한다.(가장 자주 대접하는 손님은 우리 아이들인데 아직 매운맛을 감당하지 못한다.)

병에 담은 레몬을 아주 단단하게 꾹꾹 눌러서 즙이 흥건하게 고이도록 한다. 뚜껑을 닫고 실온에 하룻밤 동안 재워서 레몬즙이 더 많이 빠져나오게 한다. 즙이 아주 많은 메이어 레몬을 사용했다면 이 시점에 레몬이 완전히 잠길 만큼 충분히 즙이 나올 것이다. 그래도 수분이 부족하면 다음 날 레몬을 다시 꾹꾹 눌러준다. 이때는 레몬이 즙에 완전히 잠겨야 한다. 그래도 부족하면 이때 여분의 레몬즙을 붓는다.

그대로 레몬을 주방 작업대에서 3~4주일간 발효시킨다. 그동안 레몬은 레몬즙에 완전히 잠긴 상태여야 한다. 발효시키는 동안 레몬 절임의 표면에 흰색이나 녹색의 곰팡이가 생길 수 있다. 이는 정상적인 발효가 진행된다는 뜻으로 생기는 것이 좋은 것이다. 주기적으로 표면의 곰팡이를 제거하면서 레몬이 국물에 계속 완전히 잠겨 있도록 한다.

절인 레몬이 부드러워지면 완성된 것이다. 발효 시간은 품종에 따라 달라진다. 껍질이 아주 부드러운 메이어 레몬은 완전히 절여지기까지 약 3주일이 걸린다. 완성된 레몬 절임은 사용하기 편하도록 240ml들이 병 3개에 나누어 담는다. 모로코식 레몬 절임은 개봉 후에도 냉장고에 넣을 필요가 없으며, 1년간 보관할 수 있다.

시트러스 솔트

어느 찬장에든 일단 마련해 두면 쓰기 좋은 양념이다! 이보다 더 만들기 쉬울 수 없을 뿐더러 영원히 보관할 수 있다. 아보카도 토스트를 훨씬 맛있게 해주고 짙은 녹색 잎채소에도 잘 어울린다. 정말로 소금과 레몬이 필요한 모든 것에 넣을 수 있어 가능성이 무한하다. 다양한 감귤류를 섞어서 만들거나 개별 품종별로 따로 만들어도 좋다.

레몬 2개
천일염 1컵(300g)

보관
1년

분량
1컵(300g)

레몬을 깨끗하게 씻어서 물기를 제거한다. 마이크로플레인으로 레몬 제스트를 깎아낸다. 마이크로플레인이 없다면 고운 강판을 이용해도 좋으나 결과물이 조금 달라질 수 있다. 마이크로플레인을 사용하면 제스트가 아주 곱게 나와서 소금 전체에 향이 우러난다. 볼에 제스트와 소금을 넣고 완전히 섞여들어서 소금이 살짝 노란빛이 돌 때까지 손으로 주물러 섞는다. 베이킹 시트에 소금을 펼쳐 담고 실온에 24시간 동안 건조시킨다. 소금을 병에 담고 아무데나 자유롭게 사용한다. 시트러스 솔트는 영원히 보관할 수 있지만 1년 이후로는 풍미가 약해질 것이다.

인도식 레몬 피클

인도식 피클은 금속제 탈리thali 접시에 담겨 나오는 모든 메뉴에 필수적으로 곁들이는 존재이자 인도에서
대부분의 식사에 반찬으로 나오는 음식이다. 풍미가 아주 강렬해서 식탁에 폭발적인 인도 향기를 더할 수 있으며,
바스마티 쌀밥과 달에 곁들이면 요란스럽지 않게 정석적인 인도 식사를 완성하기 좋다. 인도의 기숙학교를 나온
친구가 있는데, 학기 초가 되면 모두가 집에서 피클을 1병씩 가져오기 때문에 인도 전국의 피클 맛을 볼 수 있었던
것이 제일 즐거운 일이었다고 한다. 식사 시간마다 문화적인 경험을 할 수 있었던 셈이다.

인도식 피클은 지역과 계절에 따라 다양한 재료로 만들 수 있다. 그중 내가 제일 좋아하는 것이 레몬으로,
모든 인도식 피클 중에 단연 손꼽히게 맛있다. 마찬가지로 소금에 절이는 모로코식 레몬 절임(263쪽)과
여러 모로 먼 친척 같은 느낌이다.

나는 인도식 피클 만드는 법을 처음 배웠을 때, 여기에 정해진 규칙이란 없다는 사실을 빠르게 깨달았다.
솔직히 모든 가정이 저마다의 레시피를 가지고 있는 듯 하다. 나는 레몬의 신선한 풍미를 유지하면서도 강렬한
이국적인 향신료 풍미를 첨가하는 방법을 개발해냈다. 어떤 요리에도 특징적인 맛을 더할 수 있는 피클이다!
이 피클은 제대로 절였다면 선반에서 1년 이상 보관할 수 있다.

레몬(품종 무관) 4개
천일염 2큰술
페누그릭 1큰술
생참기름(볶지 않은 것)
　1/3컵(80ml)
머스터드 씨 1작은술
껍질을 벗기고 간 날생강
　1/4컵(10g)
터메릭 가루 2큰술
레드 페퍼 플레이크 1큰술(또는
　곱게 다진 생고추 3개 분량)
아사푀티다 1작은술

보관
1년

분량
960ml에 살짝 미달

레몬을 4등분해서 씨앗을 최대한
많이 제거한다.(몇 개 정도는
남아 있어도 괜찮다.) 각 조각을
다시 3등분해서 볼에 담는다.
소금을 넣어서 골고루 잘 섞는다.
마른 팬에 페누그릭을 볶은 다음
빻아서 가루를 낸다.(나는 향신료
전용으로 쓰는 커피 그라인더를
사용하는데, 절구와 절굿공이를
써도 좋다.) 페누그릭 가루를 레몬
볼에 넣는다.

다음 장에 계속

소형 팬에 참기름을 넣고 중약 불에 올려서 달군다.(전통적으로는 소형 무쇠팬인 카디kadi를 쓴다.) 머스터드 씨를 넣고 탁탁 튀기 시작하면 생강과 터메릭, 레드 페퍼 플레이크, 아사푀티다를 넣는다. 2분간 익힌 다음 불에서 내려 식힌다. 레몬 볼에 넣고 골고루 잘 섞는다.

깨끗한 960ml들이 병이 레몬을 넣고 뚜껑을 느슨하게 닫거나 면포를 씌운다. 병을 직사광선이 닿는 곳에 놓는다. 매일 한 번씩 병의 내용물을 흔들거나 휘저어서 잘 섞는다. 1개월 후쯤 서로의 풍미가 완전히 어우러지고 레몬 껍질이 부드러워지면 피클이 완성된 것이다. 면포를 제거하고 뚜껑을 닫은 다음 냉장 보관한다. 이 피클은 1년간 보관할 수 있다.

토마토 처트니

토마토 처트니는 인도 요리계의 고전 메뉴. 물론 인도 외의 지역 요리와도 멋지게 잘 어우러진다. 신기한 맛이 나는 케첩이라고 생각해 보자. 나는 토마토로 달콤한 프리저브를 만들 때는 건식 재배한 토마토를 선호하는데, 풍미가 아주 진하고 달콤하면서 강렬하기 때문이다. 오랫동안 가열해서 날려버려야 할 만큼 수분이 많지 않으므로 조리 시간이 짧아 결과물 또한 강렬한 맛을 유지한다. 하지만 맛있는 토마토라면 무엇이든 사용해서 훌륭한 처트니를 만들 수 있다. 반드시 완연한 제철일 때 담그기만 하면 된다.

토마토 2.3kg

옐로우 머스터드 씨 3큰술

쿠민 씨 1과1/2큰술

말린 홍고추(통) 7개 또는
　레드 페퍼 플레이크 3큰술

씨를 제거한 대추야자 3개

유기농 원당 2컵(400g)

시나몬 가루 2큰술

천일염 2큰술

보관

1년

분량

240ml들이 병 11개

완성된 처트니를 담을 수 있도록 240ml들이 병 6개를 준비한다. 토마토를 깨끗하게 씻어서 물기를 제거한 다음 심을 제거하고 4등분해서 비반응성 냄비에 넣고 약한 불에 올린다. 그동안 마른 무쇠팬을 약한 불에 올린다. 팬이 따뜻해지면 머스터드 씨와 쿠민 씨를 넣고 계속 휘저으면서 천천히 1분간 볶는다. 마른 고추를 넣고 까맣게 타지 않도록 주의하면서 골고루 볶은 다음 팬에서 꺼낸다.

토마토 냄비에 볶은 향신료와 고추, 대추야자, 원당, 시나몬, 소금을 넣고 뭉근하게 익힌다. 10분 후에 스틱 블렌더로 토마토 혼합물을 완전히 곱게 간다. 토마토 껍질이 아직 남아 있으면 거품기로 내용물을 휘휘 젓는다. 껍질이 거품기에 달라붙어서 쉽게 제거할 수 있다.(원한다면 손질할 때 껍질을 제거하고 만들어도 좋지만 이쪽이 훨씬 간편하다.) 처트니 부피가 1/3 정도로 줄어들고 걸쭉하니 윤기가 흐를 때까지 계속 익힌다. 토마토의 수분량에 따라 약 50분 정도가 소요된다.

처트니가 원하는 농도가 되면 불에서 내리고 병에 윗부분을 12mm 정도 남기고 채운다. 입구를 깨끗하게 닦은 다음 뚜껑을 닫고 10분간 열탕소독을 한다.(31쪽 참조.) 병입한 상태로 1년간 보관할 수 있다.

자두 처트니

두말 할 것 없이 내가 제일 좋아하는 처트니다.
자두의 타고난 새콤한 풍미 덕분에 식초를 전혀 넣지 않아도 완벽한 처트니가 된다.

유기농 원당 1과1/2컵(300g)
레몬즙 1/4컵(60ml)
껍질을 벗기고 다진 날생강
   3큰술
레드 페퍼 플레이크 1큰술
   또는 다진 할라페뇨 2개
   분량
머스터드 씨 1큰술
터메릭 가루 1큰술
코리앤더 가루 1큰술
시나몬 가루 1/2작은술
천일염 1/4작은술

보관

1년

분량

240ml들이 병 6개

완성된 처트니를 담을 수 있도록 240ml들이 병 6개를 준비한다. 자두를 깨끗하게 씻어서 물기를 제거한다. 씨를 제거하고 4등분하거나 그냥 손으로 적당히 뜯어낸다. 자두가 너무 작으면 손으로 뜯어내는 것이 가장 쉬운데, 볼 위에서 작업해서 즙을 모두 받아낼 수 있도록 해야 한다. 자두를 비반응성 냄비에 넣고 약한 불에 올린다. 나머지 재료를 냄비에 넣고 함께 익힌다. 10분 후에 스틱 블렌더로 내용물을 완전히 곱게 간다. 처트니 부피가 1/3 정도로 줄어들고 걸쭉하니 윤기가 흐를 때까지 계속 익힌다. 자두의 수분량에 따라 약 30분 정도가 소요된다.

처트니가 원하는 농도가 되면 불에서 내리고 병에 윗부분을 12mm 정도 남기고 채운다. 입구를 깨끗하게 닦은 다음 뚜껑을 닫고 10분간 열탕소독을 한다.(31쪽 참조.) 병입한 상태로 1년간 보관할 수 있다.

감귤류 캔디드 필

마멀레이드 및 기타 감귤류 프리저브를 만들 때면 감귤류 껍질이 많이 남는다. 감귤류 캔디드 필을 만드는 것이
얼마나 쉬운지 알고 나면 다시는 내버리지 않게 될 것이다! 만들기 정말 재미있는 데다가 단순한 재료를 멋지게
승화시키는 만큼 뿌듯함이 배가되는 음식이다.

감귤류 껍질(얼마든지
　가지고 있는 만큼)

정수

유기농 원당

보관

6개월

분량

때에 따라 다름

준비한 껍질에서 과육과 중과피를 최대한 많이 제거한다. 중과피에서
쓴맛이 나기 때문이다. 손질한 껍질을 원하는 모양으로 썬다. 길고
가늘게 썰든 작은 삼각형 모양으로 썰든 이는 그저 취향의 문제다.
냄비에 껍질을 넣고 적당한 분량의 물을 계량해서 붓는다. 이때 물의
분량은 껍질이 딱 잠길 정도여야 한다. 껍질은 물에 뜨는 경향이 있으니
가늠하기 애매할 수 있다. 뚜껑을 닫고 껍질이 부드러워질 때까지
뭉근하게 익힌다. 조리 시간은 감귤류의 종류에 따라 달라진다. 레몬과
자몽은 보통 30~35분 정도가 소요된다. 오렌지와 라임은 껍질이 거
질겨서 40~50분 정도가 소요된다. 두 손가락으로 껍질을 꼬집어서
부서질 정도가 되면 충분히 부드러워진 것이다.

껍질이 부드러워지면 물을 따라내고 껍질만 다시 냄비에 넣는다. 아직
따뜻할 때 앞서 계량했던 물과 같은 부피의 설탕을 넣는다.
즉 껍질이 잠길 만큼 부은 물이 3컵(720ml)이라면 설탕도 3컵(600g)을
붓는다. 설탕이 어마어마하게 많아 보일 수 있겠지만 우리는
당과를 만드는 중이니까! 다량의 설탕이 필요한 것은 모든 껍질이
액화된 설탕에 완전히 잠겨서 수화되며 뭉근하게 익어야 하기
때문이다.

껍질이 녹은 설탕 시럽에 완전히 잠긴 채로 반투명해지고 가운데
부분까지 완전히 수화될 때까지 중간 불에서 약 45분간 뭉근하게
익힌다. 잘라서 가운데 부분까지 수화되었는지 확인해야 한다.
완성되면 껍질은 건져서 물기를 충분히 제거하고 설탕 시럽은 따로
병에 담아서 냉장 보관한다. 시럽은 차에 넣거나 슈럽 또는 탄산 음료를
만드는 용도로 사용할 수 있다!

다음 장에 계속

오븐을 95℃로 예열한다. 캔디드 필을 유산지를 간 베이킹 시트에 한 켜로 평평하게 올리고 오븐에서 20분간 말린다. 오븐에서 꺼낸 다음 여분의 설탕을 가볍게 뿌린다. 캔디드 필을 실온에서 1~2일간 건조시킨 다음 병에 넣는다. 6개월간 보관할 수 있다.

변형: 설탕을 뿌리는 마지막 단계에서 원하는 향신료를 섞어도 좋다. 우리 주방에서는 이 과정을 매우 좋아해서 사람들이 좋아하는 다양한 조합을 만들어냈다! **라벤더와 시나몬, 너트메그, 가람 마살라,** 심지어 **카옌 페퍼와 천일염**도 넣어본 적이 있다. 캔디드 필을 오븐에서 꺼내자마자 먼저 소량의 설탕에 섞은 향신료에 버무린 다음 건조를 시작한다. 이 시점에 향신료를 넣어야 훌훌 떨어지지 않고 껍질에 제대로 달라붙어 있는다.

마음껏 재미있게 만들어보자!

생강 당절임

생강 당절임은 수많은 프리저브과 베이킹, 요리에 들어가는 중요한 재료다.
이제 직접 만들 수 있게 되면 필요할 때 언제든 꺼내 쓰기 좋다. 생강은 소화를 돕고 배탈을 가라앉히고
메스꺼운 증상을 완화시키는 등 많은 치유 효과가 있다고 알려져 있다. 다음에 비행기를 타거나 거친 드라이브
여행, 놀이 공원 탐방을 갈 때면 생강 당절임을 지참해 보자!

날생강 455g
유기농 원당 3컵(600g),
　　마무리용 여분
물 2컵(480ml)

보관
6개월

분량
250g

생강은 껍질을 벗긴다.(나는 생강 껍질을 벗길 때 가장자리가 아주
얇고 날카로운 오래된 은수저의 옆면으로 긁어내는 방식을 애용한다.
구석구석까지 쉽게 긁어낼 수 있기 때문이다.) 껍질을 벗긴 생강을
6mm 두께로 둥글게 송송 썬다. 냄비에 원당과 물을 넣고 중간 불에
올려 한소끔 끓인다. 생강을 넣고 뚜껑을 닫은 다음 45분간 뭉근하게
익힌다. 생강이 완전히 수화되어 부드러워져야 한다.
생강을 건져서 물기를 충분히 제거하고 시럽은 따로 보관한다. 생강에
여분의 설탕을 뿌려서 골고루 버무린 다음 유산지에 얹어서 24시간
동안 건조시킨다. 밀폐용기에 담으면 수 개월간 보관할 수 있다.

생강을 익히고 남은 시럽은 병입해서 열탕소독하여 보관할 수
있다.(31쪽 참조.) 차와 스무디에 단맛과 풍미를 더하거나 팬케이크에
두르는 용도로 쓰기 좋다.

변형: **꿀**로도 생강 당절임을 만든 적이 있는데 맛이 좋았다. '설탕 절임'을 한
것만큼 건조해지지는 않지만 어차피 나는 베이킹에 쓰기 때문에 괜찮았다.
생강과 꿀 모두 약용으로 사용하니 시럽도 감기와 독감이 유행할 때 강장제로
훌륭하게 활용할 수 있는 것은 물론이다. **생강 455g에 꿀 1과1/2컵(510g),
물 1컵(240ml)**을 사용한다. 만드는 법은 생강 당절임의 지침을 따른다.

말린 과일

다음은 레시피라기보다 잊었던 기억을 상기시키는 알리미에 가깝다. 건조는 가장 오래된 형태의 식품 보존법이다. 정말 멋지다. 미생물이 생존하려면 수분이 필요하기 때문에 과일을 건조시키면 미생물이 살아가는 서식지가 사라진다. 건포도를 얼마나 오랫동안 보관할 수 있는지 생각해 보자. 과일을 건조시키는 것은 이를 보존하는 훌륭한 방법이며, 내가 사는 지역에는 키위나 감처럼 아주 독특한 것을 포함해서 온갖 종류의 말린 과일을 판매하는 농부들이 많다. 그 외의 방식으로는 보존하기 어려운 과일을 저장할 수 있는 좋은 해결책이 되기도 한다. 그중 하나가 멜론이다.

얼마 전 아들이 나에게 말했다. "엄마 친구가 말린 수박을 만들었던 것 기억해요? 그거 엄청 맛있었어요!" 아들이 말린 수박을 먹은 것은 거의 10년 전의 일인데, 아직도 기억하고 있는 것이다. 말린 수박과 말린 멜론은 정말 맛있는 간식이다! 얇게 저며야 하고 말리는 데에도 시간이 많이 걸리지만 기억 속에 깊숙이 스며들어 오래도록 남는 쫀득한 기쁨이 탄생한다! 정말 인상적인 간식이다.

모든 종류의 멜론과 딸기, 핵과, 감귤류, 사과, 배, 감은 건조하여 보관할 수 있다. 나는 신선할 때 껍질째 먹을 수 있는 과일은 껍질을 벗기지 않고 그대로 건조한다.

과일
레몬즙

보관
1~6개월

분량
설명 참조

먼저 사용할 과일을 깨끗하게 씻어서 물기를 제거한다. 고르게 마를 수 있도록 6mm 두께로 저민다. 더 얇게 저미면 건조 속도가 빨라진다. 변색을 막기 위해 레몬즙을 뿌려서 골고루 버무린다. 베이킹 시트에 유산지를 깔고 저민 과일을 한 켜로 겹치지 않도록 고르게 깐다. 52℃로 따뜻하게 데운 오븐에 넣는다. 과일은 수분량에 따라 12~24시간 동안 건조시킨다. 쫀득하면서 맛있는 상태가 되어야 한다. 실온에서 1개월, 냉장고에서 6개월간 보관할 수 있다.

참고: 완성 분량은 준비한 과일의 최초 수분 함량에 따라 크게 달라진다. 신선한 재래 품종 토마토 9kg으로는 말린 토마토 495g이 나오고, 신선한 로마 토마토 또는 건식 재배 토마토 9kg으로는 말린 토마토 900g이 나온다. 살구는 딸기보다 수분 함량이 낮으므로 완성 후의 결과물도 훨씬 양이 많다. 말린 과일의 일률적인 분량을 기재하기란 정말 힘든 일이다!

스콘

맛있는 것을 듬뿍 넣어 만들어서 맛있는 잼을 먹기 위한 완벽한 매개체로 쓸 수 있는 스콘이다.
다진 과일 대신 통째로 보존한 과일의 물기를 제거하고 집어 넣거나 감귤류 캔디드 필(271쪽)이나
생강 당절임(274쪽)을 써도 좋다. 힘들게 만든 각종 프리저브를 다양하게 즐겨 보자!

밀가루(중력분) 1컵(140g)

통밀가루 1컵(140g)

스펠트 가루 1컵(140g)

유기농 원당 3/4컵(150g)

베이킹 파우더 2작은술

베이킹 소다 1작은술

소금 1작은술

추가한 과일이나 견과류에
　어울리는 향신료 1작은술(선택,
　제한 없음)

코코넛 오일(고체) 2/3컵(150g)

압착 귀리 2컵(200g)

잘게 썬 과일이나 말린 과일 또는
　견과류 1컵(선택)

우유(코코넛 밀크, 오트 밀크,
　아몬드 밀크 등 취향에 따라)
　1컵(240ml)

바닐라 엑스트랙트 1큰술

보관

2일

분량

스콘 12개

오븐을 190℃로 예열한다. 중형 볼에 가루 재료와 원당, 베이킹 파우더, 베이킹 소다, 소금을 넣어 섞는다. 원하는 향신료(사용 시)를 넣는다. 코코넛 오일을 넣고 손으로 잘게 부수면서 전체적으로 골고루 잘 섞는다. 너무 큰 덩어리가 남아 있지 않도록 해야 한다.

귀리를 넣고 섞은 다음 다진 과일이나 견과류(사용 시)를 넣어 섞는다. 우유와 바닐라를 붓고 손으로 조심스럽게 마저 섞는다. 이때 반죽을 너무 많이 치대지 말고 딱 섞일 만큼만 휘저어야 한다! 그래야 납작하고 평평한 모양이 아니라 울퉁불퉁하고 예쁜 스콘이 된다.

반죽을 같은 크기로 2등분한다. 작업대에 덧가루를 뿌리고 반죽 하나를 약 5cm 높이로 평평하게 다듬는다. 나는 반죽 윗부분보다 가장자리부터 눌러가며 모양을 잡는 편인데, 그러면 스콘 겉면이 불규칙한 질감이 되면서도

가장자리가 부스러지지 않고 안정적인 상태를 유지하기 때문이다.
마음에 드는 모양이 되면 긴 칼을 꺼내서 가운데가 교차하도록 길게
3번 잘라 같은 크기의 삼각형 모양 6개를 완성한다. 유산지를 깐
베이킹 시트에 반죽을 얹는다. 나머지 반죽으로 같은 과정을 반복한다.
스콘은 총 12개가 나와야 한다.

오븐에 스콘을 넣고 노릇노릇하면서 겉은 꽤 단단하지만 가운데에는
아직 수분감이 남아 있을 정도로 20~25분간 굽는다. 남은 스콘은
밀폐용기에 담아 2일간 보관할 수 있다.

냠냠!

감사의 말

인생에서 다른 사람의 도움과 격려, 협력 없이 성취할 수 있는 일은 거의 없지요. 감사해야 할 분이 정말 많습니다.

우리 스승님에게: 목적과 열정으로 가득 찬 삶을 살아가도록 저를 가르치고 이끌어준 분들입니다. 희망으로 가득한 그 마음에 감사를 드립니다.

우리 학생에게: 워크숍을 수강하고 과일을 보존하는 법에 질문을 던진 모든 사람들이 나로 하여금 그 답변을 모아 책을 써내도록 영감을 선사했습니다. 여러분이 요구하지 않았다면 이 책이 탄생하는 일은 없었을 거예요. 내 첫 번째 학생이자 열렬한 팬으로 지치지도 않고 오랜 시간 동안 레시피를 테스트하고 워크숍을 수강해 준 다이앤 루들에게 특히 감사를 전합니다!

우리의 몸과 지구를 위한 가장 중요한 운동에 삶을 바치는 농부에게: 일 년 내내 매주 해피걸키친의 변함없는 동반자로서 환상적인 과일과 채소, 사랑을 제공하는 라이브어스팜에 특별한 감사를 드립니다. 그리고 라이브어스팜과 더불어 집 근처에서 독특하고 놀라운 감귤류를 재배하며 우리를 환영해 준 애플파이 농장에게도 우리의 특별한 관계를 사진에 담을 수 있게 허락해 준 점에 특히 감사를 전합니다. 그 외에도 미처 다 언급하기 힘들 정도로 많은 농장에게, 내가 여러분에게 전하는 수표를 쓸 때마다 그것이 그날 한 최고의 일처럼 느껴진다고 말하고 싶습니다!

주방에 항상 내 자리를 마련해 주고 내가 일어설 수 있게 되자마자 시작해서 여름 내내 맛있게 먹어치울 수 있는 커다랗고 아름다운 정원을 가꿔온 어머니. 항상 내 열정을 따르도록 격려해 주던 이제는 하늘에 계신 아버지. 한 소녀가 바랄 수 있는 최고의 시어머니이자 모든 과정의 세부적인 부분까지 큰 관심을 보여준 뛰어난 교정자 마리 앤 샴페인. 영원히 격려를 아끼지 않고 해피걸키친이라는 삶의 철학을 진정으로 자랑스럽게 여기는 시아버지. 모두에게 감사를 전합니다.

날카로운 정신이 좋은 음식에 대한 사랑과 훌륭하게 결합된 사람인 나의 에이전트 키티 카울스에게, 내 옆에 당신이 있어줘서 너무나 감사합니다.

크로니클 출판사에게: 재능 넘치는 여성 팀과의 협업에 참여하게 되어 정말 영광이었습니다! 대담한 디자인을 선보인 리지, 지칠 줄 모르는 교정가인 클레어, 과일 프리저브에 대한 목표를 키우고 진정한 열정을 공유하는 데에 도움을 준 훌륭한 편집자 사라와 디안에게 감사를 전합니다.

모든 촬영 팀에게: 해피걸키친의 일상적인 모습을 기록해 준 에린 스콧. 원했던 것보다 더 큰 난장판을 만들어낸 릴리안 캉, 수많은 재능이 있지만 그 중에서도 우리 모두에게 항상 수분을 공급해 준 니콜라 파리시에게 감사를 전합니다.
스케치북을 가지고 워크숍에 찾아와서 모든 페이지에 생동감을 부여해준 개리 마리치치에게도 감사의 말을 전합니다.
스테파니 호닝과 로렌 존스, 마릴렛 프레토리우스, 로리 웨너, 마이클 막달레나, 수잔 토이셔, 자가리니 번스타인, 수잔 링어, 낸시 샴페인, 캉카 오닐, 니라쿨라 수첵, 로렐 파베시, 웬디 웨니그, 바카 오데아, 안나 린덴, 로버트 애클리에게도 특별한 감사를 전합니다.

언제나 우리의 눈이 되어준 에릭 시네스카와 이 책 프로젝트를 초기부터 응원해 준 에릭 슐로서, 나를 안내하는 등불인 산도르 카츠, 우리 카페와 잼을 사랑해주는 리즈 위더스푼에게도 감사를 전합니다.

해피걸키친 직원에게: 첫 번째 사원인 오로라부터 우리 회사에서 함께 일했던 모든 사람들에게. 모두가 저마다의 꿈을 추구하도록 격려하는 이 작은 혁명의 공간에서 다들 특별한 역할을 수행해 줘서 감사합니다.

우리 가족에게: 언제나 내가 마감을 지킬 수 있게 호들갑을 떨어주는 우리 아들, 라이. 긍정과 열정으로 반짝이는 빛줄기 같은 우리 딸, 자야. 해피걸키친과 집 양쪽에서 이 책을 작업하느라 듬성듬성 생겨나던 빈틈을 멋지게 메워준 우리 남편, 토드. 공간을 개척할 수 있게 도와줘서 정말 고마워.

독자 여러분에게: 음식과 즐겁게 놀아야 한다는 걸 잊지 마세요!

색인

ㄱ

갈레트 253
감
감이란 57, 58
    어울리는 향신료 61
    주스 추출법 167, 168
    활용법 57
    감귤류 과일. 각 개별 과일 교차 참조
    시트러스 솔트 266
    감귤류 캔디드 필 271~273
    빅 서 마멀레이드 141~242
    주스 추출법 167, 168~169
    통째로 보존하기 218
    3가지 과일 마멀레이드 138~139
고도에 따른 조정 지침 35
고추
    랑푸르 라임 칠리 마멀레이드 134
    백천도복숭아 하바네로 잼 99
    살구 잼 85~86
    자두 처트니 270
    토마토 처트니 269
곰팡이 20, 30
과일. 통과일과 각 개별 과일 교차 참조
    갈레트 253
    과일 코블러 156~157
    구하는 법 35, 37, 42~43
    냉동하기 44
    말린 과일 275
    보관하기 44
    산도 38
    스콘 276~277
    어울리는 향신료 61
    파이 251
    펙틴 38~39
귤
    귤이란 54
    빅 서 마멀레이드 141~142
    꿀 귤 절임 234~235
    어울리는 향신료 61
    활용법 54
금귤
    금귤이란 51
    주스 추출법 167, 168
    금귤 꿀 마멀레이드 149~150
    금귤 사프란 슈럽 205
    어울리는 향신료 61
    활용법 51
꿀
    금귤 꿀 마멀레이드 149~150
    꿀 귤 절임 234~235
    꿀 살구 절임 233

ㄴ

냄비, 알맞은 크기의 27

ㄷ

도구 23~25, 27
딸기
    딸기 생강 슈럽 195
    딸기 잼 83~84
    딸기 커피 슈럽 204
    딸기란 60
    믹스 베리 잼 92~93
    베리 주빌리 231
    빙 체리 딸기 잼 97
    어울리는 향신료 61
    재멀레이드 147~148
    활용법 60
땅콩버터와 젤리 머핀 105

ㄹ

라임
    라임이란 53~54
    랑푸르 라임 칠리 마멀레이드 134

베어스 라임 마멀레이드 **133~134**

어울리는 향신료 **61**

활용법 **54**

라즈베리

라즈베리 레몬 잼 **89**

라즈베리 타임 잼 **89**

라즈베리란 **59**

믹스 베리 잼 **92~93**

베리 주빌리 **231**

어울리는 향신료 **61**

활용법 **59**

레몬

시트러스 솔트 **266**

라즈베리 레몬 잼 **89**

레몬 비트 생강 슈럽 **202**

레몬 생강 마멀레이드 **130~131**

레몬이란 **53**

레몬즙 **188**

모로코식 레몬 **263~265**

빅 서 마멀레이드 **141~142**

어울리는 향신료 **61**

인도식 레몬 피클 **267~268**

잼에 레몬즙 넣기 **79**

종류 **53**

활용법 **53**

3가지 과일 마멀레이드 **138~139**

린저 쿠키 161~163

마멀레이드

과일 코블러 **156~157**

글루텐 프리 엄지 쿠키 **159~160**

금귤 꿀 마멀레이드 **149~150**

랑푸르 라임 칠리 마멀레이드 **134**

레몬 생강 마멀레이드 **130~131**

린저 쿠키 **161~163**

마멀레이드란 **107~108**

마법 비율 **124**

만드는 과정 **109~123**

문제 해결 **126~127**

베어스 라임 마멀레이드 **133~134**

빅 서 마멀레이드 **141~142**

설탕 넣기 **107, 124**

세빌 오렌지 마멀레이드 **154~155**

스파이스 오렌지 마멀레이드 **136~137**

어울리는 향신료와 허브 **124~125**

엄지 쿠키 **158**

오렌지 크랜베리 마멀레이드 **152~153**

재멀레이드 **147~148**

풍미 더하기 **124~125**

핑크 자몽 마멀레이드 **145~146**

3가지 과일 마멀레이드 **138~139**

머핀, 땅콩버터와 젤리 105

멤브리요 258~259

모로코식 레몬 263~265

무화과

무화과 잼 **98**

무화과란 **49~50**

어울리는 향신료 **61**

주스 추출법 **167, 168**

통째로 보존하기 **216, 217~218**

활용법 **50**

바. 쿠키와 바 교차 참조

박테리아 20, 30

배

배 버터 **247**

배 생강 소스 **245**

배란 **57**

어울리는 향신료 **61**

주스 추출법 **167, 169**

통과일, 보존하는 법 **216, 217~218**

활용법 **57**

버터

만드는 법 **222~223**

배 버터 **247**

버터란 **209, 210, 222**

사과 버터 **246**

살구 버터 **248**

자두 버터 **249~250**

베르가모트 오렌지

베르가모트 얼그레이 슈럽 **201**

베르가모트 오렌지란 **56**

베리. 각 베리 종류 교차 참조

믹스 베리 잼 **92~93**

베리 주빌리 **231**

주스 추출법 **167, 168**

통째로 보존하기 **216, 217~218**

병을 소독하는 방법 29

보툴리누스 중독증 20, 30

복숭아

복숭아 로즈베리 시럽 **193**

복숭아 잼 **96**

복숭아 파이 필링 **237**

복숭아란 **56~57**

어울리는 향신료 **61**

활용법 **57**

분량 35

블랙베리

믹스 베리 잼 **92~93**

베리 주빌리 **231**

블랙베리 세이지 시럽 **194**

블랙베리란 **47**

어울리는 향신료 **61**

활용법 **47**

블러드 오렌지

믹스 베리 잼 **92~93**

블러드 오렌지란 **56**

스파이스 오렌지 마멀레이드 **136~137**

블루베리

믹스 베리 잼 **92~93**

베리 주빌리 **231**

블루베리 민트 잼 **90**

블루베리란 **47**

어울리는 향신료 **61**

활용법 **48**

비트 생강 슈럽, 레몬 202

비파

비파란 **54**

주스 추출법 **167, 168**

어울리는 향신료 **61**

활용법 **54**

빅 서 마멀레이드 141~142

ㅅ

사과

사과 버터 **246**

사과 파이 필링 **240**

사과란 **46**

사과소스 **244**

써는 법 **229**

어울리는 향신료 **61**

주스 추출법 **167, 169**

통째로 보존하기 **216, 217~218**

활용법 **46**

산 20, 22, 38

살구

꿀살구절임 **233**

살구 버터 **248**

살구 잼 **85~86**

살구 파이 필링 **236**

살구란 **46~47**

어울리는 향신료 **61**

활용법 **47**

생강

딸기 생강 슈럽 **195**

레몬 비트 생강 슈럽 **202**

레몬 생강 마멀레이드 **130~131**

배 생강 소스 **245**

생강 당절임 **274**

오렌지 크랜베리 마멀레이드 **152~153**

핑크 생강 음용 식초 **207**

석류

석류 흑후추 슈럽 **199**

석류란 **58**

어울리는 향신료 **61**

활용법 **58**

설탕

마멀레이드에 넣기 **107, 124**

잼에 넣기 **34, 79~80**

세빌 오렌지

보관 기한 **22**

세빌 오렌지 마멀레이드 **154~155**

세빌 오렌지란 **56**

소금, 감귤류 266

소스

만드는 법 **221**

배 생강 소스 **245**

사과 소스 **244**

소스란 **165, 166, 209, 210, 221**

크랜베리 소스 **241**

수박 바질 라임 시럽 190

슈럽

가열하기 **177**

금귤 사프란 슈럽 **205**

딸기 생강 슈럽 **195**

딸기 커피 슈럽 **204**

레몬 비트 생강 슈럽 **202**

만드는 과정 1ㅍ ~**83**

문제 해결 **183**

베르가모트 얼그레이 슈럽 **201**

석류 흑후추 슈럽 **199**

설탕/당류 넣기 **177**

슈럽용 과일 **176**

슈럽이란 **174~175**

식초 넣기 **176**

어울리는 향신료와 허브 **176~177**

오렌지 월계수 로즈메리 슈럽 **196**

자두 카다멈 슈럽 **203**

퀸스 팔각 슈럽 **197**

슈럽, 베르가모트 얼그레이 201

스콘 276~277

시럽

문제 해결 **183**

보존하기 **169**

블랙베리 세이지 시럽 **194**

수박 바질 라임 시럽 **190**

시럽이란 **165, 166**

엘더베리 타임 시럽 **189**

오렌지 바닐라 시럽 **192**

주스 추출법 **168~169**

파이 필링용 **220**

허브와 향신료 가미하기 **169**

식초. 슈럽 교차 참조

오렌지 쐐기풀 부스트 음용 식초 **207**

핑크 생강 음용 식초 **207**

식품 안전성 20, 22, 30

엄지 쿠키 158

글루텐 프리 엄지 쿠키 **159~160**

엘더베리

어울리는 향신료 **61**

엘더베리 주스 **189**

엘더베리 타임 시럽 **189**

엘더베리란 **49**

활용법 **49**

열처리 방법 29

열탕소독

산도 **22**

식품 안전성 **20, 22, 30**

하는 법 **31~32**

오디

어울리는 향신료 **61**

오디란 **54~55**

활용법 **55**

오렌지

믹스 베리 잼 **92~93**

베르가모트 얼그레이 슈럽 **201**

빅 서 마멀레이드 **141~142**

세빌 오렌지 마멀레이드 **154~155**

스파이스 오렌지 마멀레이드 **136~137**

어울리는 향신료 **61**

오렌지 바닐라 시럽 **192**

오렌지 쐐기풀 부스트 음용 식초 **207**

오렌지 월계수 로즈메리 슈럽 **196**

오렌지 크랜베리 마멀레이드 **152~153**

오렌지란 **55**

종류 **55~56**

활용법 **56**

3가지 과일 마멀레이드 **138~139**

음료. 주스, 슈럽, 시럽 교차 참조

문제 해결 **183**

오렌지 쐐기풀 부스트 음용 식초 **207**

음료란 **165~166**

핑크 생강 음용 식초 **207**
인도식 레몬 피클 267~268

ㅈ 자두
어울리는 향신료 **61**
자두 버터 **249~250**
자두 시나몬 잼 **95**
자두 처트니 **270**
자두 카다멈 슈럽 **203**
자두 파이 필링 **238**
자두란 **58**
활용법 **58**
자몽
어울리는 향신료 **61**
핑크 자몽 마멀레이드 **145~146**
활용법 **50**
3가지 과일 마멀레이드 **138~139**
재멀레이드 147~148
잼
건식 재배 토마토 잼 **262**
글루텐 프리 엄지 쿠키 **159~160**
딸기 잼 **83~84**
땅콩버터와 젤리 머핀 **105**
라즈베리 레몬 잼 **89**
레드 페퍼 잼 **260**
레몬즙 넣기 **79**
린저 쿠키 **161~63**
만드는 과정 **66~77**
무화과 잼 **98**
문제 해결 **81**
믹스 베리 잼 **92~93**
백천도복숭아 하바네로 잼 **99**
복숭아 잼 **96**
블루베리 민트 잼 **90**
살구 잼 **85~86**
설탕 넣기 **34, 79~80, 81**
수제 포켓 타르트 **102~104**
엄지 쿠키 **158**
자두 시나몬 잼 **95**
잼 바 **101**

잼이란 **65**
체리 메이플 잼 **97**
풍미 더하기 **80**
향신료와 허브 가미하기 **80**
잼 전용 찜기 29~30
젤리, 퀸스 256~257
조리 시간 35
주스
레몬즙 **188**
문제 해결 **183**
보존하기 **167**
엘더베리 주스 **189**
주스란 **165, 166**
추출법 **167, 168~169**

ㅊ 처트니
자두 처트니 **270**
토마토 처트니 **269**
천도복숭아
백천도복숭아 하바네로 잼 **99**
쐐기풀 부스트 음용 식초, 오렌지 **207**
어울리는 향신료 **61**
천도복숭아란 **55**
활용법 **55**
체리
씨 제거하기 **48**
어울리는 향신료 **61**
체리 메이플 잼 **97**
체리 주빌리 **230**
체리란 **48**
활용법 **48**

 커피 슈럽, 딸기 204
코블러, 과일 156~157
쿠키와 바
글루텐 프리 엄지 쿠키 **159~160**
린저 쿠키 **161~163**
엄지 쿠키 **158**
잼 바 **101**

퀸스

멤브리요 **258~259**

어울리는 향신료 **61**

주스 추출법 **167, 169**

퀸스 글레이즈 **257**

퀸스 젤리 **256~257**

퀸스 팔각 슈럽 **197**

퀸스란 **58~59**

활용법 **59**

크랜베리

어울리는 향신료 **61**

오렌지 크랜베리 마멀레이드 **152~153**

크랜베리 소스 **241**

크랜베리란 **48~49**

활용법 **49**

키위

어울리는 향신료 **61**

키위란 **51**

활용법 **51**

타르트, 수제 포켓 102~104

토마토

건식 재배 토마토 잼 **262**

어울리는 향신료 **60**

토마토 처트니 **269**

토마토란 **60**

활용법 **60**

통과일

꿀 귤 절임 **234~235**

꿀 살구 절임 **233**

만드는 방법 **216~218**

베리 주빌리 **231**

체리 주빌리 **230**

통과일이란 **209, 210, 211**

파이 251

파이 필링

만드는 법 **220**

복숭아 파이 필링 **237**

사과 파이 필링 **240**

살구 파이 필링 **236**

시럽 **220**

자두 파이 필링 **238**

파이 필링이란 **209, 210**

펙틴 38~39

포도

씨 있는 포도 먹는 법 **51**

어울리는 향신료 **61**

주스 추출법 **167, 169**

콩코드 포도 주스 **186~187**

포도란 **50~51**

활용법 **51**

포켓 타르트, 수제 102~104

피클, 인도식 레몬 267~268

핵과. 개별 과일 교차 참조

주스 추출법 **167, 168**

통째로 절이기 **216, 217~218**

향신료

과일과 향신료 **61**

마멀레이드에 넣기 **124~125**

잼에 넣기 **80**

허브

마멀레이드에 넣기 **124~125**

잼에 넣기 **80**

효모 20, 30